학교 외부자들

학교 내부자들은 시작에 불과했다.

효형출판

학교 외부자들

초판 1쇄 발행 2024년 3월 29일

지은이 | 박순걸

발행인 | 최윤서
편집 | 최형임
디자인 | 최수정
마케팅 | 김수경
펴낸 곳 | (주)교육과실천
도서문의 | 02-2264-7775
인쇄 | 031-945-6554 두성 P&L
일원화 구입처 | 031-407-6368 (주)태양서적
등록 | 2020년 2월 3일 제2020-000024호
주소 | 서울특별시 중구 창경궁로 18-1 동림비즈센터 505호
ISBN 979-11-91724-49-3 (13370)

학교 외부자들

학교 내부자들은 시작에 불과했다

박순걸 지음

교육과실천

학교에 대한 마음을 다잡고
다시 뛰게 하는 고마운 책

나는 25년째 초등교사로 살고 있다. 어느 직종이든 이 정도 경력이면 어지간한 일은 눈을 감고도 척척 해내는 베테랑일 테지만, 교사로 살아가는 내 삶은 해마다 늘 새롭다. 특히 학기가 시작할 무렵이면 몸과 마음이 잔뜩 긴장한다. 학교를 옮겨야 할 상황이면 이 긴장감은 극도로 올라간다. 학생으로 다닌 학교와 교사로 다닌 학교는 분명 달랐지만 그 세월을 다 겪어본 내게도 학교는 익숙하면서도 여전히 낯설고 조심스러운 곳이다. 그러니 학교를 단정 지어 말하는 사람들을 볼 때면 그가 학교의 내부자이든 외부자이든 마음이 편치 않다.

이 책의 저자는 나보다 더 오랜 세월을 학교에서 보냈다. 나도 적지 않게 학교의 속사정을 토로하며 살고 있지만, 평소 저자가 토로하는 학교 이야기는 내게 새로운 자극을 주기도 했다. 저자는 전작 『학교 내부자들』에서 학교의 민낯을 과감하게 드러내며 민주적인 학교를 갈망하는 심정을 토로했다. 그로부터 6년이 지나는 동안 저자는 자신이 토로했던 울분에 찬 학교를 학교다운 학교로 바꾸고자 몸부림치며 살아왔다. 그런 저자의 삶이 『학교 외부자들』이라는 이름으로 다시 학교 밖으로 나왔다.

『학교 내부자들』이 학교 안에 머무는 사람들을 향한 비판이라면, 『학교 외부자들』에서는 비판의 시선이 학교 안팎으로 넘나든다. 우리 교육을 짓누르고 있는 학교 외부자들에 대한 비판은 통렬하다. 그의 날카로운 비판은 지위 고하를 가리지 않는다. 하지만 저자는 자신의 비판이 때로는 '볼멘소리'로 치부될 수 있다는 것도 잘 알고 있다. 이를 의식한 듯 저자는 말이 아닌 행동으로 학교다운 학교를 만들기 위한 대장정을 또 펼쳐나간다.

이 책은 쉬운 입말로 쓰여 쉽게 읽힌다. 저자가 말하는 학교 외부자들의 이야기를 고개를 끄덕이며 때론 갸웃거리며 들었다. 날카로운 비판이 후련하면서도 불편하게 들리는 이야기들도 있었다. 불편한 것은 불편하다 말해야 바뀐다. 저자는 말에 그치지 않고 불편의 실체를 낱낱이 파헤치며 이를 해소하기 위해 노력한다. 저자의 매력이자 이 책의 매력이다. 학교 안에 있든 밖에 있든 학교와 교육에 대해 말 한마디라도 보태려는 사람들은 꼭 읽어보아야 할 책이다. 그리고 자신의 삶으로 학교 외부자들에 대한 비판을 이어가면 된다. 그래야 학교에 숨통이 트인다.

학교에서 살다 보니 어느새 지천명(知天命)을 넘어섰다. 내 삶의 무게만큼 학교의 속사정도 천태만상이다. 교사로 살아온 날보다 교사로 살아갈 날이 더 적지만, 학교에 있는 동안 학교에서 배우고 가르치는 동안 내 삶은 치열하고 유쾌했으면 한다. 『학교 외부자들』을 읽으며 마음을 다잡는다. 이렇게 내 마음을 다잡고 다시 뛰게 하다니, 참으로 고마운 책이다.

_정성식(전북 이리고현초 교사, 실천교육교사모임 고문)

다시 한번 더 거대한 파도가 되어

저자의 날카로운 시선이 학교 안에서 학교 밖을 향했고, 그 시선을 따라 거침없이 써낸 그의 글을 읽으며 조금 놀라고, 대부분 시원했고, 때론 통쾌하기까지 했다. 학교에서 생활한 사람이라면 누구나 느꼈을 법한 이야기부터 교감이라는 직위에서만 느낄 수 있는 미묘한 부분까지 날카롭게 분석하는 동시에 신랄하게 비판하고 있다.

학교라는 조직은 행정기관과 교육기관의 측면을 두루 가지고 있는 조직이다. 대국민 서비스가 핵심 업무인 행정기관과 다음 세대의 육성 혹은 양성 의무를 다하는 교육기관인 학교는, 대부분은 비슷하지만 약간씩 차이를 보일 때가 많은데 저자는 그 차이에 집중한다. 그 차이 중에서 학교를 흔들고 나아가 교육을 흔들고 있는 부분을 통렬하게 고발하고 있다. 예를 들어 학교 문제를 다루는 언론, 상급기관으로서의 존재만을 강조하는 교육청, 교육활동의 우군이지만 때로는 매우 극단적인 성향의 학부모에 이르기까지 학교에 가해지는 유·무형의 압력에 대해 저자는 강력한 문제제기를 한다. 뿐만 아니라 여전히 존재하는 학교 내부의 여러 요소들에 대해서도 냉철하고 분명한 비판을 가한다. 어쩌면 저자가 비판하고 고발하는 대부분의 이야기들은 대한민국 학교들이 가진 공통의 문제들일 공산이 크다. 물론 글 내용에 대한 찬, 반 양론의 평가는 분명히 있을 것이다.

저자의 글을 읽으면서 교육은 결국 수많은 시행착오 끝에 다가설 수 있는 것이 아닐까 하는 생각과 함께 어쩌면 영원히 도달할 수 없을지도 모른다는 다소 비관적인 생각도 희미하게 든다. 저자가 온 몸으로 부딪쳐 터득한 학교에 대한 부조리는 대부분 여전히 시행되고 있거나 혹은 변화할 어떤 조짐도 보이지 않는다. 이 책이 소중한 것은 바로 그 사실을 이미 알고 있음에도 불구하고 이 책을 쓴 것이다. 저자의 진심이 느껴지는 부분이기도 하다.

『학교 외부자들』이 제도를 변화시킬 수는 없더라도 학교에 근무하는 교사들에게 많은 공감을 불러일으킬 것이고 그것이 거대한 파도로 일어서는 날을 기원해 본다.

_김준식(경남 진주고 교사, 전 경남지수중 교장)

눈물과 아픔으로 써 내려간 성찰기

최근에 어느 컨퍼런스에 참여했는데, 유명한 의대 교수가 의료 서비스의 지역 불평등 해소와 질 제고를 위해 의사를 대폭 증원해야 한다고 주장했다. 아니나 다를까 이후, 그를 심지어 의사에서 제명해야 한다는 협회 내부 목소리까지 나왔지만, 그는 굴하지 않고 용기 내어 목소리를 내는 모습에 감명을 받았다. 내부의 문제를 용기 내어 말하는 이에게 열광하는 이유는 공적 가치 내지는 공공성의 가치를 선택하였으며, 그에 따른 개인적 어려움을 기꺼이 감내하고 있기 때문이다. 교육 분야에는 그런 존재가 있을까? 나는 이 책의 저자 박순걸 선생님이 빛과 소금의 역할을 감당하는 그런 존재라고 말한다.

저자는 내러티브를 포함한 짧은 수필 방식으로 내용을 구성하고 있다. 술술 읽힌다. 그러나 글에 담긴 주제와 메시지는 묵직하다. 이 책은 판도라의 상자를 연 것처럼, 인정사정 볼 것 없이, 우리 교육계에 존재하는 민낯을 과감하게 드러낸다. 폭탄교사, 좀비교사, 포장교사, 완장질 하는 학부모 등 현장에서 보고 관찰했던 존재라든지 기수 문화, 사조직과 같은 부정적 의미의 사회적 자본이라든지 의전문화와 관행의 불편한 진실을 수면 위로 올린다. 장학사도 예외는 아니며, 교육부와 교육청의 가끔씩 한심하게 일하는 모습도, 역량과는 거리가 먼 전문직 시험제도와 승진 제도도 드러낸다. 누더기 공사라든지 노란 버스 사태 등 관료주의의 끝판왕 행태도 꼬집는다. 이 책은 사이다 결말처럼 반전이 있다. 대안과 희망, 가능성을 밀주초 사례를 통해서 보여준다.

이 책은 불편한 내용과 진실을 담고 있지만, 묘하게 격힌 공감을 하게 만드는 매력을 지닌다. 현장과 실태를 하나도 모르면서, 맹목적으로 비판을 들을 때 나도 모르게 저항을 한다. 하지만, 저자는 그 누구보다도 학교 현장을 잘 알고 있으며, 그 공간에서 '살아내고' 있는 존재이다. 근거와 실제를 바탕으로 드러낸 사실은 물론, 저자의 현장에 대한 무한한 애정이 내재된 비판이라는 점을 눈치 빠른 독자들은 알아차리게 될 것이다.

어느 순간 우리는 문제의 원인을 구조와 제도로, 교육부와 교육청으로 돌리는 경향이 있다. 그리고 다른 주체들을 향해 당신이 문제의 원인이라고 비난한다. 하지만, 자신이 속한 집단에는 한없이 관대하다. 아니, 숨기고 싶어 한다. 아니, 침묵한다.

이 책은 눈물과 아픔으로 써 내려간 성찰기이다. 관행과 관습이라는 이름으로 너무나 익숙해져 있었던 우리 자신들을 돌아보게 만든다. 외부자의 낯선 시선으로 행정, 문화, 시스템, 인사, 주체, 시설 등 고질적인 문제를 날카롭게 바라보지만, 동시에 뭐라도 해보려는 내부자 또는 혁신가의 따듯한 애정과 치열한 몸부림을 확인할 수 있다. 박순걸 선생님은 '아닌 것은 아니'라고, '우리가 그렇게 하면 안 될 것 같다'고 용기 내어 말하고 있다. 성찰을 넘어 담론으로, 담론을 넘어 실천으로, 개인의 실천을 넘어 구조의 변화를 꿈꾸어보자.

_김성천(한국교원대 교육정책전문대학원 교수, 교육정책디자인연구소 소장)

몇 해 전에 박순걸 선생님의 『학교 내부자들』을 읽었다. 책에서 말한 학교 내부의 비합리적이고 비민주적인 일들은 누군가의 심기를 건드리거나, 우리의 치부를 드러내는 교육을 방해하는 민폐에 관한 이야기였다.

한 발 더 나아가 『학교 외부자들』은 '학교를 위하는 듯하지만 학교를 힘들게 만들었던' 아주 방대한 이야기가 담겨있다. 책을 읽으면서 '맞아, 이랬었지!', '맞아! 여기도 문제였지!' 하며 단숨에 읽었다. 이 책은 내가 하고 싶었던 이야기, 주저했던 이야기, 모두 알지만 대놓고 말하지 못하는 이야기들이 가득하다. 저자의 경험과 기록, 교육자로의 고뇌에서 나오는 대안까지 세세하게 제시되어 있다.

그럼, 이제 무얼 해야 할까? 책부터 사서 읽어봐야지!!

_정혜순(경기선행초등학교 교장)

'우리의 학교는 안녕한가요?' 종합건강검진보고서를 읽는 것 같았습니다. 누구도 쉽게 말할 수 없던 교육 전반의 '속 깊은 이야기'들을 꼼꼼하게 짚을 때 마음이 많이 아팠습니다. 누구나 쉽게 할 수 있는 그런 비판이 아니라, 교육 철학을 바탕으로 명철하게 바라보고 뜨겁게 실천해온 삶으로 이야기합니다. 그 명철함에 감탄하고 그 뜨거움에 감동합니다.

'한국에서 교육이 가능한가?'라고 한탄하며 비난하는 사람들에게 이 책 『학교 외부자들』을 권하고 싶습니다. '우리에겐 아직 희망이 있다'는 것을 알게 될 겁니다. 책장을 덮자마자 『학교 내부자들』과 『학교 외부자들』에 이은 다음 책, 학교 3부작의 완성도 너무나 기대됩니다.

_정유진(사람과 교육연구소 소장)

마지막 장을 덮는 순간 불쑥 떠오른 단어는 '나이테'였다. 매서운 비바람을 맞고, 한겨울 수북하게 내린 눈을 온몸으로 받으며 얻은 구불구불하고 선명하게 새겨진 나이테와 치열한 저자의 삶을 관통한 교육 현장의 기록이 서로 겹쳐지는 것은 우연이 아니다.

학교 현장은 늘 치열하다. 과거와 현재가 만나고, 세대와 세대가 만나고 가치와 가치가 만난다. 그래서 삶과 삶이 만나는 곳이 현장이다. 만남의 경계 깊숙이 들어갈수록 더 치열하다. 한순간 내부자가 되기도 하고 또 다른 순간엔 외부자가 되기도 한다. 날카로운 칼날 위 경계에 서 있는 한 사람을 만났다. 그는 내부자면서 외부자이고, 외부자면서 내부자다. 교육 현장 깊숙한 삶에서 얻은 그의 고갱이를 지키고 또 배우고 싶다.

구불구불하지만 선명한 나이테와 가장 닮은 사람을 만났다.

_유우석(세종 해밀초등학교 교장)

『학교 내부자들』보다 불합리한 학교 제도를 대하는 시선은 더욱 날카롭고 단단해졌고, 학교를 건실하게 일구어 나가고 있는 학교 구성원과 '학교 외부자' 들에 의해 흔들리고 있는 지금의 우리 교육에 대한 애정은 한층 깊어졌다. 밀주초에서 헌신적인 실험과 도전, 그리고 감동적인 성장의 경험이 값진 밀거름이 되었으리라. 민주적인 학교 시스템과 아이들의 올바른 교육을 향한 박순걸 선생님의 절절한 외침에 이제는 전국의 많은 교육청과 학교가 화답할 차례다.

_이호재(부산화명초등학교 교사)

이 책을 읽기 시작하자 강력한 메시지를 담고 있는 내용이면서도 재미와 감동까지 담고 있어 눈길을 떼려야 뗄 수 없어서 금방 다 읽었습니다. 짧은 추천사로 책의 감동을 모두 요약할 수가 없습니다. 가장 감동을 받은 한 부분만 언급하렵니다.

"학교 담장은 제주도 현무암 담장처럼 구멍이 숭숭 뚫려서 마을과 소통이 되어야 하고, 나아가 마을이 학교가 아니라 학교가 마을이 되어야 한다"는 작가의 천리안에 무릎을 치게 됩니다. 그동안 교사와 학부모가 소 닭보듯, 학교와 마을이 닭 소보듯 해온 시대는 모두를 교육의 피해자로 만들었지요. 이 책을 통해 교육의 혁신은 잘하기보다 제대로 하기라는 사실을 다시 깨닫게 되었습니다. 교육의 위대한 변화와 출발이 시작될 것 같습니다.

_송형호(전 서울시교육청 정책자문관, 『힉부모 상담 119』 저자)

옛말에 병은 소문내서 고치라 했다. 학교라는 유기체의 병을 가장 잘 아는 사람은 학교 내부자들이다. 지은이의 전작 『학교 내부자들』이 학교교육을 걱정하는 많은 이들에게 큰 반향을 일으켰던 것은 이런 연유였다. 그 책이 주로 학교 내부자들이 유발하는 교육 병폐를 다루었다면, 이번 작품은 교육청으로 대표되는 학교 외부자의 문제에 대해 논하고 있다. 추상같은 분노를 담되 냉철한 기조 하에 퇴행적인 교사 문화에 대해서도 짚고 있어, 이번에는 저자가 관리자뿐 아니라 교사 집단으로부터도 왕따로 몰릴까봐 걱정스럽다. '외부자보다 더 나쁜 내부자'라는 언표가 내 가슴을 찔러왔다.

_이성우(경북 구미 남계초 교사, 『학교를 말한다』 저자)

저자는 몇 해 전 누구도 쉽게 말하지 못했던 불편부당한 『학교 내부자들』 이야기를 속 시원히 꺼냈던 사람이었다. 교육계는 술렁였다. 그 이후로 학교 문화도 많이 바뀌었다. 그럼에도 한계는 있었다. 그런 아쉬움인지 저자는 좀 더 폭을 넓혀 외부자들에게 시비를 걸었다. 교육부와 교육청에 던진 돌직구에 "맞아~"하며 맞장구를 치기도 했다. 또 노란 버스 사태와 언론, 교사 의무 연수 이야기를 할 때면 "이러니 안 바뀌지"하고 함께 화를 내기도 했다. 쉽지 않은 자기 고백일 수도 있고, 아픈 교육계 상처일 수도 있다. 또다시 교육계에서 엄청난 비난의 화살을 받을 수도 있겠다 싶다. 하지만 이 책을 읽다 보면 자연스레 좀 더 나은 교육을 위해 어렵고 용기 있게 꺼내는 솔직 담백한 이야기임을 금세 알아챌 수 있을 것이다.

_윤일호(전북 진안 장승초 교사, 『킹콩샘의 어린이 글쓰기 교육』 저자)

학교 내부자들 그 이후

2018년.

『학교 내부자들』이 세상에 나오면서 학교에 던진 메시지는 크게 다섯 가지였습니다.

첫째, 학교의 비민주적인 민낯을 알려서 학교의 문화를 개선하자.

둘째, 교사의 주된 역할은 행정업무가 아니라 수업과 생활지도여야 한다.

셋째, 교사가 수업과 생활지도에 충실할 수 있도록 관리자가 역할을 제대로 해야 한다.

넷째, 통제하고 간섭하는 교육청이 아니라 지원하는 역할을 해야 한다.

다섯째, 교육계의 불합리한 제도와 시스템을 바꾸어 나가야 한다.

그로부터 6년이 흘렀고 교원단체를 비롯해 많은 시도교육청이 교사 본연의 역할인 수업과 생활지도에 충실할 수 있도록 만들기 위해 노력하고 있습니다. 변화의 시작이 '학교 내부자들' 출간 때문이라 할 수는 없지만 이제는 많은 곳에서 필자가 책에서 말했던 내용을 비슷하게 또는 똑같이 주장하고 있는 것을 쉽게 볼 수 있었습니다.

교사들의 행정업무가 모두 없어진 것은 아니지만 교사의 주된 역할은 행정업무가 아니라 수업과 생활지도라는 것에 이견을 제시하는 사람은 이제 없습니다.

6년 전에 비해 가장 큰 변화는 교장과 교감의 모습에서 찾을 수 있습니다. 책임이라는 굴레에 파묻혀 권력을 움켜쥔 관리자가 아니라 교사를 지원하는 지원자로서 역할을 해내고 있는 장면들이 여러 지역에서 나타나고 있습니다. 그러나 학교 현장에는 여전히 모두 들춰낼 수 없는 안타까운 장면과 비밀스런 사연들이 존재하고 있고 계속해서 새로운 문제들이 생겨나고 있으며 우리는 각자의 자리에서 고군분투하고 있습니다.

2024년.
『학교 외부자들』로 다시 독자들을 찾아갑니다.
이 책은 다음과 같이 크게 세 가지의 주제를 담아내고자 했습니다.
첫째는 학교를 위하는 것 같지만 학교를 힘들게 만들었던 '학교 외부자들'의 이야기입니다. 자신의 이익을 위해 학교와 학생을 도구로 이용했던 학교 외부자들에 의해 학교의 교육력은 어떻게 무너져 왔는지를 파헤쳐 나갑니다. '학교 외부자들'은 학교의 물리적 공간 밖에 있는 교육부와 교육청, 지원청일 수도 있고, 정서적 공간 밖에 있는 학교안의 관리자들일 수도 있고 교사와 학부모일 수도 있습니다.
두 번째는 행정편의주의에 매몰되어 여전히 변하지 않는 철옹성 같은 학교와 교육청의 모습입니다. 지원청과 교육청에 의한 감시, 학교를 관의 도구로 이용하는 행태, 여러 가지 승진제도 장치를 활용하여 학교를 통제하는 모습, 실적을 포장하기 위해 관행처럼 이루어지는 학교행정 등을 들춰내어 어떻게 개선시키고 바꾸어 나가야 할지를 담아내고자 했습니다.

세 번째는 학교를 지키고 성장시켜 나가고자 했던 '학교 내부자들'의 이야기입니다. 선생님들이 아이들 곁에서 온전히 호흡하고 숨 쉴 수 있도록 노력하는 학교는 교직원과 학부모가 어떻게 관계를 정립하고 소통했는지를 적었습니다. 무엇보다 무너져가던 밀주초등학교의 성장사례를 통해 교육공동체가 함께 노력할 때 변화하는 모습을 담아내어 미래학교를 구축하는데 도움을 주고자 했습니다.

전작인 『학교 내부자들』과 마찬가지로 이번 책도 어려운 교육용어들을 최대한 자제하고 독자들이 읽기 쉽도록 편한 입말로 글을 적고자 노력했습니다. 『학교 내부자들』이 세상에 나왔을 때 독자들로부터 제가 가장 많이 들었던 말은 '통쾌하다' 와 '기대하지 않고 첫 장을 펼쳤는데 끝장까지 한 번에 읽게 되었다' 는 말이었습니다. 『학교 외부자들』도 그러했으면 합니다. 무엇보다 대한민국 학교의 성장과 교육의 혁신에 『학교 외부자들』이 선한 영향력을 미쳤으면 하는 바람입니다.

▪ 차례 ▪

2부
외부자보다 못한 학교 내부자들

4부
학교 내부자들을 위한 제언

5부
학교의 미래: 밀주초 이야기

교육계의 하나회:
첫 번째 이야기

　영화〈서울의 봄〉을 보았다. 1979년 대한민국의 수도 서울에서 일어난 군사 반란의 배경에는 '하나회'라는 막강한 권력의 사조직이 있었다. 하나회를 중심으로 하극상을 준비한 신군부는 소위 12·12군사반란을 일으켜 군부를 장악하고, 국가권력을 찬탈했다. 영화를 보는 내내 체감의 강도는 다르지만 비슷한 성격이 교육계에도 있다는 생각이 들었다.

　1969학년도부터 전국 교육대학에는 학군하사관후보생(RNTC) 제도가 있었다. 교육대학에서 학군하사관 후보생 과정을 이수하면 졸업 후에 의무종사기간(4년)과 추가기간(3년)을 초등교사로 복무하면 현역 복무와 동등하게 인정되어 현역 군복무를 면제해주는 제도였다. 교육대학에 재학 중인 병역 미필 남학생들이 대상이며 1, 2학년 학기 중에는 군사학을 이수하고 방학 동안 총 6주간의 입영 훈련을 받으면 졸업과 동시에 예비역 육군 보병하사로 편입된다. 당시에는 초등교사가 되려는 남학생의 숫자가 적었기 때문에 우수 남학생을 유치하기 위해 만든 제도였을 것이다.

학교를 힘들게 하는 학교 외부자들

1990년 국립 사범대생에 대한 책임의무발령제가 사립 사범대생과의 평등권을 위배하고 있다며 헌법재판소에서 위헌결정을 내려 국립사범대의 책임의무발령제가 폐지되면서 교육대학의 RNTC 제도도 같이 폐지되었다. 1990년에 입학한 교육대학 남학생까지만 혜택이 주어졌고 이후 91학번 남학생부터는 현역병과 같이 군복무를 해야 했다. 필자도 RNTC의 마지막 혜택을 입은 사람으로서 만약 교대에 RNTC제도가 없었다면 교대입학을 고민했을 것이다.

RNTC의 가장 큰 폐해는 6주간의 입영훈련을 제외하고 나면 나머지 군사훈련 2년은 교육대학 자체의 군사시설에서 이루어진다는데 있었다. 교육대학마다 적게는 세 명에서 많게는 열 명까지 군사교육 요원과 현역 중령이 RNTC 단장으로 부임하여 교육대학에 상주했다. 당시 군사문화는 폭력과 체벌이 난무하는 엄격한 계급사회였기에 교육대학에 재학 중인 RNTC 남학생들에게는 학교가 곧 군대였고, 학교 선배가 곧 군대 선임이었다. 나 역시 대학 1학년 시절을 떠올려 보면 구타와 체벌이 일상이었다. 선배들에게 하도 맞아서 가슴과 허벅지에 멍이 사라진 적이 없었다. 이런 RNTC 제도가 1969년부터 거의 20년 가까이 유지되면서 초등교직사회에 군대식 문화가 뿌리 깊이 내렸고, 이러한 문화에서 기인한 기수와 선배문화의 적폐가 오랫동안 교직사회를 병들게 했다.

내리받이의 방언인 '내리까시'라는 얼차려 문화가 교육대학 내에 있었다. 4학년이 3학년에게, 3학년이 2학년에게, 2학년이 1학년에게 내리 밑으로 간다는 의미인 내리까시는 오랜 동안 교육대학의 기수문화를 지탱하는 축이었다. 나 또한 대학을 다니던 4년 동안 내리까시 문화에서 자유로울 수 없었다. 선배들의 인품에 따라 체벌의 수위가 다르기는 했지만 내리까시를 당하는 입장에서 괴롭기는 매 한 가지였다.

내가 경험했던 교대의 RNTC 제도와 내리까시 문화는 교육대학을 교사를 양성하는 지성의 전당이라기보다는 폭력의 전당으로 바꾸었다. 문제는 이러한 문화 속에서 대학생활을 하고 선후배 문화에 철저하게 물들었던 X세대 교원들이 상명하복의 초등교육계 기수문화를 오랫동안 주도해 왔다는 것이다. 대학 때 심심찮게 후배들을 구타하고 폭력을 일삼던 이들이 지금도 교육계의 다양한 지위에서 선후배 문화에 일조하고 있다. 기수에 얽매이는 후배도 이것 때문에 불이익을 받는 3자도 불편하기는 마찬가지다. 사적인 학연과 친분이 공적인 일의 경계를 넘나드는 것을 무디게 만든다. 개인의 자질과 역량보다 기수와 나이가 승진과 지위의 상승에 영향을 미치는 조직은 발전이 있을 수 없다. 후배가 선배의 잘못을 비판하기 어렵고 선배의 부당한 뜻을 거스르기 어려운 문화도 발전을 더디게 한다.

필자가 속해있는 지역에도 ○○교대 관리자 모임이 존재하고 있다. 교감으로 승진을 하게 되면 개인 의사와 상관없이 당연하게 회원으로 가입이 된다. 이런 교대 관리자 모임은 지원청 장학관과 장학사, 지역의 교장과 교감까지 모두 포함하여 회비를 내고 운영되는 모임이다. 특별한 의미나 생산적인 일을 위해 모이는 게 아니라, 그저 회식이나 배구모임이 전부다. 지역동문회가 있고, 교장과 교감단 모임이 지역마다 따로 구성되어 있는데도 불구하고 평교사 모임과 별도의 같은 교대동문 관리자 모임이 왜 존재해야 하는지 모르겠다.

교육계에서 첫 번째로 사라져야 할 문화가 대학의 기수문화이다. 교대뿐만 아니라 의무발령이 시행되던 국립사대 출신 교원들 또한 오랫동안 기수문화에 길들여졌다. 교육계를 좀 먹는 대학의 기수 문화를 혁파할 때 교육의 미래가 좀 더 밝아질 것이다.

학교를 힘들게 하는 학교 외부자들

교육계의 하나회:
두 번째 이야기

줄탁동시(啐啄同時)라는 사자성어가 있다. 줄(啐)과 탁(啄)이 동시에 이루어진다는 뜻이다. 병아리가 알에서 나오기 위해서는 새끼와 어미 닭이 안팎에서 서로 쪼아야 한다는 뜻으로, 가장 이상적인 사제지간을 비유하거나, 서로 합심하여 일이 잘 이루어지는 것을 비유하는 말이다. 뭔가를 이루고 성취하기 위해서 개인의 역량으로는 어렵다는 의미이기도 한데 다르게 해석하면 개인의 지위상승과 성취는 안과 밖에서 서로 도와주어야만 가능하다는 뜻이기도 하다.

일반직 공무원으로 이루어진 '줄탁동시'라는 사조직이 있었다. 어떤 모임인지 궁금해서 같이 근무했던 동료교직원에게 물어 보았더니 일반직 공무원의 승진과 인사를 서로 도우며 함께 성장하기 위해 챙겨주고 도움을 주는 모임이라 했다.

일반직 공무원과 달리 시군단위 지역마다 교원들의 사조직도 많이 존재한다. ○사모(○○지역을 사랑하는 모임), 금○회(금요일 ○○지역사람 모임) 등등 지역의 명칭을 따서 지역의 교육을 사랑하거나 아끼는 모임, 혹은 그 지역 출신 교원들로 이루어진 모임이다.

학교마다 친목회가 있고 지역의 동문회가 있고 연구회가 있는데 왜 굳이 별도의 사조직 모임이 필요한 것일까? 다름 아닌 인사와 승진에 직결되어 서로 도움을 주고받을 수 있기 때문이다. 벽지학교로 이동하기 위한 가산점이 필요할 때, 인사이동을 위한 점수를 모을 때, 승진을 앞두고 근무평정을 잘 받아야 할 때, 표창과 같은 부가적인 점수가 필요할 때 이러한 지역의 인맥은 크나큰 힘과 영향력을 발휘한다. 지역에서 선후배들과 무난하게 잘 지내거나 인성과 실력을 겸비한 교원들을 회원으로 영입하여 세를 과시한다. 이러한 사조직의 회원 대부분은 이미 교감, 교장이 되었거나 교감이나 교장이 되고자 하는 이들 중 승진에 뜻을 둔 교원들로 구성되어 있다.

이들 조직의 관심사는 학교의 문화를 개선하고 교육을 혁신하는 것이 아니라 인사이동에 따른 정보와 승진과 관련된 정보이다. 이미 승진을 해서 사조직이 필요하지 않은 지역의 교육원로들도 이러한 사조직을 통해 영향력 있고 실력 있는 교원을 본인의 학교로 끌어당기는 창구역할로 활용하기도 한다.

지역의 교육문화와 교육생태계를 선도한다고 나름 자부하겠지만, 필자가 볼 때는 적절한 당근과 이해관계로 얽혀서 오히려 지역교육의 생태계를 교란시키는 것 외엔 딱히 다른 특징을 찾을 수 없다. 철저하게 개인의 계산과 이해관계로 얽혀진 사조직들은 지역의 교육공동체와 가족들에게 위화감만 조성하고 있어 해체가 필요하지만, 존재의 불필요성에 공감대가 형성되지 않고는 불가능한 일이다. 시·군 지원청 각 지역마다 존재하는 수많은 교육계의 하나회를 청산하지 않고서 학교를 혁신한다는 것은 여전히 어려운 과업이다.

학교를 힘들게 하는 학교 외부자들

교육계의 하나회:
세 번째 이야기

시군단위의 교육계 하나회와 같은 사조직이 있다면, 광역시나 도단위에는 옛 육사의 하나회와 같이 철저한 비밀 사조직으로 움직이는 모임이 있었다는 것을 얼마 전 지인을 통해 듣게 되었다. 사조직 모임의 숨 막히는 분위기를 견디지 못하고 최근에 탈퇴한 후배 이야기다. 그의 이야기를 정리하면 다음과 같다.

교육계 사조직에는 아무나 회원으로 들어올 수 없는데 기존 회원의 추천을 통해 어느 정도 윗선의 묵인과 승인이 있어야만 회원으로 가입할 수 있다. 대부분 도교육청 장학사급 이상이면 영입 1순위가 되고 최소한 지원청 장학사나 직속기관 연구사급은 되어야만 회원으로 추천이 가능하다. 장학사급은 아니더라도 시·도내에서 승진대열에 유리한 위치에 있는 이들 중에서 제법 교육활동가로 이름이 나있으면 가끔씩 영입이 되기도 한다. 이게 끝이 아니다. 장학사나 승진대열에 있는 이라고 해도 같은 지역을 연고로 하는 같은 교대출신이 아니면 회원의 영입에서 배제된다. 다시 말해 철저하게 지연, 학연에 얽매여 있는 조직이라는 것이다. 놀라운 것은 학연에 얽매어 있는 조직이지만 교대기수가 중요한 것이 아니

학교 외부자들

고 영입된 연도에 따라 같은 기수로 묶인다는 것이었다. 예를 들면 2000년에 교육계 ○○사조직이 결성이 되었다면 그해 창립멤버들이 1기가 되고 교대졸업 기수와 상관없이 2002년에 영입되었다면 같은 3기로 묶이는 것이다. 영입된 그 해의 기수별로 대표나 총무를 뽑아 같은 기수의 회원을 관리하게 하면서 사조직에 대한 충성심과 동질감을 형성시켜 나간다. 윗 기수들 대부분이 이름만 대면 알만한 교육계 고위층 인사들이기에 회원으로 영입되는 순간 상당한 자부심과 지위 상승에 대한 기대감을 형성시켜 회원 탈퇴를 망설이게 만든다. 영화에서 본 장면과 흡사하다.

사조직의 회원으로 영입되는 순간 혜택은 상당하다. 도교육청이나 직속기관에서 주관하는 대회의 심사기회 부여, 강사진, 각종 TF팀으로 차출되고 승진시험 면접이나 각종 공모에서 회원을 심사위원으로 만나게 될 가능성도 훨씬 높아진다. 이러한 사조직이 한두 개뿐일까? 도교육청은 물론 연수원, 연구원, 지원청 등 각종 직속기관에 회원들을 적재적소에 포진시켜 필요할 때마다 활용이 가능한 조직을 건설한다. 회원 서로간에 당겨주고 밀어주면서 좀 더 편안한 보직이나 지위를 상승시키는데 암암리에 도움을 준다고 한다. 암 덩어리처럼 퍼져 있는 교육계 사조직은 쉽게 드러나지 않는다. 앞서 언급한 것처럼 철저하게 비밀과 보안을 유지하고, 그들만의 리그로 구성하기에 포착조차 쉽지 않다.

회원으로 영입되기도 어렵고, 영입되는 자체가 영광이기도 한 그들에게 나와 인터뷰를 했던 후배의 탈퇴는 불가사의한 일이었다고 한다. 탈퇴에 따른 보복은 냉혹했다. 모든 심사위원과 강사진에서 제외는 물론 어떤 자리에도 더 이상 불러주는 일이 없었다고 한다.

학교를 힘들게 하는 학교 외부자들

진나라 시황제인 영정이 전국을 통일하고 중국에 단일 국가인 진나라를 세울 수 있었던 기초는 출신성분과 나라를 가리지 않고 인재를 등용한데 있다. 교육계의 하나회는 이러한 인재 등용을 가로막고 그들만의 조직을 만들어 교육계를 황폐화시키는 대표적인 사례다. 어딘가에서 남몰래 숨어서 그들만의 리그를 만들고 그들만의 선수들을 육성하고 있는 교육계의 하나회를 청산하지 않고서는 교육혁신은 있을 수 없다.

언론:
학교를 무너뜨리는 외부자들

  연일 학교를 대상으로 자극적인 신문기사들이 쏟아진다. 혹시나 교사가 잘못이나 범죄를 일으킨 당사자나 피의자가 되면 언론이 좋은 기회를 포착한 것 마냥 더 자극적으로 기사를 쓴다. 만약 교장이 언론의 정보망에 포착되면 30년 넘은 교직생활 기간에 쌓은 덕망과 실적도 한 순간에 물거품이 될 정도로 승냥이마냥 이곳저곳에서 물어뜯는다. 기사는 진실에 기초를 두어야 하지만, 글은 글을 쓰는 사람의 관점에서 어떻게 쓰느냐에 따라 사실이긴 하나 얼마든지 과장될 수 있다. 그래서 학교는 조그마한 사건이라도 언론에 노출될까 싶어 늘 노심초사다. 교육청도 가능한 한 언론과 학교가 맞서 싸우지 않고 잘못된 말실수로 일을 크게 만들지 않도록 늘 조심을 시킨다.

  언론은 학교가 언론을 무서워하고 기사거리에 노출되는 것을 꺼리는 마음을 적절히 이용한다. 교감으로 승진 후에 나는 여러 신문사들로부터 잡지구매와 신문구매를 강요받았다. 중앙지에서 위촉한 지역의 국장들부터 지방신문의 국장에 이르기까지 월 구독과 구매 전화를 몇 통이나

학교를 힘들게 하는 학교 외부자들

받았다. 당혹감에 처음에 망설이다 강단 있게 모두 거절하기는 했지만 해도 해도 너무한다는 생각을 떨칠 수가 없었다. 이런 전화를 받은 이가 나 혼자뿐이었을까? 교감부터 교장, 지역의 교육장, 교육청 과장, 장학사까지 언론과 직접적인 노출 위치에 있는 수많은 교육 관료들이 이런 전화에 시달렸을 가능성은 상당히 높다.

몇 해 전에 놀라운 일이 있었다.

학교폭력이 발생했고, 자체 종결로 처리가 어려운 상황에 가해자 학부모가 지역 언론사 기자를 대동하고 학교로 쳐들어왔다. 가해자 학부모에게 같이 온 분이 누구시고 어떻게 오셨는지 물어보았더니 대뜸 기자 명함을 하나 건넨다. 그 기자는 지원청 교육장실에까지 전화해서 학폭 상황을 물어봐서 다 알고 있다면서 지위가 높은 이들과의 과도한 친분을 나에게 과시했다. 함께 온 목적을 물었더니 학교가 학폭 발생과 처리과정에 잘못은 없었는지 취재를 하러 왔음을 밝혔다. 어이가 없었지만 나도 움츠러들 수밖에 없었다. 혹시나 처리 과정에서 사소한 잘못이라도 있었을까 싶어 적극적으로 맞서지 못하고 소심해질 수밖에 없었다.

누가 봐도 가해자 부모와 친분이 있는 사이로 보였고, 이 사건을 학교장의 자체 종결이라는 협박이 기저에 깔려 있는 의도적인 방문임을 알 수 있었다. 매뉴얼에 따라 학교장 자체 종결이 불가하고 지원청으로 올릴 수밖에 없음을 알렸다. 기자를 대동하고 온 가해자 학부모도 괘씸했지만, 따라온 기자가 더 괘씸했다. 학교를 얼마나 하찮게 봤으면 저럴 수 있을까 싶었다.

학교의 다양한 교육활동을 홍보하는 내용으로 좋은 사진까지 직접 찍어 신문에 실어주고, 방송에 내보내는 언론들과도 많이 만나보았다. 지역의 교육활동을 홍보하고 더 좋은 교육을 할 수 있는 힘을 얻는 계기가 되어 감사한 경우도 많았다.

　강조하고 싶은 것은 어느 경우에도 좋지 않은 것을 좋은 듯 포장해서 보도해 달라고 말한 적도 없고 사실과 다른 것을 알린 적도 없다. 그러니 언론도 사실과 다른 것을 왜곡하거나 작은 것을 확대하여 보도하지 않았으면 한다. 말할 필요도 없이 언론의 힘을 배경으로 필력을 무기삼아 교육을 무시하고 학교를 사업과 장사의 도구로 삼는 일은 없어야 한다. 그런 언론들이야말로 학교를 만신창이로 만들고 교육을 무너뜨리는 '학교 외부자들'이다.

학교를 힘들게 하는 학교 외부자들

교육보다 먼저
법을 앞세우다

지난해에 있었던 일이다.

금요일 저녁, ○○○선생님에게서 급한 전화가 걸려 왔다.

"부모님들이 주말에 만난다고 합니다."

○○○선생님은 자기가 잘못한 것도 아닌데 풀 죽은 표정으로, 수심 가득한 눈빛으로, 죄지은 사람처럼 이렇게 말을 전했다.

"부모님들이 원하면 학폭으로 가야지요. 그러나 학폭으로 가는 것만이 능사가 아닙니다. 학폭을 엄폐하려는 게 아닙니다. 대화로 풀 수 있고 교육적으로 충분히 해결할 수 있는데 과연 학폭으로 가는 것만이 학부모와 아이들을 위한 것인지 생각해 봤으면 합니다. 그것에 대한 책임은 담임 선생님들이 아니라 교감인 제가 분명하게 지겠습니다. 최선을 다해 학교에서 교육적으로 해결할 수 있도록 노력해 봅시다. 다음에 또다시 이런 일이 생겨도 저는 법보다는 교육적으로 먼저 판단하고 행동할 것이고 그것에 대한 책임 또한 제가 제일 먼저 질 것입니다."

다행히도 모두의 노력과 원만한 조정 덕분에 다툼은 별다른 문제없이 잘 해결되었고, 아이들은 지금까지도 학교생활을 잘하고 있다. 이것이 학교와 교사의 역할이고, 학교 교육에서 기대할 수 있는 바람직한 장면이다. 기술이 발전하면서 끊임없이 학교와 교사의 존재와 당위성이 의심받고 20년 후 없어질 직업에 교사가 포함되기도 하지만 여전히 학교와 교사는 반드시 필요하다고 믿는 사람들이 많은 것은 학교는 단순히 지식을 전달하는 기능만을 행하지 않기 때문이다. 학교는 학생들을 사회화하는 곳이다. 가정을 벗어나 가장 처음 만나는 사회에서 해야 할 것과 하지 않아야 할 것을 배우고 이를 구분하는 방법을 배우고, 다른 사람과 함께 살아가는 방법을 배운다.

어느 교실 칠판 옆에 나란히 여섯 개의 문장이 붙어있다.

'사랑합니다.'
'고맙습니다.'
'감사합니다.'
'안녕하세요.'
'아름다워요.'
'노력할게요.'

학교는 이런 것을 가르치는 곳이다. 이것부터 가르치는 곳이다. 나중에 안 사실이지만 '다섯 글자 예쁜 말'이라는 노랫말 중의 일부라고 했다.

판사와 검사와 경찰은 문제가 생기면 모든 것을 법적으로만 판단한다. 그것이 그들의 사명이기 때문이다. 그러나 학교는 다르다. 교사는 모든

학교를 힘들게 하는 학교 외부자들

상황을 법률적 관점으로만 판단하는 경찰이나 판사, 행정가들과는 달라야 한다. 우리는 교육자이지 않은가? 법을 중시하는 행정가들은 학생들이 처한 상황에서 교사가 교육적 판단을 할 수 있는 여지를 빼앗아 법적인 테두리 안에 가두었다. 덕분에 선생님들은 정해진 수업만 잘하면 되는 학원 강사가 되기도 하고, 학교폭력 사건을 해결해야 하는 경찰이 되기도 하며, 보육과 돌봄을 해야 하는 사회복지사가 되기도 한다. 법에 갇혀 있는 선생님들은 언론에 치이고 학부모에게 치이고 심지어 학생들에게까지 치이는 동네북으로 전락해 버리고 말았다. 학교에서 일어나는 모든 상황에서 법보다 교육이 적어도 한 발자국은 앞서 나가 있어야 한다. 모든 상황을 법으로만 규정하고, 교육자가 법만 앞세우는 것은 학교에서 해야 할 교육적 방식이 아니다. 상황이 복잡해지면 법대로 하면 된다. 어쩌면 이것이 뒷말도 없고 깔끔할지 모른다. 그러나 일을 마무리한 뒤끝은 깔끔하지 않을 것이다. 학교에서 법은 최후의 수단이 되어야 하기 때문이다.

맥스 반 마넨(Max van Manen)은 『가르친다는 것의 의미』에서 교사는 학생들이 처한 어떠한 상황도 교육적 상황으로 만들 줄 알아야 하고, 그들이 처한 상황에서 교육할 수 있어야 하며, 그로 인해 학생이 뭔가를 배울 수 있게 해야 하는 사람이라고 했다. 교사는 다양한 학생과 똑같은 수의 다른 성향의 학부모를 상대하면서 수없이 많은 상황들과 마주하게 된다. 그럴 때마다 어느 곳에서 어떠한 상황과 마주치더라도 교육적 상황으로 먼저 바라보고 해결해 나가야 한다.

법에서 규정한 실제보다 학교의 현실은 충분히 더 냉혹하고 치열하고 삭막하다. 요즘 초등학교 아이들은 학교 안에서 선생님들에게 다음의 두 문장을 쉽게 말한다.

"이거 학교폭력이에요."

"아동학대 아닌가요?"

아이들이 그럴만한 상황에서 당당하게 그렇게 말할 수 있다는 것은 매우 바람직한 일이다. 우리가 그렇게 교육시키지 않았는가? 잘못된 상황에서 똑똑하게 말하라고. 그러나 내가 만난 장면은 그렇게 말해야 하는 상황이 아니었다. 학생과 선생님이 서로 친밀하게 이야기를 주고받는 상황이었다. 학생은 장난처럼 교사에게 그렇게 말했지만, 순간 선생님의 표정은 갑자기 굳어졌다. 교사는 더 이상 학생과 친밀한 관계를 이어가기 어려운 심리상태가 된다. 장난 같은 말이 교사에게는 바로 흉기가 되었기 때문이다. 더 슬픈 것은 아이들은 자기들의 그 말이 선생님을 당황시킨다는 것도 안다.

누가 학교를 이렇게 만들었나?

교육보다 법을 먼저 앞세운 '학교 외부자들' 때문이다.

학교를 힘들게 하는 학교 외부자들

컨설팅:
안물안궁

집 근처에 삼겹살집이 있다. 가끔 들리기도 하고 오다가다 보면 그런 대로 장사가 되는 집이다. 1년쯤 지나자 고깃집 상호가 바뀌어 있었다. 샤브샤브를 한다고 해서 들렀는데 샤브샤브 메뉴가 추가되었을 뿐 불판에 고기를 굽는 것은 똑같았다. 얼마 가지 않아 또 국밥집으로 상호가 바뀌었을 때도 국밥이 추가되었을 뿐 고기를 구워 먹는 것은 똑같았다. 간판만 바뀌었을 뿐 메뉴나 인테리어, 심지어 주인까지 이전과 같은 그 고깃집의 방식은 흡사 우리의 컨설팅과 닮았다.

나는 『학교 내부자들』에서 장학지도를 '컨설팅'으로 이름만 바꾸고, 또다시 장학지도를 하고 있다는 이야기를 했었다. 다행이 '지도'라는 말이 컨설팅으로 바뀌면서 강압적인 느낌은 한결 줄어들었다. 그러나 컨설팅이 의무적이고 관(官) 중심적이라는 점은 거의 바뀌지 않았다.

컨설팅은 현장의 문제를 해결하기 위해 도움을 요청하면, 그 부분의 전문가가 상담을 하거나 의견을 제시해 주는 것을 말한다. 컨설팅의 목적은 현장의 문제를 해결하는데 도움을 받고자 함이다. 컨설팅이 이루어지려면 현장에 문제가 있어야 하고, 그 문제를 해결하고자 하는 의지가 선행되어야한다. 그리고 전문가가 있어야 한다. 여기서 '컨설팅'의 문제가 발생한다. 문제가 없거나 문제 해결의 의지가 없는 상대에게 비전문가가 컨설팅을 해주겠다고 일방적으로 제안하는 방식 때문이다.

교육청이 주체가 되어 실시하는 컨설팅의 종류는 상당히 많다. 각 업무별로 거의 모든 영역에 컨설팅이 계획되어 있는 것 같다. 교육과정, 학생평가 컨설팅을 시작으로 과학, 정보, 도서, 수학여행, 보건, 특수, 그리고 새롭게 적용되는 정책에 이르기까지 모든 영역에 걸쳐 컨설팅이 있다. 각 영역에 컨설팅을 요청할 수 있는 통로가 있다는 것은 얼마나 다행스러운 일인가? 문제는 그 '컨설팅'이 이루어지는 과정을 보면 그리 다행스럽지 않다는 것이 현실이다.

컨설팅을 요청하라는 내용은 공문으로 온다. 희망하는 학교만 신청을 하라는 경우도 있지만, 대게는 전 학교가 대상이거나 권역별 대표 학교를 지정하는 경우가 있다. 컨설팅을 위해 교육청에 모으는 경우도 있고 장학사가 학교로 오는 경우도 있다. 어떤 형태이건 컨설팅을 받는 입장에서는 '검사' 또는 '감사'를 받는 느낌이 든다.

현장컨설팅은 장학사들에게 현장 감각을 키워 현장과의 괴리를 좁힐 수 있는 기회이다. 학교의 오후 일과 중 짧은 시간을 쪼개어 하는 컨설팅의 대부분을 교장실에서 보낸다거나 부장교사들과의 간담으로 끝내는 경우를 허다하게 보았다. 아까운 시간이 흘러가고 또 흘러간다. 컨설팅 착각의 최고봉은 교사들과 만남이다. 30~40분 정도 남은 시간의 대부분을 PPT를 틀어놓고 강의를 하다 마치고 만다. 마치 장학사가 전문직임을 어필하는 시간인 듯하다. 강의를 마치고 나면 좋은 컨설팅이었다는 자화자찬과 함께 그날의 일정이 마무리된다. 현장의 이야기를 듣고 그들의 고민을 들어볼 수 있는 시간을 아깝게 날려버리는 것이다. 더하여 담당교사는 도움이 되었다는 공치사 보고서를 작성해서 제출해야 하는 수고까지 한다.

장학사들의 컨설팅 형태가 바뀌었으면 하는 바람이 있다. 현장에서 바로 해결책을 제시해 줄 수 있는 문제를 제외하면 컨설팅 후 돌아와서 고민할 수 있도록 해야 한다. 그런데 컨설팅을 하는 장학사들은 마치 자신이 그 분야의 전문가인 것처럼 행동한다. 전문직이라는 단어에서 오는 착각일지 모른다. 그래서 범하는 오류들이 현장의 이야기를 많이 듣기보다 많은 이야기를 해 주려고 한다. 학교입장에서는 요즘 말로 '안물안궁(안 물어보았고, 안 궁금하다)'이다. 컨설팅은 연수가 아니다. 가르치려고 하지 말고, 묻기 전에 답을 해서는 안 된다.

또한 검사나 감사를 받는 것 같은 종류의 컨설팅은 주로 매뉴얼이 있는 경우여서 컨설팅을 통해 한 번 점검해 볼 수 있다는 순기능도 있다. 하지만 이런 방식까지 대면 컨설팅을 하면 바쁜 장학사님은 더 바빠지고 학교에서도 담당 교사는 더 부담을 느끼게 된다. 매뉴얼이 있는 것일수록 자체 점검을 할 수 있도록 하고, 운영 방안에 대한 부분이라면 가능한 전문성을 가진 컨설팅 팀을 숙고하여 구성함으로써 학교를 지원해 주어야 한다.

컨설팅이 컨설팅다워지려면 어떻게 해야 하는가?
첫째, 원할 때 해 줘라.
선후가 바뀌어야 한다. 교육청이 원할 때가 아니라 현장이 원할 때 그 분야의 전문가를 섭외하여 컨설팅이 이루어지도록 지원해야 한다. 세상

모든 일이 그렇듯 자발성이 가장 큰 힘이 된다. 필요한 곳에 전폭적인 지원을 아끼지 않는 것이 좋은 컨설팅이다. 현장이 요구하지 않은 컨설팅은 교육청의 실적을 쌓기에 학교가 강제로 동원되는 것 그 이상 그 이하도 아니다.

둘째, 장학사는 컨설팅을 주도하는 이가 아니라 전문가를 학교와 연결시켜 주는 이가 되어야 한다. 답은 현장에 있고, 전문가도 현장에 있다. 교육청에서 행정업무를 처리하는 이의 현장 감각이 직접 현장에서 뛰고 있는 이보다 나을 리 없다. 가르치는 현장에서 떨어져 감각마저 떨어진 이가 '전문직'이라는 이름에서 오는 자신감 때문인지 몰라도 최고의 전문가가 되어 본인이 컨설팅을 주도하는 오류를 자주 보았다. 실제적인 현장의 최고 전문가를 찾아 학교와 잘 매칭시켜주는 행정의 전문가가 되시라. 장학사라는 전문직은 교육의 전문가가 아니라 교육 행정의 전문가이다.

셋째, 컨설팅을 컨설팅하라.

효과적인 컨설팅을 지원하기 위해 컨설팅을 어떻게 하는지 컨설팅을 먼저 받아보는 것은 어떨까? 학교현장에 있을 때 장학사에게 받았던 장학지도, 또는 컨설팅의 단점까지 답습하지 않도록 컨설팅을 컨설팅하기를 바란다. 그래도 계속 바뀌지 않고 컨설팅을 기획하는 그들은 '학교 외부자들'이다.

학교를 힘들게 하는 학교 외부자들

무례한 업무메일

퇴근도 못하고 늦게까지 일하고 있을 때 업무메일이 하나 날아왔다. 관내 학교의 모든 교감선생님들에게 지원청의 주무관이 보낸 자료요청 메일이었다. 자신이 누군지도, 정확한 사유도 밝히지 않고 간단명료하게 첨부파일을 작성해서 모레까지 무조건 보내라는 무례한 메일이었다.

"첨부파일을 ○○일까지 작성하셔서 제출을 부탁합니다."

지원청에서는 장학사뿐만 아니라 일반행정직 주무관들도 정식공문도 아닌 업무메일을 툭하면 교감들에게 보낸다. 마치 부하직원을 대하는 것 같다고 하면 내가 예민한가? 어쩌면 교장자격연수 대상자 선정과 교장 승진을 위한 교감의 생사여탈권을 지원청이 가지고 있다는 사실을 지원청 장학사들뿐만 아니라 주무관들도 잘 알고 있나 보다. 이것도 내 생각이 너무 과한가?

이런 일은 한두 번 겪어본 일이 아니라서 분노할 힘조차 없었다. 지원청의 주무관들조차 학교의 교감선생님들을 마치 부하직원 대하듯 하는

데 교사들에게는 오죽하랴. 업무메일을 열어보며 든 생각은 지원청이 아니라 지시청이었다. 학부모의 민원에는 그렇게 고개를 숙이고 친절한데 학교의 교직원들에게는 왜 친절하지 못할까?

　　○○교감 선생님, ○○지원청 업무담당자 ○○○입니다.
　　시일이 촉박한 자료요구 공문이 도교육청으로부터 와서 긴급하게 업무메일을 보내게 되었습니다. 학교마다 담당 선생님을 알 수가 없어 교감선생님들께 먼저 업무메일을 보내서 수고를 끼칩니다. 다음에는 정식공문으로 보낼 수 있도록 하겠으니 죄송하지만 이번 건에 대한 협조를 부탁드립니다.

　서두에 이 말을 넣기가 그렇게 힘들었을까? 교감들이 1년이라도 빨리 교장이 되고자 하는 이유가 여기에 있다.

업무메일의 위력

　교육청마다 교사의 업무를 경감시켜서 수업과 생활지도에 보다 충실하게 하는데 열을 올리고 있다. 교사 본연의 업무인 수업과 학생 상담 등 학생을 위한 교육활동에 집중할 수 있도록 교사들의 행정업무를 경감하는 정책을 운영하는 것이다.

　학교업무정상화나 업무적정화 정책의 가장 대표적인 방안은 학교로 보내는 공문서의 양을 줄이는 것이다. 공문 없는 날을 지정하거나 모니터링을 통해 도교육청에서 지원청의 학교공문 발행건수를 조사하기도 하고 해당 없는 학교는 제출을 하지 말라는 단서를 달아서 학교가 필요 없는 것에 에너지를 쏟지 않도록 하고 있다. 학교의 입장에서 시도도 방법도 반갑고 감사하다.

　그런데 밝음의 이면에는 부작용도 생겨났다.

　모니터링을 피하고자 공문을 대신하고 있는 것이 업무메일이 되어 버렸다. 분명히 공문서는 줄었는데 학교의 업무가 줄었다고 체감하지 못하는 것은 모니터링에 걸리지 않는 업무메일 때문인지도 모른다. 가히 업무메일이 불러오는 업무 과중의 폭발력은 오히려 공문을 능가한다.

지원청에서 업무메일을 가장 많이 보내는 대상은 교감일 것이다. 이 중에는 단순한 알림이나 보충 요청이 아니라 공문과 다를 바가 없는 메일이 많이 섞여 있다. 공문서를 작성해 제출하는 것보다 편리한 경우도 있지만, 편하다고 해서 공식적으로 제출해야 하는 것까지 업무메일로 받아 처리해야 한다는 말은 아닐 것이다. 메일이 메일로 그치지 않고 공문을 대신하는 경우가 허다하여 지원청으로부터 받은 업무메일의 숫자는 처리해야 하는 일의 수와 비슷하다.

또 한 가지 문제는 교감선생님들이 받게 되는 업무메일을 처리하는 사람이 메일을 받은 교감이 아니라 바로 업무담당자에게 다시 전달하여 결국에는 대부분 교사가 처리하게 된다는 것이다. 아마도 업무 진척 상황을 교감이 알아야 한다는 의도도 있을 것이다. 또 업무메일은 각 담당자에게 정확하게 발신해야 하는데 교감에게 보내는 이유는 교감에게 보내면 모든 것이 다 해결된다는 판단 때문일 것이다.

지원청의 업무분장과 학교의 업무분장은 성격이 조금 다르다. 지원청의 교육지원과, 행정지원과의 업무구조를 학교 업무분장에 대입시키면 학교는 교무실과 행정실로 맞아 떨어지지가 않는다. 지원청의 업무구조는 학교에서는 교무실과 행정실 양쪽에 걸쳐 있는 경우가 많다. 이런 경우 행정지원과의 주무관이나 팀장들은 행정실장에게만 업무메일을 보내지 않고 꼭 교감을 끼워서 메일을 발송한다. 그런데 스쿨존이나 CCTV 설치, 수당지급과 같이 학교 행정실에서 처리하는 업무들이 지원청 행정지원과가 아닌 교육지원과에서 내려오는 경우가 있다. 교육지원과는 수신대상자에 행정실장을 빼고 교감에게만 메일을 보내 협조를 구하거나 처리를 요구한다. 교감이 마음이 약해 행정실로 교육지원과의 메일을 넘

학교를 힘들게 하는 학교 외부자들

기지 못하면 결국 교사들이 처리하게 되는데, 이런 이유로 교육청의 학교 업무경감은 공염불에 그치게 되는 것이다. 학교업무 과중에 더 큰 위력을 발휘하는 것은 공문이 아니라 업무메일로 고착화되고 있는 게 학교의 현실이다. 업무 총량 보존의 법칙이 여기에도 적용되는 것 같아 씁쓸하다.

뒤돌아보지 마시라

　제천 의림지에 얽힌 "장자못 전설"에는 한 스님이 욕심 많은 부잣집에 물벼락을 내리기 전에 착한 며느리에게는 미리 도망을 갈 수 있도록 알려주면서 절대 뒤돌아보지 말라는 당부를 했다. 그러나 며느리는 도망을 가던 중 뒤돌아보는 바람에 돌이 된다. 성경의 「창세기」에 나오는 롯의 아내 역시 뒤돌아보지 말라는 금기를 어긴 바람에 소금기둥으로 변한 이야기가 전해진다. 동서양을 막론하고 뒤를 돌아보는 것은 그리 좋은 일이 아님을 알 수 있다. '라떼'를 자주 언급하는 상사가 그리 좋지 않게 언급되는 것 또한 이 이야기들의 연장선인 것 같다. 과거는 그것대로 그 자리에 남겨두고 앞으로 나아가라는 시그널이다.

　교직에서 정년퇴임 이후에 다시 학교의 문턱을 넘어오거나 기웃거리는 교원들을 보면 교장으로 정년퇴임한 분들이 많다. 평교사로 퇴임한 분들은 두 번 다시 교문의 문턱을 잘 넘어오지 않는다. 지금은 보기 어렵지만 내가 젊은 교사시절에 갓 퇴임한 교장들이 책을 팔거나 졸업생들에게 도장을 팔기 위해서 안면이 있는 후배 교장들을 찾아와 부탁을 하는 경우를 더러 보았다. 퇴임 이후에 교장팔이로 사업을 하는 것을 보면 공무원 연금으로만 생활하는 게 많이 힘든가 보다 생각하고 이해하기로 했다. 책이나 물건을 판매하는 이러한 사업은 학교가 안 사주고 개인이 무시하면 그뿐이지만, 문제는 퇴임교장들이 학교의 문턱을 넘어 학생의 교육에 영향을 미칠 때 선생님들을 당황하게 만든다는 점이다.

이러한 경우는 크게 두 가지가 있다.

첫째는 교실에 수업을 하러 들어오는 경우이다. 퇴임교장들의 모임이라 할 수 있는데 '○○회'라는 단체가 '예절교육'이라는 명분을 갖다 붙여 교실에 와서 학생들을 가르치는 경우이다. 심지어 도교육청에서 예산까지 지원을 받는다고 한다. 수업 후 당해 학교 교장의 직인이 찍힌 확인서를 받아 가야 수당을 지급받을 수 있기에 어떤 퇴임교장들은 교장시절 함께 근무했던 교감(현직교장)에게 떼를 쓰듯 부탁하여 교실로 밀고 들어온다. 교장 때는 죽어라고 수업을 거부하고 보결 한 시간도 들어오기를 꺼려하던 이들이 퇴임 후에는 죽어라고 수업을 하려는 것처럼 보인다. 진심으로 반갑지 않은 이유는 이들이 현장 감각을 잃어버렸다는 것이다. 교감, 교장을 거치는 그 시간동안 요즘 아이들의 성향 역시 옛날과 판이하게 달라졌는데 본인들의 옛날 옛적 교사 시절의 수업방식을 고수하고 있으니 재미없고, 아이들도 싫어하는 수업을 화를 내가며 억지로 하는 것이다. 수업에 집중하지 않는 아이들 탓을 요즘 교사들이 생활지도를 잘 하지 못하는 것으로 탓을 돌리면서까지 말이다.

최근에는 마을 교사로 활동하면서 학교에 수업을 하러 들어오는 경우도 많다. 봉사하러 온다고 하는 본인들의 진심과 별개로 이분들이 오면 학교는 어른 손님을 맞이하듯 어렵고 불편하다. 그때부터 이미 봉사가

학교 외부자들

아니라 민폐가 된다. 퇴임의 아름다운 뒷모습이 무겁고 거추장스러운 돌덩이로 변하는 것은 순식간이다.

둘째는 교장 퇴임 후에 지역의 문화예술가가 되어 학교의 문턱을 넘는 경우이다.

퇴임 후에 현역 시절 평소 취미로 해 오던 문화예술 분야에 본격적으로 입문하여 왕성하게 활동하는 분들이 의외로 많다. 문제는 자신의 취미생활을 혼자서 즐기면 되는데 ,지역의 각종 문화예술영역의 경진대회의 주최자가 되어 학교별로 대회 참가를 독려하는 경우이다. 현역 시절의 온갖 인맥을 동원하여 학교는 관심도 없는 시낭송대회나 독후감, 편지쓰기 등의 대회에 학생들을 보내줄 것을 관내의 교감이나 교장에게 전화를 걸어 협조를 구하는 것이다. 부탁을 받은 현역 교장이 지난 교감시절에 모셨던 퇴임 교장의 부탁을 무엇보다 본인 퇴임 후에 지역에서 유지로서 다시 만나야 될 선배들의 부탁을 거절하기가 쉽지 않다. 이런 부탁을 받게 되면 학교에서는 어떤 일이 벌어질지는 불을 보듯 뻔하다. 대회나 해당 영역 업무 담당 교사를 불러 부탁을 할 것이고, 교사는 관심도 없는 대회에 학생을 설득해서 지도까지 하면서 대회에 참가시키는 과정이 펼쳐지는 것이다. '교육적'이라는 명분 아래 비교육적인 행위가 퇴임 교장들에 의해 계속해서 자행되는 것이다.

퇴직, 이는 새로운 인생을 위한 과거의 마침표이다. 그 능력과 마음을 더 넓은 세상에서 마음껏 펼치시길 진심으로 바란다. 그리하여 다시 뒤돌아보지 마시라.

학교를 힘들게 하는 학교 외부자들

공과 사

안전 안내 문자, 코로나 예방 문자, 실종자 신고 문자가 정부나 지자체의 이름으로 오면 그 문자는 매우 공신력 있는 정보가 된다. 이런 공공기관으로부터의 문자는 코로나 시절에 너무 과하다는 말들도 있었지만 기후변화에 따른 재난 대비 등의 안내는 정보의 전달뿐 아니라 경각심을 갖게 하여 대비할 수 있게 하는 순기능을 충분히 한다고 생각한다.

학교에도 이와 비슷하게 ○○메신저나 ○○앱을 활용한 단체문자서비스를 학교예산을 투입하여 사용하고 있다. 앱이 없다면 단체문자서비스를 제공하는 업체에 유료로 가입하여 긴급하게 안내할 사항이 생기면 학교전화번호가 찍힌 단체문자를 학부모들에게 일괄로 보낸다. 이러한 단체문자서비스에 학교예산을 투입하면서까지 유료로 가입하는 이유는 단체주소록을 이용하여 긴급을 요할 때 편리하게 사용할 수 있는 용이성 때문이다. 코로나와 같은 감염병 발생 시나 태풍 같은 자연재난이 예상될 때 원격수업 여부와 학생 등교관련, 혹은 돌봄교실 운영과 같이 매우 신속하고 정확한 전달이 필요할 때 매우 효과적으로 활용하고 있다.

그런데 만약 학교가 공적인 문자서비스를 활용하여 교장선생님의 부모상이나 배우자의 부모상에 대한 사적인 안내를 학교전화번호가 찍힌 단체문자서비스로 학부모들에게 보냈다면 어떤 일이 벌어질까? 아마 학부모의 민원제기로 언론에 대서특필되거나 이로 인한 감사를 받고 징계가 내려질지도 모르겠다. 왜냐하면 학교의 예산이 투입된 공적인 서비스를 사적으로 사용 한 것이기 때문이다. 무엇보다 더 큰 잘못은 학교에서 최고 우월적 지위에 있는 이가 교직원을 시켜서 사적인 이익을 취할 목적으로 업무와 전혀 무관한 사적 노동행위를 시킨 권한남용에도 해당되기 때문이다.

얼마 전의 일이다.

역대 최고의 태풍인 사라호 태풍을 능가한다는 ○○○태풍이 경남으로 다가오는 주말이었다. 지원청의 문자에 신경을 곤두세우고 있던 때에 지원청으로부터 급한 문자가 한 통 왔다. 교육지원청 전화번호가 선명히 찍힌 웹발신 문자였는데 내용은 교육지원청 교육장의 가족상을 알리는 것이었다.

> Web 발신
>
> ○○○교육장님 ○○상을 알립니다.
>
> · ○월○일 별세
>
> · 장례식장: ○○장례식장(VIP실)
>
> · 발인: 20○○년 ○월○일
>
> · 마음 전할 곳: 농협 815-XX-XXXXXX(○○○)

문자를 확인하는 순간 당황을 넘어 분노를 금할 수가 없었다. 지원청 전화번호가 찍힌 문자라 당연히 태풍 관련 안내일 줄 알았는데 교육장의 가족상을 알리는 문자였다. 학교보다 더 공적인 모범을 보여야하는 지원청이 공적 서비스를 사적으로 활용한 것이었다. 문자를 받자마자 몇 가지 의문이 들었다.

첫째는 이 사실을 교육장은 알고 있었을까? 알고 지시를 했다면 분명한 권한남용이다. 몰랐다면 직원관리 감독소홀이다. 어쩌면 교육장을 향한 직원들의 과도한 충성경쟁의 발로였을지 모른다.

둘째는 이러한 공적 서비스 공간을 교육장이 아닌 지원청 전 직원이 사적으로 활용을 할 수 있는가이다. 교육장만 문자서비스를 사적으로 사용할 수 있다면 이 또한 명백한 권한남용이고 지원청 전 직원도 사적으로 사용할 수 있다면 국민세금의 유용이다.

셋째는 지원청에서 보내는 문자의 내용이 공적이냐 사적이냐를 넘어 긴급을 요할 만큼의 내용인가이다. 태풍으로 인해 지원청 전화번호가 찍힌 문자에 촉각을 곤두세우고 있을 시기에 교육장의 가족상이 학교의 교직원들에게 긴급하고 신속하게 알려야 했을 만큼의 긴급을 요하는 내용이었나이다.

넷째는 지원청 교육장의 가족상을 알리는 단체문자를 과연 어디에 누구에게까지 보냈느냐이다. 지원청의 입장에서 같은 건물에 상주하고 근무하는 직원에게 알리는 것은 어쩌면 당연할지 모르지만, 학교는 지원청과는 별개의 공공기관이다. 별개 기관에 근무하는 학교 교직원들에게 교육장의 가족상을 공공문자를 보냈다는 것은 지원청이 학교를 지원하고 돕는 기관이 아니라 감시하고 관리·감독하는 상부기관이라는 의식이 깊게 깔려있기 때문이다. 더구나 교장 승진에 대한 거의 전권이라 할 수 있는 교감의 근무평정을 교육장이 쥐고 있는 상황에서 교육장의 가족상을 나 몰라라 할 수 있는 관내의 교감들이 과연 몇 명이나 있을까? 반대로 만약 학교에서 교장이나 교사의 가족상을 학교단체문자서비스를 이용해서 지원청 교육장과 장학사들, 주무관들에게 단체문자를 보냈다면 그들은 어떤 반응을 보였을지 궁금하다. 누구보다 모범을 보여야 하는 지원청이 공과 사를 구별하지 못하는 단적인 예다. 공과 사를 구별하지 못하는 그들은 학교를 힘들게 하는 '학교 외부자들'이다.

다음은 교육지원청 청렴연수에서 강사로부터 들은 공무원 행동강령의 일부분이다. 누구보다 공무원 행동강령을 지키고 실천해야 할 지원청이 공무원 행동강령의 무력화에 앞장섰다는 것은 통탄할 노릇이다.

공무원 행동강령

중략…

1. 공무원은 직무관련자 또는 직무관련공무원에게 경조사를 알려서는 아니 되고, 가액을 초과하는 경조사비 등을 주거나 받아서는 아니 된다.

KTX의
편리와 바꾼 불편

KTX

한국의 고속 주행 철도. 1970년대에 타당성이 논의된 이래 1989년 도입을 결정하고, 1994년에 프랑스 알스톰사의 테제베 모델을 채택했다. 2004년 4월 1일 첫 운행을 시작한 이래, 2010년 서울-부산 간 고속선로가 완전히 개통되었다.

출처_다음 백과사전

부산−서울을 약 3시간에 이동할 수 있는 KTX는 우리나라를 완전히 1일 생활권으로 만들었고, 나도 KTX의 편리를 누리는 사람 중 한 명이다. 만남의 시간적 제약을 획기적으로 줄인 교통수단이 내건 슬로건 "마음을 잇다. 코레일"을 좋아하는 이유다.

교육부에서 감염병 확산에 따른 학교의 방역상황과 안전시설을 점검하기 위해 밀주초로 온다는 연락을 지원청으로부터 받았다. 교육부의 사무관과 장학사가 각 시도를 돌면서 현장의 상황을 모니터링하는데 우리 학교가 대상 학교로 지정된 것이다.

'방역', '안전', '점검' 세 단어가 모두 학교 입장에서 달가울 리 없었다. 특히 '점검'이라는 것이 학교 입장에서는 반가운 일이 아닌 탓에 온다는 연락을 받고 가장 먼저 든 생각은 이런 것이었다. '경남에 하고많은 시군 중에서 왜 하필 밀양이고, 밀양의 하고많은 학교 중에서 왜 민주초인가?' 궁금한 것은 해결해야 직성이 풀리는지라 왜 우리 학교냐고 물었더니, 교육부에서 KTX역에서 가까운 학교를 찾는다는 것이었다. 순간 KTX역에서 가까운 학교는 교육부의 점검 편의를 위해서 존재하는 학교인지 의문이 들었다. 수시 점검이면 급별, 규모별, 지역별 등 어떤 기준을 가지고 대상 학교를 정하는 것이 타당할 것 같은데 현실은 너무 달랐다.

세종에서 KTX를 타고 올 수 있는 가장 가까운 곳의 학교라는 지리적 입지 때문에 학교는 점검서류를 준비한다고 부산을 떨어야 했다. 점검 당일은 도교육청과 지원청에서 많은 관계자들이 밀주초를 미리 방문하여 동선과 상황을 점검하며 살펴봤다. 교감은 교육행정의 실무자로서 선생님들을 진두지휘하며 미비한 서류가 없는지, 꼬투리 잡힐만한 것은 없는지를 살피느라 담당 선생님들을 독려해야만 했다.

교육부에서 온 사무관과 장학사도 학교에 불편을 끼친 미안함을 아는지 점검하면서도 학교의 실정을 듣고, 현장을 이해하려고 하는 모습을 볼 수 있었다. 그래서 일부분 화가 누그러지기도 했지만, 밀주초는 KTX역에 가깝다는 이유로 그날 하루를 긴장 속에서 살아야만 했다.

KTX역에 가깝다는 이유로 밀주초가 이런 일을 경험한 것은 이번이 처음이 아니다. 시도교육청의 부교육감은 대개 교육부에서 발령을 받아 내려오는데, 주중에는 시도교육청에 있다가 주말에 자택이 있는 서울이나 세종으로 간다. 몇 년 전에 경남의 부교육감도 코로나 방역상황 점검차 밀주초를 찾았다. 이유인즉 금요일에 자택으로 KTX를 타고 가기 좋

학교를 힘들게 하는 학교 외부자들

은 학교인 밀주초를 선택해서 점검을 하러 온 것이었다.

이래저래 밀주초는 KTX역이 가깝다는 이유로 다른 학교들은 한 번도 받기 힘든 수시 점검을 진짜 '수시'로 감내해야 하는 불편을 겪었다. 나도, 우리 학교 선생님들도 KTX역이 가까이 있어 출퇴근 등 편리한 일상을 누리고 있다. 불편한 점은 빼고 좋은 것만 취하려고 하면 그것 역시 욕심이라고 생각한다. 그러나 상부기관의 수시 점검은 이런 일상과 동급으로 해석할 만한 일이 아니다. 합리적인 기준을 가지고 우리 학교가 점검 대상이 된다면 기꺼이 임할 마음이 있다. 하지만 관료들의 편리가 가장 우선시 되어 선정된 결과라면 그대로 받아들이기 어렵다. 점검의 강도가 어찌 되었건 학교의 입장에서는 일상적인 업무가 마비되기 때문이다. 우리 학교의 불편은 학교 외부자들의 편리와 맞바꾼 것이었다.

학교 외부자들

언론이 먼저인가,
공문이 먼저인가?

지금처럼 인터넷이 빠르지 않은 시절에 교원 정기 인사이동이 발표되면 도교육청 홈페이지는 동시 접속자로 불통이 되는 경우가 많았다. 그래서 어떤 해는 도교육청보다 지역 언론의 기사를 보고 인사를 파악하곤했다. 지금은 언론에 먼저 배포하기보다는 정상적이고 공식적인 루트(지원청 과장회의나 업무포털 게시판)를 통해 먼저 발표가 되고 학교로 전달이 되어 인사 발표에 대해 큰 불만은 없었다. 공문이 제일 늦게 오지만 그래도언론보다는 교육 가족들이 더 빨리 소식을 알기 때문이다.

그런데 지난 몇 년간 코로나19로 인한 온라인등교와 휴업에 관한 교육부의 대응은 가히 충격적이었다. 거의 모든 등교 관련 소식이 공문은 둘째 문제고 교육청의 안내도 언론보다는 한참 뒤였다. 어떤 때는 언론보다 지역의 맘카페가 먼저 코로나로 인한 휴업과 등교 소식을 알리는 경우도 있었다. 맘카페에 돌아다니는 유출자료 뉴스를 보면서 설마 교육부에서 먼저 배포를 했겠나 싶어 학교에서는 믿고 싶지 않았다. 문제는 공식적인 루트가 아닌, 언론과 맘카페를 통해 학부모에게 먼저 전파가 되면 학교는 대응할 방법이 없다는 것이다. 빗발치는 문의 전화와 민원 전화에 학교는 하루 종일 고통을 겪어야 한다. 학교는 공문을 받고 나서야 비로소 움직일 수 있는 공공기관이다. 선제적 조치에 대한 공을 교육부가 가져가는 동안 학교는 원인과 이유도 모른 채 뒷수습에 내몰리는 꼴이 되었다.

맘카페를 통한 자료 유출은 교육계는 물론 사회적인 이슈가 되었고 그제야 교육부는 내사에 들어갔다. 내사 결과 초·중·고교 순차 등교를 발표하기 전 관련 자료를 유출한 사람이 교육부 공무원 A씨의 배우자인 것으로 확인되었다. A씨 배우자가 남편의 휴대전화를 통해 입수한 자료를 맘카페에 유출한 것이었다. A씨에 대해 중징계가 이루어졌는지 책임을 져야 할 교육부 고위 공직자들이 얼마나 책임을 졌는지 알 수는 없으나 이 사건이 정보를 먼저 가진 사람들에게 경종을 울렸으면 한다. 교육청이나 지원청의 인사와 정보들이 공문보다 장학관이나 장학사의 배우자나 개인적인 친분을 통해 먼저 퍼지는 것을 빈번하게 경험했다. 고위 공직자일수록, 정보를 먼저 접하는 자일수록 공식적인 루트를 통해 알려지기 전에는 입을 무겁게 해야 한다.

예민한 상황일수록, 긴급한 순간일수록, 중요한 안건일수록 정보의 전달은 일원화 되어야 한다. 코로나는 우리가 단 한 번도 예측하지 못한 상황이었다. 그런 만큼 대응에 대한 준비와 매뉴얼이 없었을 것이라는 점을 충분히 이해할 수 있다. 하지만 등교중지와 감염자 격리 등이 우리 아이들의 건강과 생명을 담보로 하는 일이었기 때문에 학부모에게는 긴급한 소식의 전달이 필요했고, 그것은 '카더라 통신'이 아닌 정확한 내용으로 정확하게 전달될 필요가 있었다.

상상해보라. 공문으로 움직이는 행정기관이 공문으로 정확한 내용을 받지 않은 상황에서 교무실로 걸려오는 수많은 문의 전화에 어떻게 대응을 했을지 말이다. '학교에 있으면서 선생님이 아직 그것도 모르나?' 라는 말을 들었어야 했던 교직원들의 마음은 또 어떠했을까?

이런 일이 또 일어나서는 안 되지만 유사한 상황이 발생하면 언론이 먼저 보도하고, 맘카페에서 먼저 회자되기 전에 당사자인 학교가 먼저 알 수 있으면 좋겠다. 누군가의 사소한 실수로 정보를 유출하여 학교를 힘들게 하고 고통에 빠트리는 그 가벼운 입을 가진 이들을 우리는 '학교 외부자들' 이라고 부른다.

학교를 힘들게 하는 학교 외부자들

의전의 방향

　시골의 작은 학교에서 교감으로 근무하던 시절의 일이다. 도교육청 장학사로부터 교육감이 일주일쯤 후 우리 학교를 방문한다는 계획을 전화로 전달받았다. 이게 무슨 날벼락이지? 폐교 직전의 시골 작은 학교에 교육감이 무슨 볼 일이 있어서 방문까지 한다는 말인가? 우리 학교에 무슨 억하심정이라도 있나? 아니면 새로 부임한 교장선생님과 무슨 깊은 친분이 있나? 짧은 시간 온갖 추측을 하던 중에 장학사의 대답을 들을 수 있었다. 교육감이 환경생태교육에 관심이 많은데 '제비 탐사 동아리' 학생들과 함께 학교 주변 제비를 관찰하러 온다는 것이었다. 지역 방송 촬영팀과 함께 오니 학교에서 홍보가 잘 될 수 있도록 준비를 철저히 잘해달라는 부탁도 덧붙였다.

　어떻게 하면 폐교를 막을 수 있을까를 고민하던 시기였는데 아이러니하게도 뜻밖의 일로 교육감을 맞이하게 되었다. 개교 이래 학교로서는 교육감의 방문이 처음이 아닐까 하는 생각도 했다. 매우 부담이 되었지만 다행인 것은 학교의 교육과정 운영과는 관련이 없이 학교 주변 재래

시장에서 아이들과 함께 제비집을 관찰하고 학교로 돌아와 인터뷰를 하는 것이 전부라서 대청소 외에는 크게 준비할 것은 없다는 것이었다. 그렇지만 그 일주일 동안의 마음이 가뿐하지만은 않았다.

교육감이 오는 당일이 되었고 전개되는 상황은 대비를 했음에도 예상을 훨씬 웃돌았다. '6·25동란의 난리는 난리도 아니다'라던 동네 어르신 말을 빌리고 싶은 지경이었다. 학교가 작아서 주차장도 열악한데 1시간 전부터 관계자들이 들이닥쳤다. 도교육청 관련 장학사, 비서실 직원, 홍보팀을 비롯해 지원청에서도 교육장과 과장들이 수행직원과 함께 미리 도착해서 대기하고 있었다. 이러할 진데 본교 교장과 교감은 오죽하랴. 방문자들의 편의와 교육감의 차량을 위해서 주차공간을 확보해야 했다. 결국 주자장의 교직원 차들은 전부 정리하고, 몇 대는 이동 주차를 해야만 했다. 교직원들에게 교육감의 방문을 미리 알리기는 했지만 수업과 학교 일상에는 크게 영향을 받을 일이 아니니, 평소처럼 생활하면 된다고 안내했었는데 예상 밖의 손님들이 들이닥치는 바람에 약속이 무색하게 아침부터 교직원들의 차를 옮겨달라며 전 교실에 연락을 취할 수밖에 없었다.

드디어 교육감의 차량이 주차장으로 들어오고 기다리고 있던 관계자들이 줄을 정렬했다. 한 명이라도 더 교육감과 악수를 하면서 눈을 마주치기 위한 노력을 하는 듯 했다. 저렇게까지 의전을 챙겨야 하나? 왜 이런 상황이 벌어지나 싶은 생각이 들 정도였다.

관계자들과 인사가 끝나자마자 학교 2층 도서관에서 학생들과 교육감의 인터뷰가 간단하게 진행되었다. 인터뷰 중에도 관계자들은 2층 복도까지 따라와서 도열해 있는 모습을 보면서 의전이 지나치지 않나 하는 생각이 들었다. 인터뷰가 수업시간에 이루어져 조용히 촬영을 할 수 있었고 다행히 인터뷰 촬영이 끝나자마자 학생들의 쉬는 시간이 되었다.

놀라운 장면은 그 다음에 벌어졌다. 교육감은 역할이 정해져 있는 배우처럼 모든 일을 마치고 학교를 떠나려 했고 의전을 챙기던 이들은 다시 교육감과 한 번이라도 눈을 더 맞추는데 혼신의 힘을 다하는 듯 했다. 아마도 교육감은 '일을 마쳤으면 얼른 학교를 떠나주는 것이 도와주는 것이다' 라고 생각하신 듯하다. 그러나 나는 그렇게 그냥 떠나려는 교육감의 팔을 붙잡고 간곡하게 부탁을 했다.

"교육감님, 일개 교감이 이런 부탁을 해서 외람되지만 오늘만큼은 그냥 가시면 안 됩니다. 교육감님이 오늘 우리 학교에 오시는 걸 본교 선생님들이 다 알고 계십니다. 시골 촌구석이지만 학생들을 위해 늘 수고하는 우리 선생님들에게 오늘만큼은 꼭 격려 말씀 한마디라도 해 주시고 가셔야 합니다."

교육감은 그 자리에 있던 다른 누구보다 내 말을 빨리 이해하는 듯 했다. 고개를 끄떡이며 어디로 가면 되냐고 물었고, 나는 중간 쉬는 시간이라 선생님들이 지금쯤 연구실로 오시는 중일 거라 말씀드렸더니 그 방향으로 발길을 돌리셨다. 감사하게도 우리 선생님들을 만나서 일일이 고생이 많다는 따뜻한 격려와 악수를 나누고 떠나셨다.

1시간 행사를 위해 그렇게 부산을 떨던 차량들이 모두 빠져나가자 허탈함과 서운함이 함께 몰려들었다. 교육감 한 사람을 위해 저렇게 의전을 신경 쓰는 많은 관료들 중 누구하나 우리 학교 선생님들에게는 관심을 보이지 않았다. 앞서 말했듯이 선생님들에게 부담을 주지 않고 떠나려는 의도였다고 한다면 그 뜻이라도 한마디 남겨줄 수도 있었으리라 생각한다. 모든 관료들이 교육감을 위해 펼치는 의전의 10분의 1 정도만이라도 마음이 현장 선생님들의 노고를 향해있기를 소망한다. 그랬다면 우리 선생님들 교권이 이만큼 추락해 있지는 않았을지 모른다는 생각이 들었다. 교육감이 시골의 우리 학교를 방문해 소란스럽던 그날은 '제○○회 스승의 날'이었던 5월 15일이었다.

학교를 힘들게 하는 학교 외부자들

수학여행과 노란버스

2023년 8월 일명 '노란버스' 사태가 발발했다. 경찰청에서 법제처 유권 해석에 따라 수학여행·수련활동 등 비정기적인 운행 차량도 어린이 통학버스 신고대상에 포함된다고 알려왔다는 것이다. 법제처 유권 해석의 내용은 「교육과정의 일환으로 이루어지는 현장체험학습을 위한 어린이 이동은 도로교통법상 어린이 통학 등에 해당된다」였다. 다시 말해 수학여행, 수련활동 등의 현장체험학습을 위해 차량을 운행하고자 하는 학교에서는 관련 규정(어린이통학버스 관련 각종 규제)을 준수하여 관할경찰서에 신고해야 했다. 첨부된 어린이통학버스 관련 각종 규제는 색상을 황색으로 지정한 것을 포함한 15개의 항목이었다.

기존의 수학여행처럼 관광버스를 대절해서 가는 경우 모두 이 법을 위반하는 것이다. 결국 학교는 수학여행과 차량을 이용하는 현장체험학습을 전면 취소하거나 중지하였다.

우여곡절 끝에 일시적 허용으로 수학여행이 진행되었다. 그러나 다수의 교사들은 그렇다고 해서 불법이 합법이 되는 것은 아니니 수학여행을 가지 않겠다고 했다. 그리고 교육과정에서 수학여행을 제외하자는 목소리가 적지 않게 나왔다.

수학여행과 현장체험학습은 온도 차이가 교사와 학생 사이 가장 큰 것 중 하나다. 교사에게는 수학여행이 매우 큰 업무이다. 초등학교의 경우 6학년 담임교사가 업무를 진행하는데 규모가 큰 학교에서는 6학년 담임 중 한 명의 특정 업무가 수학여행일 만큼 규모가 크다고 할 수 있다. 하지만 학생들의 입장에서는 6년 중 가장 손꼽아 기다리는 행사가 수학여행이다. 학창 시절을 통틀어 가장 기억에 남는 행사일 수도 있다. 그러나 교사가 되면 수학여행이 기억에 남는 이유는 재미있어서가 아니라 그 절차와 준비, 실행과정, 끝나고 나면 마무리 업무까지 업무의 강도 때문에 기억에 남는 활동이 된다. 경남의 경우 수학여행 경비를 도교육청에서 일정금액 지원을 하기 때문에 집행에도 만전을 기해야 한다.

새 교육과정을 수립하는 시기가 되자 많은 교사들이 수학여행을 가지 말자고 제안을 한다. 선생님들이 수학여행을 가지 않으려고 하는 이유는 무엇일까? 단지 노란버스 법 때문에, 법을 위반할 수 없기 때문에 수학여행을 가지 않겠다는 것은 아니라고 본다. 노란버스를 핑계로 수학여행을 가지 않으려고 한다며 교사들을 힐난하는 시선을 거두어주길 바란다. 아이들을 생각하는 마음이 작아서도 아니고 업무 처리하기 싫어서도 아니고 준법정신이 투철해서도 아닐 것이다.

선생님들은 그동안 아이들을 생각하는 마음 하나로 수학여행을 진행해왔다. 그런데 이전의 수학여행에 비해 지금의 수학여행은 교사에게 엄청난 업무와 책임을 전가하고 있다. 수학여행 담당자는 매뉴얼

학교를 힘들게 하는 학교 외부자들

순	현장체험학습 관련 법령
1	「초·중등교육법」 제23조 및 같은 법 시행령 제48조
2	「학교안전사고 예방 및 보상에 관한 법률」 및 같은 법 시행령, 시행규칙
3	「청소년 기본법」 및 같은 법 시행령, 시행규칙
4	「청소년활동진흥법」 및 같은 법 시행령, 시행규칙
5	「초·중등학교 교육과정」 고시(창의적 체험활동 교육과정)
6	「지방자치단체를 당사자로 하는 계약에 관한 법률」 및 같은 법 시행령, 시행규칙, 기타 법규
7	「부정청탁 및 금품등 수수의 금지에 관한 법률」
8	「공무원 행동강령」
9	「경상남도 학생 현장체험학습 활동 및 체육복 지원 조례」
10	「학교회계 예산편성 기본 지침」

현장체험학습 운영 매뉴얼 일부

에 따라 준비를 한다. 계획수립에서부터 열두 가지의 절차가 있으며 세부적으로는 26단계의 순서를 거치도록 되어 있다. 이 순서를 잘 지켜서 수학여행을 실시하면 일단 기본은 한 것이다. 수학여행 중 일어나는 수많은 돌발 상황과 안전사고는 또 별개의 이야기이다. 수학여행을 진행함에 있어 관련된 법령도 10개나 된다.

수학여행 중에 문제가 생기면 업무담당자의 책임이 되니, 최선을 다해 매뉴얼을 따른다. 물론 매뉴얼에 따르면 실수나 사고를 줄일 수 있을 것이다. 그러나 이 모든 것을 교사 개인이 감당해야 한다는 느낌을 지울 수가 없다.

선생님들이 수학여행을 교육과정에서 빼자고 하는 마음을 들여다봐야 할 것이다. 교육자로서의 책임 이외에 수많은 안전사고 책임을 오롯이 교사 개인에게는 전가하지 않았는지, 여행자보험에 가입하지만 사고가 발생했을 경우 생기는 민사에 대해서도 교사 안전망이 만들어져야 한다. 노란버스는 울고 싶은 아이 뺨 때려준 것과 같다.

학교를 힘들게 하는 학교 외부자들

지원청의 생색,
그리고 불신

SNS에서 장학사 시험에 합격한 선생님이 전직의 각오로 다음과 같이 말하는 것을 들었다.

"학교를 지원만 하되 간섭하지 않겠다."

우연의 일치인지 모르겠지만 나는 이 말을 지원청 협의회나 컨설팅에 가서도 심심찮게 들었다. 이 말을 들으면서 그동안 지원청은 학교에 대해 지원 이외의 것을 시도했으며 많은 간섭을 하고 있었음을 모두가 알고 있다는 것을 확인할 수 있었다. 얼마 전에 학교 현장에 있었던 장학사들도 은연중에 이를 인정한 셈이다. 원래 지원청은 학교가 요구하지 않으면 지원해서도 안 되고 학교의 교육을 간섭해서도 안 된다. 그것이 교육청에서 교육지원청으로 이름을 바꾼 이유이지 않은가? 학교가 원하지 않는 지원으로 학교를 힘들게 해서도 안 되고, 간섭하지 않는다는 말로 마치 큰 아량이라도 베푸는 것처럼 생색을 내어서도 안 된다.

이러한 생색을 내는 장학사를 나는 제법 많이 경험했다. 누가 봐도 쉽게 수정할 수 있는 내용을 꼭 전화로 잘못을 지적하며 본인이 수정해서 제출하겠다고 전화하는 장학사는 수정해서 다시 공문으로 제출하라는 장학사에 비하면 애교로 봐 줄만 하다. 주말에 일하면서 학교의 교감에게 전화하는 장학사야말로 생색의 극치다. 일이 많아서 주말에도 출근해서 일한다면서 학교에서 보낸 공문이 틀렸다고 지적을 하는 장학사를 보면서 어이가 없어서 할 말을 잃은 적도 제법 있었다. 어차피 주말이라 학교로 다시 가서 수정공문을 보낼 수도 없는데 월요일까지 왜 기다려주지 못하는지 이해가 되지 않았다. 내가 쉬는 동안 일하고 있다는 것을 알아달라는 것인지 내가 잘못하여 일을 많이 하게 되었다는 질책인지 전화를 받은 나도 주말을 마음 편히 쉬지 못한다.

지원청이 학교를 신뢰하지 못하고 불신하는 사례도 제법 있다. 대부분 해당사항이 없는 공문은 보고하지 않으면 '해당없음'으로 한다고 교육청에서는 공문에 명시하지만 지원청에서는 '해당없음'도 '해당사항없음'으로 보고하라고 공문에 명시해서 오는 경우가 종종 있다. 장학사들에 따라 다르겠지만 이는 학교가 공문을 확인하지 않기도 한다는 일부 장학사들의 불신에서 비롯된다고 봐야 한다. 업무를 간소화하고 학교를 지원한다는 말이 무색할 정도로 지원청의 문화는 아직 학교를 지원하기에는 역량이 부족하다.

수요일은 공문서 없는 날이다. 학교로 공문이 오지 않는다고 올 공문서가 오지 않는 것은 아니다. '공문서 없는 수요일'이 공문 총량을 줄이는데 기여하지 않는다는 말이다. 보고 공문의 경우 보고 기한을 충분하면 수요일에 공문이 와도 아무 문제가 없다. 바쁘면 접수하지 않으면 되고 처리도 보류하면 되기 때문이다. 어느 날 하루를 지정해서 공문서 없

학교를 힘들게 하는 학교 외부자들

는 날로 생색을 내기보다는 학교로 보내는 공문을 줄일 수 있는 방법을 찾고 현장의 소리를 듣는 것이 우선되어야 한다.

지원청은 끊임없이 실적을 만들어 낸다. 책으로 만들기도 하고 행사를 만들어내기도 한다. 상부기관인 교육청에 지원청의 노력을 어필도 해야 하고 교육감에게 브리핑도 해야 하니 지원청의 교육계획을 세우는 것까지 나무랄 수는 없다. 다만 이러한 실적을 만들어 내기 위해 행사를 기획하고 준비하는 과정에 교사와 학교를 동원하는 것이 큰 문제다. 다음의 내용은 몇 해 전 지원청에서 추진했던 대규모 성과발표회에 대해 지역의 선생님들이 필자에게 불만을 전했던 인터뷰 내용이다.

지원청에서 코로나가 끝나가는 시점에 "미래교육컨퍼런스"라는 이름으로 행사를 추진한다는 공문이 왔다. 단어는 거창하지만 기존에 추진하던 '교육성과발표회'와 다를 게 없었다. 과연 누구에게 잘 보이기 위한 행사인지 의문이 든다. 관내 유·초·중·고가 모두 동원되는 대규모 성과발표회가 "미래교육컨퍼런스"라는 그럴싸한 타이틀까지 붙여서 지원청 내에서 기획이 가능했다는 것이 그저 놀라울 따름이다. 학교의 교육과정 운영에 도움이 된다기보다는 오히려 방해만 되는 지원청이 차라리 없어졌으면 좋겠다.

코로나가 잠잠해지면서 이제야 선생님들이 제대로 된 수업과 교육과정을 운영하게 되었는데 지원청은 기다렸다는 듯 선생님들의 영혼을 다시 끌어 모으려고 한다. 실적과 성과물의 제출, 학생공연은 또 다른 학교 간의 소모적인 경쟁을 불러일으킬 것이고 이는 수업결손으로 귀결될 것은 뻔한 일이다. 도대체 누구를 위한 기획이고 누구에게 보여주기 위한 성과발표회인가?

지원청에서 실적을 위해 학교와 교사를 동원하는 이 문제를 해결할 수 있는 방법은 지원청을 평가하는 내용이 도교육청의 교육계획을 지원청이 얼마나 잘 수행했느냐가 아니라 지원청이 학교를 얼마나 잘 지원했는가로 바꾸지 않고는 해결하기가 어렵다. 지원청의 실적을 위해 학교가 존재하는 일은 없어야 한다. 필자가 수없이 언급했지만 학교의 교육과정을 위해 존재하는 것이 지원청이다. 지원청의 관료들이 학교의 관계자들 앞에서 지원하는 것으로 생색을 내거나 학교를 믿지 못하고 불신하면서 학교를 힘들게 하는 일은 더 이상 없었으면 한다. 학교가 무엇을 원하는지, 무엇을 힘들어하는지를 보고 학교가 원하는 영역에 만반의 준비 자세를 갖추고 즉각적인 지원이 이루어지도록 준비하고 있어야 하는 것이 지원청의 역할이다.

학교를 힘들게 하는 학교 외부자들

타 지역 교육에 대한 존중

첫 경험이 마지막 경험이었으니 내 판단이 틀렸을 수도 있을 거라는 생각이 든다.

2018년 11월쯤으로 기억한다. 『학교 내부자들』이 세상에 나오고 그 책으로 인해 서울교육연수원에서 강의를 할 기회가 생겼다. 아마 당시의 서울교육연수원장님이 나름 뚝심과 의지를 가진 유명한 교육혁신운동 가였기에 나를 강사로 초대하지 않았나 싶다.

연수대상자는 서울 각 지역에서 온 초중등장학사 30명쯤이었고 연수원 측에서 구입한 것인지 『학교 내부자들』 책이 장학사들 손에 들려 있었다.

내가 기억하는 그들과의 첫 만남이 있었던 강의실의 공기는 반가움보다는 긴장감이 흘렀다. 자격지심인지 모르겠으나 달랑 책하나 출판했다고 감히 서울의 장학사들 앞에서 지방에서 올라온 시골의 조그만 학교 교감의 이야기를 우리가 들어야 하는지 불만 가득한 눈빛이 느껴졌다. 느낌만이 아니었던 것이 강의를 이어갈 수 없을 만큼 강의를 끊고 치고 들어와서 질타에 가까운 질문이 쏟아졌다. 지난 몇 년 동안 똑같은 강의를 수없이 했고 항상 강의 마지막에 대부분 격려와 감동의 박수를 많이 받아왔기에 그날에 받았던 비난이 아직까지도 상처로 남아 나의 뇌리에 강렬하게 존재해 있다. 서울특별시 장학사님들의 자존감에서 나오는 불만은 이름 없는 시골학교의 교감이 혼자의 몸으로 감당하기에는 힘이 들었다.

"상식에도 맞지 않은 이야기를 책으로 써서 일반화하거나 포장하지 말라."

"서울은 이미 민주적인 문화가 많이 정착되어 있다. 지방이 그렇다는 것조차 믿을 수가 없다."

"책에 있는 내용처럼 교장이 비민주적이라면 교사들이 가만히 있나? 서울은 난리가 난다."

"책 제목도 틀렸다. 21세기에 비민주적인 학교라니. 서울에서는 19세기 이야기이다."

"잘못된 사례와 정보들을 가지고 책에다 적어서 학부모와 국민들을 호도하지 않았으면 한다."

강의 내내 정말로 궁금했다. 서울의 학교문화는 진짜 어떠한지….
내가 정말 딴 세상의 이야기를 하고 있는 건지….
그런데 강력하게 강의 내용에 불만을 제기하는 일부 사람들을 빼고는 대부분은 나의 이야기와 사례들을 꼼꼼히 메모하며 하나라도 더 기억하려고 했다. 그리고 이런 메시지도 받았다.

"서울도 지역마다 학교의 문화가 많은 차이가 있어요."

학교를 힘들게 하는 학교 외부자들

"말씀해주신 사례와 방법들을 학교에다 적용하면 좋겠어요."

강하게 문제를 제기하는 장학사들의 차이가 너무나 궁금해서 강의 중에 몇 가지를 물었는데 내가 분명하게 기억하는 것은 초등과 중등의 장학사들의 태도가 달랐고 강남과 강북에서 온 장학사들의 태도가 확연히 달랐다는 것이다. 서울의 문화가 이동 점수나 승진에 대한 욕구가 적어 교사 대부분이 파편화되어 개인적이라는 이야기는 많이 들었지만 자기 지역의 문화와 다르다고 해서 강사를 비난하고 힐책하며 모욕을 주는 태도가 과연 같은 교육자들에게서 보일 수 있는 태도인지 강한 의문이 들었다.

가까운 미래에 교감과 교장으로 나가야 될 장학사들에게 어쩌면 나의 책이 그들의 학교경영에 더 큰 위협으로 다가가지 않았는지 하는 생각도 들었다. 그래서 서울에서만 민주적인 학교 문화가 잘 정착되어 있으면 괜찮은 것인지, 당시의 장학사들이 주장하는 서울의 민주학교가 과연 지방에도 적용이 되어야 하는 올바른 민주학교의 문화인지도 의문이 들었다. 같은 교육자로서 서울이든 지방이든, 도시든 시골이든 학교에서 비합리적이고 비상식적인 현상들이 일어나고 있다면 똑같이 분개하고 바꾸어 나가려는 노력을 같이 해 주는 것이 교육자로서의 도리가 아닐까 하는 생각이 들었다. 내 지역만 아니면 다 괜찮은 것인가?

그러나 내가 진정으로 가장 우려가 되었던 것은 서로의 입장과 문화를 수용하지 못하고 무례한 태도를 보여주는 그들에게서 학교행정을 지원받아야 할 선생님들과 또 그들에게서 배운 서울의 학생들은 얼마나 나눔과 배려와 이해와 존중을 아는 어른으로 잘 성장할 수 있을 지였다.

학교 외부자들

그래도 강의 마지막에 서울의 장학사님들께 간곡하게 부탁을 드렸다.

"서울과 달리 지방의 선생님들이 많이 힘듭니다. 오늘 들려주신 수도 서울의 좋은 학교문화를 지방에 잘 퍼뜨려주셔서 대한민국의 모든 학교들이 함께 행복해질 수 있도록 수도 서울의 훌륭하신 장학사님들이 많이 좀 도와주세요."

학교를 힘들게 하는 학교 외부자들

2부

외부자보다 못한
학교 내부자들

학교를 망치는
학부모들의 완장질

필자가 국민학교를 다니던 시절에 전교학생회장이 되려면 다음의 네 가지가 충족되어야 했다.

첫째, 남자여야 한다.

둘째, 장애가 없어야 한다.

셋째, 집이 부자이거나 부모의 직업이 전문직이어야 한다.

넷째, 부모가 학부모회 임원이면 금상첨화다.

대개 남학생이 전교학생회장, 여학생이 전교부회장이 되는 게 당연시 되던 시절이었으니 전교학생회장 선거는 남학생들의 전유물이었고 여학생은 러닝메이트처럼 부회장에 출마하는 것이 당연한 것 같은 문화가 형성되어 있었다. 성차별에 반하여 양성평등교육이 학교에 도입되면서 남학생과 여학생의 번호도 가, 나, 다 순으로 바뀌는 등 첫째의 조건은 사라진 지 오래되었지만 둘째와 셋째 조건은 여전히 학생과 학부모에게 오랫동안 각인이 되어 지금도 당연한 문화로 자리 잡고 있다.

필자가 S초등학교에 근무하던 시절, 모든 교직원이 당연히 전교학생회장이 될 거라고 믿었던 영호(가명)는 전교회장에 출마조차 하지 않았다. 영호는 모든 아이들의 신망과 지지를 받는 아이였고 인품도 훌륭했다. 출마만 하면 전교회장은 '따 놓은 당상'이었는데 영호는 출마조차 하지 않았다. 덕분에 당시 마을의 유지이자 학부모회 임원을 수년 동안 했던 학부모의 자녀가 전교회장이 되었다. 회장 선거가 끝난 후, 나는 영호를 불러서 품에 꼭 안았다. '영호야 나는 니 마음 다 안다.' 영호는 내 품에서 하염없이 울었고 나도 같이 울었다. 영호는 어머니가 없는 아이였다. 그 시절 S초등학교는 전교학생회장의 어머니가 학부모회 회장이 되는 전통이 있었다.

보통 학교에서 학부모회 회장이 되는 것을 많은 학부모들이 꺼려한다. 이런 경우에 학부모회 회장이 되는 경우는 다음의 세 가지 경우가 일반적이다.

첫째는 아무도 학부모회 회장을 하려고 하지 않는 경우에 자녀가 전교회장이 되면 자식 때문에 어쩔 수 없이 학부모회장이 되는 경우이다.

둘째는 대부분의 학부모가 학부모회장을 하려는 이가 없어 학교장이 미리 부탁해서 낙점이 되는 경우이다. 이 경우에는 투표나 절차는 형식적으로 진행되는 경우가 많다.

셋째는 일부 의욕적인 학부모 몇몇이 짜고 치는 고스톱마냥 서로 추천해서 학부모회장을 친한 사람들끼리 계속 대물림해서 가는 경우이다.

첫째와 둘째의 경우에는 그래도 무리 없이 학교와 우호적인 관계를 형성하고 틈틈이 학생교육에 지원에 노력을 하지만 세 번째 경우는 학교와의 마찰이나 갈등 문제가 많이 발생한다.

학교 외부자들

일명 '완장질'이라고 하는데 교장이나 교감, 선생님들이 학부모회장에게 깍듯이 대하는 것에 도취되어 완장을 차고 행세를 하는데서 나온 말이다. 이런 태도는 대개 다수 학부모들의 무관심 아래 소수에 의해 뽑혀놓고 학교의 대표인 줄 착각을 하는 사람에게서 볼 수 있다. 극히 일부지만 이것을 권력으로 여기며 정치에 도전하는 학부모들도 있었다. 가장 큰 문제는 자기 주변의 사람들만 챙기고 자신들만의 영역을 만들고 그들만의 학부모회장이 되어서 자기 패거리들의 목소리만 학교 정책에 반영하려고 노력한다. 여기에 동조하지 않는 학부모들을 집단으로 따돌림하면서 아이들보다 못한 짓을 거침없이 한다. 어른들 단톡방에 애들 단톡방과는 비교도 되지 않을 만큼 섬뜩한 대화들이 오고 간다. 학부모들의 파벌은 학교 입장에서도 매우 불편하다. 교육연수원에서 학부모회를 담당하는 교사들에게 운영의 어려움을 물었던 적이 있다. 그중 학부모의 파벌 나눔이라는 답이 가장 많았던 기억이 있다. 결국 학부모회 활동이 학교 교육과정을 망치는 것이다.

학부모들의 학교 교육활동에 대한 관심과 참여는 더 설명할 필요도 없이 중요하고 막중하지만 그렇다고 해서 그것이 특정 학부모나 특정 무리에게 힘이 실려야 한다는 뜻은 아니다. 꼭 무게를 실으려거든 오로지 학생에 대한 사랑의 무게로만 채워주길 바란다.

외부자보다 못한 학교 내부자들

부장을 맡지 않은
운 좋은 선생님께

당신이 안 하려고 극구 밀어냈던 그 부장을 누군가는 하고 있습니다. 그 부장으로 인해 당신은 학급에 좀 더 집중하거나 또는 좀 더 여유로운 삶을 이어갈 것입니다.

그 교실에서 당신은 아이들한테 뭐라고 이야기할까요?

'다른 사람을 위해 봉사하지 말고 자신만을 위해 살아라'

'안 해도 되는 고생을 남들 위한답시고 하면 혼자 바보 된다'

설마 이리 가르치지는 않으시겠지요.

20년째 동결상태였던 부장수당 7만원이 15만원으로 올라도 노고에 비해 그 가치는 턱없이 부족한 거 인정합니다. 백만 원을 주어도 모자라지요. 하지만 부장교사 안하는 걸 무용담처럼 SNS에서 자랑질은 마시라 전하고 싶습니다. 돈 때문에 부장교사 하는 사람 없습니다. 그분들은 단 돈 만원이든, 백만 원이든 상관없이 부장교사를 하실 분들이라고 생각합니다.

교실에서 아이들에게 늘 이야기하는 봉사의 삶을 실천하는 그들을 바보라고 비웃지 마시지요.

당신보다 훨씬 훌륭한 삶을 살아가는 분들입니다. 올해도 학교는 어떻게든 돌아갈 것이고 학교의 시계는 흘러갑니다. 어쩌면 당신이 부장교사를 안 해준 덕분에 더 잘 돌아갈지도 모릅니다.

학년도를 마무리하는 겨울에 가장 찌질한 자들은 부장교사 안 하는 걸 자랑처럼 동네방네 떠들고 다니는 자들과, 부장교사 하는 분들을 어리석다고 바보 취급하는 자들입니다.

규모가 제법 큰 학교 관리자의 연말 고민 중 하나는 다음 학년도 부장교사 선임이다. 이것은 전국 공통사항으로 보직교사 수를 다 채우기가 어려운 실정이다. 워라밸('일과 삶의 균형'을 뜻하는 'Work and Life Balance'의 줄임말)을 중요하게 생각하는 시대 분위기와 맞물려 예견된 수순이었다고 생각한다. 학교에서 보직교사는 승진의 개념이 아니라 업무 담당에 대한 책임의 자리이다. 권한은 없고 책임은 있는 무거운 자리에 정당한 대가 없이 노력만을 요구해왔다. 요새 말로 '열정 페이'라는 말에 딱 들어맞는다.

2024년부터 월 7만 원인 보직교사 수당이 15만 원으로 인상되었다. 보직교사 수당은 지난 1992년 처음 시행된 이후 2003년 7만 원으로 인상된 이래 20년 동안 변동이 없었다. 모두가 돈 때문에 부장교사를 거부하는 것은 아니겠지만 이들의 노고에는 이에 걸맞은 보상이 마땅히 따라야 한다. 수당은 예산이 허락하는 한 많으면 많을수록 좋다. 수당이 부장교사의 유인책인양 말했지만 사실 부장교사 자리는 돈 받는다고 되는 자리가 아니다. 학교에서는 부장을 '허리'라고 한다. 이는 부장의 역할이 업무처리에 국한되지 않음을 의미한다. 부장은 선배교사로서의 모범, 인간

관계의 윤활유, 현명한 결정력을 구비해야 한다. 그런 부장을 아무나 시킬 수는 없는 일이다. 누구든 자리를 채우기만 해도 되는 허술한 자리가 아니다.

만약 당신께서 부장교사로 권유를 받았다면….

선생님!!!

선생님은 그만한 능력과 마음을 가진 분이라는 겁니다. 선생님은 자부심을 가지셔도 좋습니다. 아무도 하지 않으려고 하는 부장교사를 맡았다고 조롱하는 그들을 조롱하시면 됩니다.

'나는 이 정도는 되는 사람이야!' 라고 자부심을 가지고 좋은 학교를 함께 만들어 갈 수 있으면 좋겠습니다.

폭탄 돌리기

'폭탄 돌리기'는 이전에 텔레비전 오락 프로그램에서 시작되었다. 풍선이 계속 부풀어 오르는 동안 게임에 참가한 사람들은 미션을 수행하면서 풍선을 다음 사람에게 전달한다. 부풀어 오르던 풍선이 압력을 이기지 못하고 터지는 순간 풍선을 가지고 있던 사람이 벌칙을 받는 게임이다. 우리는 언제 터질지 모르는 그 풍선을 폭탄이라고 불렀다.

게임에 참여하는 사람들의 표정과 동작은 거의 동일하다. 풍선의 크기가 작을 때는 여유를 가지지만 풍선이 커질수록 팔을 멀리 뻗고, 고개는 뒤로 젖히고 말의 속도는 빨라진다. 풍선에 불과하지만 터지는 상황을 상상하면 폭탄만큼이나 위험하게 느껴진다.

학교에도 폭탄 돌리기라는 말이 있다.

이 글을 읽는 사람 중 학교에 근무하는 사람이라면 이 말이 모두 무슨 말인지 안다. 여기에서 폭탄은 문제 교사를 말한다. 폭탄 돌리기는 문제가 많은 교사 또는 교직원을 가능한 빨리 다른 학교로 보내려고 하는 것이다.

이 현상은 아주 오래전부터 있어 왔고 지금도 있지만, 여전히 해결되

외부자보다 못한 학교 내부자들

지 못하고 있다. 누구나 폭탄이라고 인정하는 이 문제 많은 교사를 학교에 근무할 수 없도록 하는 방법이 없기 때문이다.

가장 큰 문제는 폭탄교사를 문제 교사로 정의하는 기준이 모호하다.

교원능력개발평가라는 교사를 평가하는 제도가 있기는 하다. 학부모 평가, 동료교사 평가가 있다. 평가 문항도 모호하지만 평가를 하는 사람도 좋은 게 좋은 식으로 평가에 참여한다. 평가 결과를 토대로 제대로 재교육을 하는 것을 본 적이 없다. 한 번 보기는 했지만 누가 나에게 점수를 잘 주지 않았냐며 학교를 벌집 쑤시듯 쑤시고 재교육에 참여하지 않았다는 말을 들었다. 결국 어떻게 되었는지 잘 모르지만 그 교사는 여전히 교단에 남아있다. 문제 교사에 대한 재교육 및 징계조차도 솜방망이와 같은 유명무실한 정책이어서 학교는 여전히 폭탄을 안고 돌리기를 반복하고 있다.

문제 많은 폭탄교사를 학교로 들어오지 못하게 하는 일을 책임지는 곳이 없다. 인사철이 되면 문제교사가 어느 학교로 내신을 썼는지 관내 모든 교사들의 관심이 집중된다. 문제 있는 교사를 한 학교에 모두 몰아 줄 수 없어 교장과 지원청도 굉장히 신경을 쓴다는 사실도 공공연한 비밀이다. 우리 학교에 있는 동안 조용히 넘어가 주기를 바라고 그렇게 있다가 또 내신을 쓸 때가 되면 보내면 된다는 생각이다. 문제 교사를 어디에 신고하고 어떻게 해결해야 하는지 아는 사람이 있을까? 언제나 논쟁의 소지를 가지고 있는 사항은 교사의 인권과 교권을 지키는 일과 문제교사를 걸러내는 일이 첨예하게 대립되어 연결되어 있다는 것이다. 문제 교사를 거르는 일이 자칫하면 평범한 많은 교사들의 인권과 교권을 추락시키는 일에 영향을 미칠 가능성이 크다. 무분별하게 교사를 조사하고 징계하는 일이 생기고 교실을 비워야하는 일이 비일비재 일어날 수도 있다. 이런 이유로 문제교사는 무사히 지내 왔고 학부모의 민원이 극에 달하는 경우에 이를 빌미로 비로소 '좌천'이 된다. 좌천은 생활 근거지와 먼 곳에서 근무를 하도록 하는 것이다. 문제 교사는 그 어디에서 또 다른 학생들과 만나게 된다. 그 학생들은 무슨 죄인가?

사례1

한 교사에 해당하는 민원으로 1년 내내 시끄럽다. 교장과 교감은 민원 해결에 에너지를 모두 소진하게 된다. 얼른 다른 학교로 보내지 못할 형편이면 도리어 교장과 교감이 그 학교를 떠날 궁리만 한다.

사례2

A지역에서 문제가 생겨 직권내신을 당해 자택에서 먼 곳인 B지역으로 좌천된 교사가 그곳에서 또 문제를 일으켰다. B지역에서 다시 직권내신을 당해 좌천이 되었는데 그곳이 다시 자택이 있는 A지역이 되어 돌아온 것이다. 오히려 상을 주는 결과가 되었다.

사례3

문제교사에게는 아이들을 위해서 담임을 맡기지 못한다. 그래서 그 교사에게 맡길 수 있는 것은 교과전담밖에 없다. 만기가 되어 학교를 옮기는 날까지 학급의 담임을 맡은 적이 없다.

어떤 교사는 전보 점수를 채우기 위해 교장과 동료교사들에게 부탁해서 겨우 전담을 한 번 할 수 있을까 말까 한데 문제교사는 너무나도 당연한 듯 교과전담을 맡는다. 퇴직하는 그날까지 그에게 담임을 맡길 교장은 없다.

외부자보다 못한 학교 내부자들

지역마다 이런 사례를 빈번하게 들을 수 있다. 교육부와 교육청은 이런 일에 왜 침묵하는가? 문제가 있는 교사는 교단에 설 수 없어야 한다. 이제는 '폭탄 돌리기'를 멈출 때가 되었다.

좀비교사와 포장교사

'좀비교사'는 자신의 편함을 추구하기 위하여 교사나 공무원으로서의 권리를 법이 허용하는 범위 안에서 최대한 누리는 교사들이다. 법이 허용하는 범위에서 권리를 찾는 것이 무엇이 문제가 되겠는가? 하지만 이들의 자세는 조금 다르다. 권리를 잘 찾아 최대로 누리는 것과 관리자들이 자신에게 함부로 대하지 못한다는 것을 자주 어필하며 권리를 제대로 누리지 못하는 동료 교사들을 조롱한다. 학교 전체의 문화와 분위기를 고려하지 않고 자신의 권리를 찾는 일에는 얼굴에 철판을 깐다. 결국 교육보다 권리가 우선인 문화가 좀비처럼 확산이 되면서 교육은 없고 권리만 남는 학교가 된다. 많은 학교에서 오후에 남아있는 교사가 적어서 협의회를 할 수 없다고 하는 현상이 이를 설명하고도 남음이 있다.

좀비교사들은 행위의 정당성을 부여받고자 말은 많으나 대부분 행동이 말과 일치하지 않기에 학교 내에서 동료 교직원들에게 교육적으로 인정을 받지 못한다. 자신의 전통적 교육방식이 늘 최고라고 생각하기에 수업에 대한 연구나 공부모임에 거의 참가하지 않는다. 대부분 교사주도형 수업을 고집하기에 학생들의 생각을 묻거나 질문하는데도 인색하다.

외부자보다 못한 학교 내부자들

이들은 교육현장에서 이율배반적인 모습도 종종 보인다. 학생들의 교우관계에 문제가 발생하면 자립심과 자주성을 길러준다는 명분으로 손을 떼거나 가정교육 탓으로 돌려버린다. 사태가 심각해지면 업무담당자나 관리자에게 떠넘기고 결국에 본인은 손을 털고 만다. 그렇지만 본인은 교육적으로 페스탈로치(Johann Heinrich Pestalozzi) 급이라는 대단한 망상에 늘 사로잡혀 있다. 해마다 내신 시즌이 다가오면 이런 좀비교사들이 어느 학교로 내신을 썼는지가 지역에서 초미의 관심사가 된다. 학교마다 좀비 문화 확산을 막기 위해 촉각을 곤두세우고 있기 때문이다.

'포장교사'는 자신을 부각시키기 위해 학생을 포장의 도구로 삼는 교사들이다. 인격적으로 미성숙한 아이들을 심리적으로 지배하여 교사포장에 동조하지 않을 수 없는 분위기를 교실에 조성한다. 수업시간에 잘 짜인 각본대로 연출된 실적물이나 결과물을 사진으로 갈무리해서 SNS나 교사커뮤니티 공간에 올린다. 꾸준히 학생을 지도하고 그렇게 누적된 실적물을 교사들과 공유하는 것은 권장할 만한 일이다. 그러나 교사 자신의 포장을 위하여 의도적인 홍보자료를 만드는데 이용되는 아이들은 그저 도구에 불과할 뿐이다.

포장교사들은 학교의 수장인 교장과 늘 좋은 관계를 유지하기 위해 애를 쓰는데 이는 학교의 다양한 성과도 자신의 포장에 도움을 주기 때문이다. 그들은 교실의 실적을 넘어 학교 성과에 언제 숟가락을 얹어야 할지 포착하는 능력도 탁월하다. 그 탁월함을 매개로 어느 정도 인지도가 쌓이면 교육청의 TF팀이나 각종 정책위원으로 발탁되어 계속해서 실적을 쌓아나간다. 능력을 인정받아 연수원 강사진으로 활약하며 부수입을 창출하거나 전문영역의 전문직 장학사로 진출하기도 한다. 포장교사의 최종 종착지는 언제나 오리무중이다. 포장하는 탁월한 능력을 겸비했으니 어찌 보면 교사의 길보다는 행정가나 정치가로 옮겨가는 게 진정 학교를 위한 길인지도 모르겠다.

'좀비교사'인지, '포장교사'인지 명확하게 구분하기는 어렵다. 실체를 까 보기 전에는 무엇이 들었는지 모르기 때문이다. 그리고 어느 정도가 되어야 그렇게 불릴 수 있는지 말하기도 어렵다. 그래서 스스로의 양심과 판단에 맡길 수밖에 없다. '학생'을 중심에 두고 학생의 올바른 성장과 교육공동체가 소통하고 배려하는 문화 확산에 중심을 잡고 있는지 자주 반추해 보아야 할 일이다.

외부자보다 못한 학교 내부자들

진상교사

　학교에 있으면 수많은 진상학부모를 보게 된다. 이런 학부모를 접하게
되면 그렇게 불만이면 집에서 홈스쿨링을 하지 귀한 자녀를 학교에 왜
보내는지 모르겠다는 생각까지 들 때가 있다. 진상학부모들에 대한 이야
기는 요즘 언론에도 심심찮게 회자되고 있어 많이 알려져 있는 반면에
진상교사에 대한 이야기는 잘 알려져 있지 않다.

　책을 집필하는 과정에서 진상교사에 대한 제보를 의외로 많이 받았다.
학부모 입장에서 바라본 진상교사가 아니라 동료교사, 교무실무사, 행정
실의 주무관 등 같이 근무했던 동료교직원들이 경험하고 제보한 사례를
들춰내 보고자 한다. 교원들로부터 질타가 있을 수도 있겠지만 잘못을
고쳐나가지 않으면 교사에 대한 사회적 존경을 기대하기도 어렵고 정당
한 교육적 행위도 힘들 것이라는 교육자적 양심으로 잘못된 사례를 나누
고자 한다.

사례 1

국가공무원법 제59조의2에 따르면 '공무원은 종교에 따른 차별 없이 직무를 수행하여야 한다'고 규정하고 있다. 공무원인 교사도 종교의 중립을 지키고 수업이나 학급경영 시 특정 종교 활동을 하지 말아야 함에도 담임이라는 지위를 활용하여 반 학생들에게 특정 종교서적을 옮겨 쓰도록 하는 등의 활동을 시키거나 주말에 종교단체로 부르는 일이 있었다. 그리고 특정 종교활동을 한 아이들에게만 교실에서 과자를 주거나 칭찬을 해서 과자를 먹고 싶거나 선생님에게 칭찬을 받고 싶은 아이들이 학부모에게 특정 종교시설에 보내달라고 조르기도 했다. 결국 부모가 학교로 민원을 제기해서 관리자가 주의를 주고 일단락되기는 했으나 학교를 옮기고 나서도 계속해서 학생들에게 전도활동을 이어갔다는 풍문이 들려왔다.

사례 2

학교는 공공기관이다. 공공기관에 근무하는 교직원이라 해서 공공의 재산이나 시설물을 개인용도로 사용할 수 없다. 그런데 가정집에서 나온 개인 쓰레기를 모아서 아침 출근 때 학교 운동장 쓰레기통에 몰래 버리는 교사가 있었다. 당직 전담사가 행정실 시설 주무관에게 이야기를 해서 알게 되었는데 몇 번은 못 본 척 하고 넘어갔으나, 자꾸 반복되어 행정실장이 교무실까지 찾아와서 하소연을 하고 갔다. 해당 교사를 교장실로 불러서 주의를 주고 시정을 요구하기까지 개인집의 쓰레기를 학교에다 버리는 행위는 빈번하게 일어났다.

외부자보다 못한 학교 내부자들

사례 3

초등학교에는 담임교사가 병가나 연가를 내면 보결을 들어오는 대결교사의 편의를 위해 수업시간에 무엇을 해야 할지 미리 연락해서 사전에 안내를 해준다. 그런데 안내도 없이 수행평가지만 잔뜩 인쇄해놓고 대결교사에게 수행평가를 대신하라고 칠판에 적어두고 연가를 내고 교실을 비우는 교사가 있었다. 초등학교에서는 대부분의 평가를 총괄평가나 지필평가 대신 과정중심 수시평가로 바뀐 지 오래 되었다. 과정중심 수시평가는 학생의 성장과 배움의 정도를 평가하는 것으로 학습목표의 성취를 평가하는 결과평가가 아닌, 학습 과정에서 학습자가 보인 여러 가지 변화에 대한 수행평가가 중요하다. 그런데 담임이 아니라서 평소 학생의 성장과 배움의 과정을 알 수 없는 대결교사에게 평가지만 떠넘기는 것은 평가의 과정이 아니라 채점결과만 보고 학생평가를 하겠다는 것이다. 이는 과정이 아니라 결과만 보고 학생의 성장을 판단해서 피드백을 하겠다는 것으로 평가의 중심에 학생은 없고 교사의 편리만 있다고 볼 수밖에 없다.

사례 4

학생에게 민주성과 자율성을 부여한다는 명목으로 학교에서 정한 학교 규칙이나 생활규정 등을 자주 무시하는 교사가 있었다. 동(同)학년 다모임에도 아이들을 보내지 않고 교실에서 본인이 하고 싶은 활동만 했고, 다른 반 학생들과의 형평성 문제 때문에 동료교사들이 문제를 제기해도 해당 교사는 본인 교실만의 규칙과 교사교육과정이 더 우선이라며 단칼에 거절해버렸다. 달리 방법이 없어서 동료교사들이 교무실에 하소연을 하여 관리자가 대화를 시도했으나 별로 달라지지 않았다.

학생과 커뮤니케이션이 되지 않는 교사가 있었다. 경청이 안 되니 대화가 어렵고 학생들의 불만에 대해 동료들이 조언을 해도 받아들이지를 않는다. 학생 관리가 전혀 되지 않아서 학부모 민원이 끊이지 않았다. 도저히 담임을 맡길 수가 없어서 학교를 떠날 때까지 전담수업만 하도록 관리자들이 편의를 봐 주었다. 전담과목도 항상 가르치기 쉬운 음악이나 미술, 도덕 교과 위주로 과목을 배정했다. 담임교사들은 준비나 기능이 필요한 과학과 체육 교과의 전담교사를 원했지만 진상교사는 학생관리가 되지 않으니 안전사고 우려가 있는 과목을 배정하지 못한 것이다. 음악수업을 맡은 해는 1년 내내 리코더 연습만 시키거나 가요만 부르게 했다. 미술수업은 보고 베끼기만 했고, 도덕시간에는 독서만 했다.

사례 5

교육공무원법 제41조에는 교원은 수업에 지장을 주지 아니하는 범위에서 소속기관 장의 승인을 받아 연수기관이나 근무 장소 외의 시설 또는 장소에서 연수를 받을 수 있도록 되어 있다. 최근에는 이를 근거로 방학이 되면 선생님들은 공무 외 국외연수를 41조로 신청해서 해외로 많이 나가는 추세다. 교사에게 방학은 연수의 기간이기도 하지만, 방전된 체력을 끌어올리는 충전의 시간이기도 해서 요즘 관리자들은 연수를 겸한 해외여행에 많이 관대한 편이라 승인도 쉬운 편이다. 그런데 해외에 다녀온 사진이나 기록을 본인의 SNS 에만 남기지 않고 꼭 교직원과 학부모가 모두 함께 공유하는 학교밴드나 학교홈페이지에다 자랑삼아 올리는 교사가 있었다. 본인은 해외연수를 다녀온 것이라 함께 공유하고 싶다고 올리지만 보는 사람에 따라 여유로운 여행으로 보이기도 했다. 이런 행위는 각종 공사나 업무 때문에 해외여행을 못 가는 부장교사들과 방학이 없는 교무실과 행정실 교직원들의 의욕을 꺾을 수도 있다. 또한 학부모들까지 공유하는 밴드라면 자칫 학부모들이 선생님들은 방학이 되면 연수는 안 하고 해외로 여행만 다닌다는 오해를 불러올 수도 있어 정보공유 자제를 부탁했더니 무엇이 문제인지 모르겠다며 오히려 화를 냈다.

앞에서 언급한 진상교사들은 극히 일부분이니 보편적 현상이라고 오해 없기를 바란다. 대부분의 교사는 사명감을 가지고 성실하게 직분에 임하고 있으며 열심히 학생들을 가르치고 있다. 그렇다고 미꾸라지 몇 마리가 흙탕물을 일으키는데 가만히 지켜보고만 있을 수도 없다. 왜냐하면 맡은 자리에서 최선을 다해 학생을 가르치고 있는 다수의 선량한 교사들과 학생들이 피해를 보기 때문이다. 진상교사든 진상학부모든 흙탕물에 사는 소수의 미꾸라지를 잡기는 쉽지가 않다. 그래서 흙탕물을 맑은 물로 바꾸는 자정노력을 학교관계자들 모두 게을리 해서는 안 된다.

재난대피훈련의 주체는
누가 되어야 하나?

2000년대 들어서면서 학교에는 학생안전만큼 민감하고 예민한 업무가 없다. 크고 작은 안전사고로부터 학생들을 지켜내는 일이 무엇보다 중요하며 우선되어야 하는 것은 분명하다. 학교시설물에 의한 안전사고는 물론 학교를 벗어난 현장체험학습에서의 안전사고, 불시에 일어날 수 있는 화재, 우리의 힘으로는 미리 막을 방법이 없는 지진 같은 자연재해까지, 재난에 대비하기 위해 교육해야 할 부분이 상당히 많다. 학교에서는 정기적으로 소방훈련과 지진대피훈련을 실시한다. 이런 모의 훈련을 실시하는 이유는 만약의 사태에 대비하고, 훈련을 통해 학생들의 안전을 도모하기 위함이다. 실제 상황에서 당황하지 않고 훈련받은 대로 행동함으로써 생명을 지킬 수 있어야 하기 때문이다.

이러한 훈련을 위해 이루어지는 업무절차는 다음과 같다.

합동소방훈련을 예로 들면 업무담당자가 전체 계획을 세우고 유관기관과 협조망을 구축한다. 소화기의 실제 사용법을 익히기 위해 행정실에 협조 요청을 한다. 훈련 시나리오를 쓰고 계획을 학교 전체에 공지한다.

외부자보다 못한 학교 내부자들

훈련 당일이 되면 담당교사는 진행을 하고 훈련이 끝나면 교장은 운동장에 나와 있는 학생들에게 당부 말을 하고 마친다. 이 모든 일정이 끝나면 결과를 보고하는 것으로 담당교사는 일을 마무리 할 수 있다.

한 번의 훈련을 위해 진행해야 하는 과정이 이렇게나 많다. 그런데 이러한 일의 대부분을 교육과 관련이 있다는 명목으로 '안전교육 담당 교사'가 한다. 훈련 중에 교장, 교감의 역할은 미미하다. 이 훈련에 교장, 교감의 역할을 언급하는 것에는 이유가 있다. 실제 상황이 발생했다고 가정해보자. 화재, 또는 지진이 발생하면 교장, 교감은 담당 교사의 지휘 아래 아이들과 함께 대피를 할 것인가? 실제 연습에서는 사이렌이 울리면 교장과 교감은 천천히 밖으로 나간다. 담당을 맡은 교사가 담임이라면 학급 아이들을 두고 대피 방송을 하러 방송실로 뛰어가야 하는가? 담당 교사는 학급 학생들을 다른 선생님께 부탁을 하거나 고학년 담임인 경우 학생들에게 사이렌이 울리면 가방을 머리에 얹고 대피하라고 말해놓고 훈련을 진행하러 간다. 그러므로 실제 상황이 발생했을 때 훈련대로 하려면 담당교사는 학급 학생들을 두고 마이크를 잡으러 뛰어가야 한다. 이것만 생각해 보아도 재난 대피훈련의 담당을 누가 해야 할 것인지 명백해진다.

재난 대피훈련은 실제 상황에 맞게 이루어져야 한다. 학교 재난 대피훈련의 가장 큰 문제는 실제 상황이 발생했을 때의 장면을 대비하지 못한다는 것이다. 학교에는 대피훈련 과정에서 마이크를 잡는 교장, 교감이 거의 없다. 교장, 교감 뿐 아니라 행정실도 마찬가지이다. 심한 경우 대피하지 않고 건물 안에서 일상 업무를 처리하는 경우도 보았다.

상황이 발생하면 교장이, 교감이, 교무실이, 시설을 담당하는 행정실이 컨트롤 타워가 되어야 한다. 소방에 관한 안전규정 제5조는 '기관장은 소방안전관리 업무를 원활하게 수행하기 위하여 감독직에 있는 사람으로서 다음 각 호의 구분에 따른 자격을 갖춘 사람을 소방안전관리지로 선임하여야 한다'라고 규정하고 있다. 학교에 대입하면 소방안전의 감독책임은 교장이고, 소방안전관리자는 통상적으로 행정실장인데 전체 총괄과 진행과 행정처리를 교사가 한다. 규정에 따라 행정업무 처리는 행정실장이 맡고 교육과 관련이 있다면 당일 행사의 총괄은 컨트롤타워의 역할을 하는 교장이나 교감이 진행하는 것이 맞지 않을까? 교사는 교실에서 안전교육을 하고 학생을 안전하게 대피시키는 역할을 하는 것이 합리적일 것이다. 업무 담당자 지정으로 싸움을 붙이려는 의도는 전혀 없다. 화재, 지진, 자연재해에 이제는 우리나라도 안전하지 않다. 언제 어떻게 마주하게 될지 모르는 일에 우리는 현실적으로 대응하고 준비해야 한다. 실제상황이라고 생각하고 업무를 분장하고 연습을 해야 한다. 훈련을 위한 계획을 수립하면 실제 상황에 대비할 수 없다. 배가 좌초하면 선장은 모든 사람을 탈출시킨 후 제일 마지막에 내린다. 학교에서는 그 선장이 교장선생님이다.

외부자보다 못한 학교 내부자들

훌륭한 교장을
만나기 어려운 근본적인 이유

6년 전 『학교 내부자들』을 냈을 때만 해도 여전히 교장의 뜻대로 학교를 경영하거나 본인의 뜻이 반영되지 않은 회의 결과를 받아들이지 못하는 교장들이 정말로 많았다. 『학교 내부자들』 출간 이후 강의를 다니면서 만났던 교장선생님들 중에는 본인이 가장 민주적이라고 생각하는 사람들이 의외로 많았다. 청렴과 상급자의 갑질에 대한 교직원들의 인식이 변하고 있고 무엇보다 갑질에 대한 신고제도가 활성화되면서 많은 교장들이 허용적인 교장으로 변하고 있다. 필자가 집필한 『학교 내부자들』이 학교와 교직의 문화를 모두 다 바꾸었다라고 말할 수는 없지만 교장선생님들이 교직원 회의 결과를 받아들이는 민주적인 문화를 정착시키는 데는 출판이 어느 정도 도움이 되었다고 생각한다. 허용적인 교장으로 인해 도내에도 '좋은 교장'이라는 단어가 제법 들려온다. 그러나 '좋은 교장'이 모두 '훌륭한 교장'인가에는 여전히 물음표를 던지고 싶다.

내가 생각하는 훌륭한 교장은 학교의 문화를 혁신하고 학교와 마을이 함께 상생하며 서로 배움을 공유하면서 지역의 아이들의 올바른 성장을 이끌어내는 교장이다. 35년의 영어교사 생활을 마치고 전국의 교사와 학부모를 대상으로 강연과 집필을 이어가고 있는 송형호 선생님이 번역한 『훌륭한 교장은 무엇이 다른가?』에서 저자 토드 휘태커는 훌륭한 교장의 리더십은 좋은 교장으로 사는 이벤트가 아니라고 하면서 매일매일 가치 있는 일을 해야 하고 하루도 빠짐없이 중요하지 않은 날이 없는 게 교장의 일이어야 한다고 했다. 훌륭한 교장은 부정적이고 무능한 교사를 다룰 수 있어야 하고, 유능한 교사와 학생들을 위해 부정적이고 무능한 교사를 개선시키거나 제거해 나가야 한다고 했다. 훌륭한 교장은 이일을 할 수 있으나 좋은 교장은 무엇이든지 허용하고 수용만 하는 이벤트성으로만 학교를 경영하기에 결코 '훌륭한 교장'이 될 수 없다고 강조한다.

2024년, 대한민국의 학교에는 교사의 교육활동을 보호하고 지켜줄 훌륭한 교장이 여전히 부족하다. 허용적이고 수용적인 좋은 교장은 제법 있다. 교사를 적극 지원할 훌륭한 교장이 그에 미치지 못할 뿐이다. 학교와 교육에 대해 관심을 가지고 교직원과 학부모의 비교육적 행위에 대해 'NO'라고 말 할 수 있는 '훌륭한 교장'은 갑질 신고에 시달리면서 감사를 받거나 징계를 받게 되어 정년을 보장받는데 어려움이 따를 수 있다. 때문에 학교와 교육에 관심을 끊고 무조건 'OK'만 하는 '좋은 교장'을 선택하는 것이 어쩌면 지금의 학교 문화 속에서 별 탈 없이 정년을 맞이할 수 있는 가장 안전한 선택이라고 할 수 있다.

'훌륭한 교장'은 10년 후의 학교변화와 교육의 미래를 볼 줄 알아야 하고 교육 3주체를 균형감 있게 학교의 주체로 세울 수 있어야 하고 현명한 판단과 빠르고 적절한 상황대처 능력도 갖추어야 한다. 허용적이고 수용적인 인품을 바탕으로 교직원과 학부모들이 적재적소에서 최대한의 능력을 발휘하고, 교육을 펼칠 수 있도록 지원할 수 있어야 한다. 또한 누가 학교의 교육력을 떨어뜨리고 있는지를 살펴보고 적절한 견제도 할 수 있어야 한다. 그러면서도 학생들에게는 교장이라는 단어 하나만으로도 존중과 친근함을 뿜어낼 수 있어야 한다. 이것만 보아도 '훌륭한 교장'은 거의 신의 경지인 덕분에 훌륭한 교장은 아무나 할 수도 없고 쉽게 될 수도 없다. 다시 말하지만 좋은 교장은 제법 있다. 훌륭한 교장이 그에 미치지 못할 뿐이다. 왜 우리는 훌륭한 교장선생님을 만나기가 이렇게나 힘이 들까?

『학교 내부자들』에서 나는 '승진제도를 바꾸지 않으면 교육계는 희망이 없다' 라는 주장을 했다. 교육계가 여전히 훌륭한 교장을 많이 만나지 못하는 이유를 교장 승진제도에서 찾는다. 그러나 『학교 내부자들』을 출판할 때만 해도 교감으로 승진해야만 교장이 되는 기회가 주어졌기에 교사에서 교감이 되는 마일리지식 점수 모으기 승진제도의 문제점에 대해서만 언급을 했었다. 지난 8년 동안 교감으로 근무하면서 교사에서 교감으로 승진하는 제도가 아니라 교감에서 교장이 되는 승진제도의 문제점을 알게 되었다. 교사의 교감 승진제도보다 훨씬 미개하고 야만적인 교감의 교장 승진제도를 고치지 않고서는 여전히 우리는 훌륭한 교장을 만나기가 어렵겠다는 생각을 하게 되었다. 교사에서 교감이 되는 과정에는 대부분의 시도교육청에서 훌륭한 교감을 차출하기 위하여 이중삼중의 장치를 마련하고 있다.

첫 번째 관문은 교감 승진을 위해서는 전체 근무평정 중 40퍼센트를 차지하는 교감으로서의 자질 평가를 동료교사들로부터 다면평가 받아야 한다. 이러한 동료교사 다면평가는 3년 동안의 평가 결과와 가산점을 합산하여 교감연수대상자 자격을 부여받는다.

두 번째 관문은 전화조사를 통해 직전 학교와 전전임 학교까지 동료교원들로부터 교감의 자질에 대한 역량평가를 연수 차출 직전에 다시 한 번 더 평가를 받는다.

세 번째는 마지막 단계로 심층면접을 통해 교감자질에 대한 최종평가를 받는다.

그러나 대한민국 교육공무원 승진제도에서 반세기 동안 변하지 않는 유일한 승진제도가 있다. 바로 교감에서 교장으로 승진하는 제도이다. 교장이 되는 제도는 교감자격대상자 선정처럼 이중삼중의 장치가 전혀 작동하지 않고 교장자질에 대한 평가권한이 일인에게 집중되어 있다. 대한민국에서 수십 년 동안 교장을 뽑는 방법은 딱 하나였다. 바로 지원청 교육장이 관내 교감들에게 매년 부과하는 근무평정의 순위에 따라 교장 승진대상자 여부가 결정되는 제도이다. 교사의 교감 승진과 달리 교감에서 교장으로의 승진에는 딱히 가산점은 영향력이 없고 지원청 교육장이 주는 근무평정 점수(최근 3년간 3분의 1로 똑같은 비중으로 적용)가 교장자격 연수 대상자 차출과 교장 승진에 막대한 영향력을 발휘한다. 따라서 현재의 교장 승진제도는 절대로 훌륭한 교장을 만들어 낼 수 없다. 대부분의 지원청 교육장들은 그들이 교감으로 살면서 학교에서 어떤 역할을 했는지, 훌륭한 교장으로서의 자질을 갖추었는지, 교장으로 학교를 잘 경영할 수 있는지는 고려의 대상으로 삼지 않는다. 온정주의가 만연한 교직의 문화로 볼 때 젊은 교감이 어떻게든 교장 임기 8년을 보장하고 정년에 맞춰 교사로 돌아가지 않고 교장으로 퇴임할 수 있도록 도와주려

외부자보다 못한 학교 내부자들

한다. 나이 많은 교감을 위해서는 일 년이라도 빨리 먼저 교장으로 나갈 수 있도록 배려하는 노력이 눈물겹게 이루어지는 것을 지켜보았다.

학교의 최고 경영자인 교장을 교육공동체가 함께 고민해서 교장승진 대상자를 평가하는 것이 아니라 오로지 지원청 교육장 일인 혼자서 나름대로 깊이, 다각적으로 고민해서 평가할 뿐이다. 수십년 동안 교장승진 제도는 절대로 다면평가와 심층평가제도를 받아들이지 않고 일인 평가에 의한 승진제도만 고집해 왔다.

이것이 2024년 현재에도 교육계는 여전히 훌륭한 교장을 만나기 어려운 근본적인 이유이다.

교육의 질은 교사의 질을 넘을 수 없고 학교의 질은 교장의 질을 넘을 수 없다. 많은 교직원과 학부모들이 훌륭한 교장을 요구하고 있지만 교육부와 교육청은 만족할만한 해답을 제시하지 못하고 있다. 훌륭한 교장을 배출하지 못하는 현행 교장 승진제도의 폐단을 면밀히 검토하여 다각적인 평가를 통해 훌륭한 교장이 많이 배출될 수 있도록 바닥부터 다시 설계하고 뜯어고쳐 나가야 할 시점이다.

멍청한 교감과 영리한 교감

올해도 서른 학급이 넘는 관내 초등학교 교감 자리는 신규교감으로 채워졌다. 이 학교들은 1년을 단위로 교감 자리가 비고 신규교감이 발령이 난다. 교감들에게 큰 학교는 인기가 없다.

1900년대에 신규 교감들이 가장 선호하는 학교는 시내중심지의 큰 학교들이었다. 그 시절 큰 학교가 가지는 매력은 상당히 많았다. 학부모의 민원도 없던 시절이라 교감의 고유 업무만 하면 되고, 출퇴근 거리도 가까워 금상첨화였다. 교무부장에게 교감의 일을 떠넘기기도 하고 특별한 업무 없이 클릭 결재만 해도 무리 없이 학교가 운영되었다. 부장교사팔이와 승진점수를 매개로 짭짤한(?) 봉투를 많이 챙길 수 있었던 시내 큰 학교는 그야말로 매력덩어리였다. 그랬기에 신규교감이 큰 학교에 발령이 난다는 것은 무척 드문 일이었고 벽지학교나 오지학교로 교감 첫 발령이 나는 경우가 대부분이었다.

2000년대에 들어오면서 신규교감들의 첫 발령지는 대부분 대규모 학교들로 바뀌었다. 교감들은 민원도 많고 업무도 많은 큰 학교를 피해 출퇴근 거리가 먼 것을 감수하고서라도 조용히 지낼 수 있는 작은 시골학

외부자보다 못한 학교 내부자들

교로 1년 만에 전보를 내고 떠나버린다. 시내학교의 교감자리가 비워지니 신규교감들이 오는 것은 당연한 현상이다. 누구든 발령을 받으면 임지가 어느 곳이든 주어진 역할에 최선을 다해야 하는 것은 당연한 일이다. 하지만 누구든 처음은 어렵다. 요즘 신규 교감들의 능력을 의심하는 것이 아니라 교사 때의 업무와 판이하게 다른 업무들을 처음부터 잘 해내기가 어렵다는 말이다. 그런데 학생, 학부모, 교직원의 수가 몇 배, 몇십 배나 되는 학교를 관리해야 하니 업무의 효율성은 매우 떨어진다. 작은 학교에서 순서대로 배워서 큰 학교로 이동하고 큰 학교에서 많은 일을 담당하는 교감이 작은 학교 교감보다 인정받고 대우받는 것이 상식이고 순리다.

큰 학교에 근무한다고 해서 특별히 월급을 많이 주는 것도 아니고, 지원청에서 교장 승진 가산점이나 근무평가 성적을 잘 주는 것도 아니다. 교감들의 교장 승진에 관한 가산점이 거의 줄어들고 있는 실정에 오히려 교장자격연수 차출 가산점으로 벽지학교 점수나 시골학교 농어촌가산점이 가장 크게 기여를 한다고 봐야 한다.

교감으로서 8년 동안 내가 경험한 바로는 지원청에서 주는 교감들의 근무성적 기준은 나이가 얼마나 많은지 그리고 정년까지 남은 경력이 얼마인지가 더 중요한 기준이었다. 나이가 많아 교장 8년을 못 채우게 되는 교감이면 더 금상첨화였다. 능력이나 자질, 근무 역량, 기여도, 근무환경이 어려운 시내학교근무인지 작은 시골학교 근무인지도 중요하지가 않았다. 나이 많은 교감을 1년이라도 먼저 교장으로 내보내 주려고 지원청이 더 조바심이 생겨서 근무평정을 챙겨주려고 최선을 다하는 모양새였다. 그게 마치 도리이며 지원청의 역할이라 생각하는 것 같았다. 경력이 훨씬 낮은 작은 학교 선배 교감이 교장연수에 차출되었을 때 내가 가장

학교 외부자들

많이 들은 말은 "박교감은 아직 젊잖아!"였다. 이러하니 교감경력이 쌓여서 지원청으로부터 근무성적을 잘 받을 수 있는 조건을 갖추었다면 굳이 농어촌가산점도 없고 민원과 업무만 많은 시내학교에 근무할 필요가 전혀 없는 것이다.

관내 한 교장선생님은 신규 교감을 3년간 해마다 새로 받고 있다며 신규 교감 연수 담당이라는 말씀을 하는 분도 있다. 2024년. 학부모의 민원으로 인해 가장 힘든 교감이 '요즘 교감'이라고 하는 자조 섞인 농담도 오간다. 요즘 교감보다 더 힘든 교감이 중심지역 시내 큰 학교 교감인데 멍청한 교감이 바로 작은 시골학교로 옮기지 않고 시내에서 교장으로 승진할 때까지 주구장창 교육적 신념을 가지고 버티는 교감들이다.

반대로 영리한 교감들은 큰 학교에 신규 교감으로 발령받았다가 1년 만에 작은 학교로 옮겨서 교장 승진 때까지 평온한 마음으로 버티는 교감들이다. 각종 민원과 격무를 피하면서도 근무성적평가를 잘 받을 수 있는 제도적 장점도 있으니 이런 선택을 하는 교감을 욕할 수도 없다. 최근에 더욱 영리한 교감들을 보았다. 인사에 관한 권한과 정보를 쥐고 있는 지원청의 장학사 중에서 교감으로 전직 후 첫 발령을 조용한 시골의 교감으로 가는 장학사출신 교감들이다. 영리함의 극치를 달린다. 언제까지 교육부와 교육청은 이러한 현상을 그대로 두고 볼 것인가? 민원과 업무처리에 능숙한 경력 교감들을 시내의 대규모 학교에서는 찾기 어려운 서글픈 현실이 지속되고 있다. 대규모 학교에서 1~2년마다 교감이 자주 바뀌는 피해는 고스란히 그 학교의 교사와 학생과 학부모들의 몫이다.

교감은 어떻게
교장의 비서실장이 되었을까?

교장실 한 벽면에는 주로 학교 연혁, 현황, 학교중점교육과정 등을 도식화해서 액자에 넣어 게시하고 있다. 내용의 특성상 이것은 해마다 교체가 되어야 한다. 교장실을 방문하는 외부 손님들이 보기에도 액자 내용이 현행화 되어야 하기 때문이다. 주로 그 자료는 연구부장이 정리를 해서 행정실의 협조를 받아 교체한다. "교장실 환경은 내가 구성한다"고 하면서 본인이 직접 액자나 환경을 정리하는 교장선생님을 딱 한 분 보았다.

"교사시절에 많이 해본 거 아이가? 교육과정에 다 나와 있고, 거래하는 인쇄소만 알려 달라 해서 내가 만들면 돼지."

아마도 교사 시절에 교장실 환경을 정리하면서 '나는 교장이 되면 이 정도는 내가 해야지' 라고 생각을 했을지도 모른다. 그 분이 그런 혁신을 주변 동료 교장선생님들과 나누었으면 학교는 지금보다 더 빨리 변했을지도 모른다.

교감으로 8년간 근무하면서 여러 교장을 만났지만 유감스럽게도 단한 분도 본인의 일을 본인 스스로 하는 분을 만나지 못했다. 교감이 되면서 교장은 최종 결재권자라서 과제카드가 없고, 공문을 접수할 수 없다고 배웠고 그렇게 알고 있었다. 그래서 학교장 회의라든지 학교장 연수 참여와 같은 학교장에게만 해당되는 공문도 교감인 내가 마치 교장의 비서실장처럼 접수하고 참석자 명단 발송까지 대신 처리했어야 했다.

지금 학교에 교장자격 미소지자 내부형 교장이 부임했다. 교장선생님이 학부모회 업무를 맡게 되어서 학부모회 공문을 보냈더니 본인이 직접 접수하고 전결로 처리를 하는 것을 보면서 그동안 내가 잘못 알고 있었음을 알게 되었다.

학교의 중요한 행사나 홍보가 필요해서 신문기사를 작성해야 한다고 말하면 관련 담당자가 하거나 필요하다고 생각하는 사람이 해야 하는 것이 타당하다. 그러나 그 말을 꺼낸 사람이 교장이면 교사를 구워삶든 아니면 교감이 하든 누군가는 기사를 작성해야 한다. 다시 말해 교장은 지시만 하지 절대로 직접 일을 수행하지는 않았다. 관리자 성과상여금 시즌이 되어 자료를 제출하게 되면 교장이 일을 하지 않는 경우의 절정을 맛보게 된다. 관리자 성과상여금은 교장이나 교감이 대부분 같은 영역에 묶여 있기에 교감이 자기의 자료를 만들면서 한 부씩 더 만드는 것이 관행처럼 되어 있다. 개인영역에 해당되는 부분도 있지만 그 조차도 인사기록카드 열람이 가능한 교감이 교장의 개인성과 영역까지 챙겨서 서류를 만들어야 했다. 나는 여러 교장의 성과상여금 자료를 작성하면서 교장이 먼저 서류를 2부씩 만들어서 교감에게 주는 경우를 경험하지 못했다. 아마 본인들도 교감 시절에 교장의 일을 대신해 왔던 것으로 봐야 하기에 이게 무엇이 잘못인지도 모르는 것 같다.

어떻게 교감은 교장의 비서실장이 되었을까?

외부자보다 못한 학교 내부자들

나는 이러한 현상이 교육청과 지원청, 혹은 직속기관에서 교감을 대하는 태도에서 비롯되었다고 본다. 교육청이나 직속기관에서 학교방문 예정이 있으면 제일 먼저 하는 일이 학교장이 당일 학교에 근무하고 있는지를 확인한다. 이런 확인 전화를 교장실로 전화해서 바로 물어보는 것이 아니라 꼭 교감에게 물어서 다시 일정 확인을 받는 것이었다. 교감이 마치 교장의 비서처럼 교장의 일정을 꿰뚫고 있어야 한다는 것인지 아니면 교장에게 물어서 다시 연락을 달라는 말인지 몰라도 당사자에게 바로 확인을 하면 되는데 왜 단계를 거치는지 이해할 수가 없다.

　　교장실에 직통전화가 있고 본인 휴대폰 번호가 있는데도 직접 전화하지 않고 꼭 교감에게 물어서 다시 확인을 받는 관행이 사라지지 않고는, 교장 본인에게 해당되는 공문을 다른 누군가가 대신해주는 관행이 사라지지 않고는, 교감이 교장의 비서실장과 같은 역할에서 벗어나는 일은 불가능할 것 같다. 교육청부터 교장과 교감을 상하관계로 보는 것이 아니라 둘 다 각자의 위치에서 역할을 수행하는 공인으로 인정하지 않고서는 학교장을 학교의 주인처럼 섬기고 모시는 의전은 학교에서 사라지기 힘들 것 같다.

학교 외부자들

3부

학교 외부자들을 위한 제언

학교의 일과 아닌 일:
학생건강검진

내가 국민학교를 다니던 어린 시절에도, 교사로 첫 발령을 받아 부임했을 때도 매주 저축을 하는 날이 있었다. 학생일 때는 저축할 돈이 없어서 저축의 날이 싫고 부담스러웠다. 이후 교사가 되고 나서는 아이들에게 저축할 돈을 가지고 오라고 하며 알림장에 적어주고, 돈을 모아 전달하는 일이 업무가 되어 부담스러웠다. 현금을 가지고 오는 탓에 분실도 많았다. 게다가 분실인지 도난인지 몰라서 하루 종일 아이들과 실랑이를 했던 힘든 기억도 있다. 나중에는 농협에서 직원이 나와 받아 가다가 조금씩 사라져 지금은 학교에서 저축을 하는 일은 없어졌다.

학교에서 당연한 것처럼 하던 일들도 학교 교육과 상관이 없어서 하루아침에 없어져도 아무 문제가 없었다. 그 당시에는 학교가 절약 교육을 해야 하는데 하지 않아 큰 잘못을 하는 것처럼 마음 한편이 불편했다. 사실 그렇게 따지면 학교에서 하지 않을 교육이 없다. 저축은 은행에서, 학교는 학교에서 할 교육을 하면 되는 것이다. 교육현장에는 여전히 옛날의 저축업무처럼 학교의 일이 아닌 일들이 남아 있다. 학생건강관리가 대표적으로 학교 밖으로 나가야 할 업무이다.

학기 초가 되면 보건교사는 학생건강관리계획을 수립한다. '학생건강 증진 기본계획'에 의해 광범위하고 전문적인 계획이 수립되는 것이다. 그중에는 학생건강검진이 들어있다. 매년 1학년과 4학년은 병원을 지정하여 건강검진(일반검진, 구강검진)을 받고, 나머지 학생들은 학교에서 건강검사를 한다. 보건교사는 계획을 수립하고 병원을 지정한다. 학부모를 대상으로 병원과 치과에 대한 선호도 조사를 하고 병원에 연락해 학생 건강검진을 맡아줄지 의향을 타진해 계약을 한다. 그 해의 검사가 끝나고 나면 검진비 지급을 위한 일련의 과정을 거친다.

우리나라는 국민의 건강을 위해 매우 체계적이며 안정적인 지원을 한다고 생각한다. 선진국임에는 분명하다. 그런데 그 일을 왜 학교에서 추진하는지에 대해서는 매우 큰 의문이 있다.

아이가 태어나면 예방접종을 비롯한 아기의 건강에 관련된 제반 검사는 보건소에서 자료를 관리한다. 취학 전까지 보건소에서 때에 맞춰 연락이 오고 검사도 했던 것으로 기억한다. 그런데 그 아기가 자라 취학을 하면 갑자기 건강검사의 주체가 학교로 바뀐다. 어느 때부터 그렇게 되었는지 잘 모르겠으나 보건교사가 들어오면서 그리 되었을 가능성이 크다. 담임업무를 하지 않는 보건교사가 들어오면서 역할이 이관된 것일까?

모든 학교가 비슷한 시기에 비슷한 계획을 세우고 비슷한 과정을 거쳐 건강검사를 진행한다. 매우 큰 행정력 낭비가 아닐 수 없다. 국민 건강검진 계획에 의거하여 생애 단계별로 건강검사를 하도록 가정에 안내하면 된다. 그런데 학교를 다니는 그 시기만 따로 떼어내어 국가가 학교에 그 업무를 전가했다. 오히려 일관성을 해치고 효율성도 떨어지는 방법이다.

그 일이 아니고도 보건교사는 해야 할 업무가 많다. 보건 수업도 해야 하고 수시로 건강에 문제가 있는 아이들을 응급처치 해야 한다. 먹는 물 관리도 하고, 전에는 없던 미세먼지 대응도 한다. 지난 몇 년간은 코로나로 뼈를 깎는 고생을 했다. 앞으로 또 어떤 질병이 세상을 덮칠지 모른다.

보건교사가 있으면 그나마 다행이다. 교감으로 처음 발령받았던 송진초는 소규모 학교라 보건교사가 없었다. 보건교사가 새로 배치되기까지 2년간 보건업무를 직접 담당하면서 느꼈던 의문은 국가와 부모가 해야 할 국민과 자녀의 건강관리를 위해 동반되는 수많은 업무들을 왜 학교가 담당해야 하는 지였다. 사실 일의 많고 적음이 문제가 되는 것은 아니다. 학교에서는 학교가 해야 하는 일을 해야 한다. 그런 일은 아주 열심히 해야 한다. 그러려면 필요 없는 일, 국가가 책임져야 할 일, 학교의 일이 아닌 것은 과감하게 밖으로 나가야 한다.

학교 외부자들을 위한 제언

더 힘듦과 더 고생한 대가

　요즘은 학급 수나 학생 수가 많은 규모가 큰 학교로의 전입을 희망하는 교장과 교감이 드물어 그 빈자리에는 대부분 신규 교장과 교감이 배치된다. 최근 몇 년 동안 내가 근무하는 지역에도 중심지의 규모가 큰 학교들 대부분 신규 교감이 임명되었다. 규모가 큰 학교에 가고 싶어 하는 교장과 교감선생님들이 없다. 이것은 내 지역뿐만 아니라 거의 모든 시도와 시군에서 일어나는 공통적인 현상이다. 그 이유를 권한은 없고 책임만 있는 자리, 엄청난 수의 학부모 민원과 교권침해, 학교폭력 발생… 등으로 꼽고 있다. 교장보다 직접 처리해야 하는 인사업무가 많은 큰 학교의 신규 교감은 처음 겪는 업무와 민원을 감당하느라 혼자서 고군분투해야 한다.

　복수의 교감이 있는 학교도 있지만 대부분의 학교는 학생과 학급의 수와 관계없이 교장, 교감은 각 한 명씩이다. 여섯 학급이 전부인 학교에도 관리자는 두 명, 학급 수가 서른이 넘는 학교도 두 명이다. 큰 학교와 소규모학교는 단순 비교만으로도 업무의 양과 민원 강도에서 확연한 차이가 난다는 것은 자명한 일이니 교장과 교감들이 큰 학교로 발령을 꺼리는 것을 그들의 잘못만으로 탓할 수도 없다.

지인의 가족이 캐나다에서 교사로 근무하고 있다. 최근 그 가족이 한국과 캐나다의 학교에 대해 나누었다는 대화로부터 이 현상을 해소할 방안을 찾을 수 있었다.

K 한국에서는 '승진'을 하고 싶어 하는 사람이 많다.

C 캐나다 교사는 승진을 그리 선호하지는 않는다. 한국에서 승진을 선호하는 이유는 무엇인가? 월급을 많이 주는가?

K 아니다. 심지어 승진을 하면 그들에겐 방학도 없다.

C 그런데 왜 승진을 하려고 하는가?

K 수업을 하지 않는다. 수업이 가장 힘든 일이다.

C 학교의 크기에 따라 일이 다르지 않나?

K 큰 학교에 일이 많은 것은 당연하다. 그러니 교장. 교감은 큰 학교에 근무하고 싶어 하지 않는다.

C 그래도 월급이 더 많을 게 아닌가?

K 그게 무슨 의미인지?

C 캐나다의 경우 규모가 큰 학교에 근무하는 교사는 월급이 더 많다. 교장, 교감뿐 아니라 교사도 그렇다. 학급의 학생 수가 많으면 월급을 많이 받는다.

K 아!

C 가르치는 학생이 많으면 월급도 더 많이 주는 것이 당연하다. 하는 일이 많으면 월급을 많이 받아야 한다.

이 사실을 확인하기 위해 자료를 찾아보았다. Payscale의 "Average

Teacher Salary in Canada"에 따르면, 교사는 평균 연간 68,206달러(C$)를 받는다. 2023년 캐나다의 중간 교사 급여는 68,000달러(C$)이며, 최고 급여 등급의 90퍼센트 교사는 연간 약 97,000달러(C$)를 받는다. 반면에 초급 교사는 연간 약 55,000달러(C$)를 받고 있다고 한다. 자료에서는 학교의 규모나 학생의 수에 따른 차이는 나타나지 않았지만 캐나다 현지 교사의 이야기이니 틀린 정보는 아닐 것이다.

인터뷰의 내용과 우리나라와 가장 큰 차이점은 규모에 따라, 가르치는 학생의 수에 따라 월급이 달라진다는 것이다. 우리나라는 출퇴근 거리, 선호도, 급지 점수 등에 따라 본인이 학교의 규모를 결정한다. 어느 학교에 근무를 하든 교사의 급여는 호봉에 따라 받는 월급이 똑같으니 학생 수가 많아도, 학생 수가 적어도 같은 호봉을 받는 교사의 급여는 달라지지 않는다.

교장과 교감도 물론 그렇다. 규모가 큰 학교에 근무하고 싶어 하는 관리자는 감소하고 있는 추세다. 때문에 교감 업무도 제대로 파악하지 못하는 신규 교감이, 그것도 타 지역에서 들어와 낯선 곳의 큰 학교에서 근무를 하게 되니 어려운 점이 한두 가지가 아니다. 신규 교감이 작은 학교에서 1~2년 경력을 쌓아 큰 학교에서 근무하는 것이 좋겠다고 생각하지만, 큰 학교에 근무하다 작은 학교로 나간 사람은 절대로 들어오고 싶어 하지 않는다.

심지어 외곽의 작은 시골학교로 가면 농어촌 가산점과 급지점수까지 높아 인사이동에 대한 선택권도 작은 학교에 근무하는 그들이 쥐고 있다. 이런 문제의 해결책으로 성과금이 거론되기는 했지만, 교장과 교감들은 일 년에 그깟 몇십만 원으로 업무 강도와 책임을 바꿀 이유가 없다는 것이 주된 생각이다. 더구나 요즘은 큰 학교나 작은 학교에 근무하는 교원들마저도 성과금의 격차가 많이 줄어들고 있다.

　사람들은 돈으로 그것을 바꾸지 못한다고 말한다. 그런데 캐나다 이야기를 들으니 어쩌면 돈으로도 해결이 가능하겠다는 생각이 든다. 학교 규모에 따라 일의 강도나 업무량에 따라 월급을 큰 폭으로 차별화 시키면 해결될 것이다. 교사는 학생 한 명당 받는 월급이 달라지고 교장과 교감은 학급 수에 따라 월급이 상당하게 차이가 있다면 서로 큰 학교로 오려고 하지 않을까? 안 된다고? 한 번 줘 보고나 이야기해 보자. 진짜 안 되는지.

　또 다른 중요한 이유가 있다. 작은 학교에 근무하는 교감이, 일을 더 적게 하는 교감이, 근무평정을 더 높게 받거나 농어촌승진가산점을 받아 교장자격 연수를 더 빨리 받는 경우가 허다하다. 매년 이런 불합리를 이야기하지만 전혀 바뀔 기미가 보이지 않는다. 지역 교육의 발전에 관심이 없거나 인사에 대한 잡음에 책임을 지려고 하지 않는 교육청의 행정편의주의, 큰 학교에 발령을 받았다가 작은 학교로 옮겨가기에 성공한 교감들의 기득권을 지키기 위한 노력에 동조하는 사람들이 많기 때문이다. 경력이 있는 교감이 큰 학교에서 근무를 해 주면 그동안 신규교감은 작은 학교에서 새로운 업무를 충분히 익힐 수 있을 것이고 큰 학교의 교무행정도 원활하게 운영될 수 있을 것이다. 이 문제의 해결책은 매우 단순하다. 근무하는 동안 큰 하자가 없으면 학급 수나 학생 수에 따라 큰 학교의 교감들이 수당이나 승진점수에서 더 유리한 위치를 잡을 수 있으면 된다. 이것이 왜 이렇게 어려운 일인지 여전히 의문스럽다.

코로나 확진자 일일 보고

　2020년 봄, 코로나가 세상을 집어삼켰다. 과학과 의학기술의 발달에 대한 확신은 곧 잠잠해 질 것이라는 기대가 여지없이 깨지며, 산산조각이 되었다. 바이러스는 인간 기술의 발전보다 더 빠른 속도로 변이하고 확대되었다. 학교도, 가정도 모두 코로나에 옴짝달싹하지 못하는 지경이 되었다.

　학교는 더없이 만신창이가 되었다. 전면 비대면 수업이 결정되었고, 역사 이래 처음 보는 수업이 진행되었다. 그런 환경에서도 선생님들은 빠르게 대처하고 정보를 공유했다. 학습 결손이 없는 비대면 수업을 위해 다양한 방법을 연구하고 협의하며 적용했다. 그 과정을 보며 나는 '정말 대단한 선생님들'이라는 생각밖에 들지 않았다. 한국전쟁 당시 피난민들의 천막 밑에서도 배우고, 가르치기를 멈추지 않았던 우리 민족의 DNA를 확인할 수 있는 시간이었다. 모두가 한마음이 되어 대응하고 대비했다.

　그중 이해할 수 없는 것이 한 가지 있었다. 학교의 코로나 확진자 일일 보고가 그것이다.

IT강국답게 코로나 관련 건강상태를 스스로 표시 할 수 있는 자가 진단 앱이 개발되었다. 모든 학생과 교사, 학부모가 휴대전화에 앱을 설치하고 매일 등교 전 자기의 상태를 입력해야 한다. 덕분에 얼마나 많은 사람들이 증상이 있는지, 확진인지, 격리되어야 하는지 쉽게 파악할 수 있게 되었다. 그런데 학교에서는 이해하지 못하는 일이 벌어졌다. 아이들의 등교 수업이 시작되자 교육청에서 코로나 관련 통계를 일일 보고로 제출하라고 했기 때문이다. 담임교사는 아침마다 수없이 많은 전화를 하고 자가진단 앱에 접속하여 자가진단 결과를 입력하라고 학부모들을 밀어붙이다시피하여 보건실로 자료를 보낸다. 그다음에는 교실환기와 학생들의 손 소독까지 완료한 후에야 수업을 할 수 있었다. 학생의 코로나 확진으로 인한 결석, 동거인의 확진으로 인한 결석, 증상에 의한 결석… 보고 항목이 촘촘했다. 전시(戰時)와 유사한 말 그대로 팬데믹 상황에서 교사들도 처음 겪는 일에 정신이 없었지만, 하라고 하는 것이니 일단 했다. 여기서 끝나면 다행이다. 어렵사리 집계를 해 보고를 한 후부터 또 다른 문제가 생긴다. 교육청은 자가진단 앱에 표시된 수와 학교에서 보고한 수, 보건소에서 알려준 수가 다르다며 보건실로 계속 연락을 해 왔다. 이 전화에 담당교사는 어떻게 대처해야 하겠는가? 그 숫자를 맞추느라 퇴근을 하지 못하는 날이 계속되었다. 낮에는 수업에 들어가지 않는 직원들을 모아 코로나 키트를 일일이 포장하여 배부하느라 시간을 보내고 저녁에는 통계에 메여 옴짝달싹을 못했다.

지자체는 매일 코로나 확진자 수를 문자로 전송해 준다. 보건소는 확진자 정보를 모두 가지고 있다. 그들이 가진 정보로 초·중·고 학생의 확진자 수도 파악할 수 있었을 것이다. 게다가 자가진단 앱에 표시를 하는 것은 의무가 아니라 권장이었다. 그렇다면 그것으로 보건소 확진자 수와

학교 외부자들을 위한 제언

앱의 통계를 맞추려는 노력이 무슨 의미가 있는지 알 수 없는 노릇이었다. 엄청난 수의 확진자가 나오고, 더 이상 확진자를 가려내는 것이 의미가 없어지는 상황에 이르러서야 그 '일일보고'가 없어졌다.

나는 지금도 여전히 의문이다.

교육청은 왜 그 자료를 학교를 통해 모은 것일까?

대체 그걸 어디에 사용하려고 한 것이었을까?

보건소로부터 자료를 받았다는 말일까? 받지 못했다는 말일까?

이유도 모른 채 교사들은 어마어마한 행정력을 낭비했다.

많은 과학자들이 코로나와 같은 세계를 집어삼킬 정도의 감염병이 몇 년 안에 다시 발생할 것이라고 예견하고 있다. 재난 상황에서 현실을 정확하고 신속하게 파악하고 그에 대처하는 것은 당연한 일이다. 하지만 이미 국가가 하고 있는 일을 중복해서 하거나 목적을 알려주지 않고 무조건 통계를 취합하는 일은 없어야 한다. 앞으로 일어날 재난에 대비한 통계시스템은 국가가 지금 재정비할 때다.

깨어있는 교사와 관리자의 연대

　국회의원 개개인을 입법기관이라고 한다. 그러면 국회의장이 국회의원 한 명 한 명을 관리한다는 것은 있을 수가 없다. 마찬가지로 학교 안에서 교사를 개별적인 교육기관이라고 본다면 교장이나 교감이 교사를 관리한다는 의미가 부여되어 있는 단어인 '관리자'라는 말은 잘못된 표현이다. 그래서 나는 관리자라는 말을 별로 좋아하지 않는다. 언젠가 관리자라는 명칭 대신 '지원자'로 바뀌어야 한다고 오래전부터 생각해왔다.

　내가 『학교 내부자들』부터 이 책 『학교 외부자들』에 이르는 책을 쓴 목적은 교사를 깨우기 위함이었지 깨어있는 관리자를 만들기 위함이 아니었다. 나 또한 사람들이 말하는 소위 '관리자'가 되었지만, 학교를 바꾸는 중심을 관리자로만 보지 않고 교사들의 연대가 함께 해야 한다는 철학에는 변함이 없다. 학교의 책임자인 관리자가 바뀐다고 해서 학교 문화가 바뀐다면 그것은 올바른 문화라고 할 수 없다. 많은 학교에서 민주적인 문화가 형성되어야 하고 그 문화를 바꾸는 일은 깨어있는 교사와 관리자의 연대를 통한 조직된 힘으로 가능하다. 민주적인 학교 문화와 교육 혁신에 대한 요구는 학교문화를 공부하고 경험했던 깨어있는 교사

학교 외부자들을 위한 제언

들에게서 나올 것이다. 그러나 안타깝게도 민주적인 학교문화를 공부하고 혁신을 꿈꾸는 앞바퀴 교사들이 전국에 얼마나 될까?

　그래서 지금 가장 시급한 것은 곳곳에 혁신교육의 꿈을 품고 숨어있는 교장과 교감, 그리고 교감자격연수를 앞 둔 깨어있는 장학사와 교사들의 연대이다. 폐쇄적인 학교구조를 무너뜨리고 민주적인 문화를 전파해 나갈 관리자들이 더 많이 절실하다는 것이다. 그들이 자신을 드러내지 못하고 또다시 기존의 관료 문화에 동화되어 그들이 열망하는 교육의 혁신이 수면 아래로 가라앉지 않도록 해야 한다. 그들이 자신을 당당하게 드러낼 수 있도록 교육혁신의 꿈을 품고 교육의 장에서 가슴을 열고 품을 수 있는 연대의 장을 만들어야 한다.

　새로운 학교의 혁신을 꿈꾸는 전국의 교장선생님과 교감선생님들이여! 연대하고 공부하라.

　연대하고 공부해서 얻을 것은 학생들의 바른 꿈을 키워줄 선생님들과 교직원들이며, 잃을 것은 일신의 안락함이다. 무엇을 선택하겠는가?

학교의 노노갈등에 대한
사고의 전환

공무원노조와 학교비정규직노조, 교원단체간의 노노갈등이 생각보다 심화되고 있다. 필자는 노동의 가치를 존중한다. 복지국가일수록 노동자들의 근무여건과 처우는 항상 지금보다 향상되고 개선되는 방향으로 진행되어야 한다. 교사든 행정직이든 공무직이든 이 땅의 모든 노동자들은 보다 좋은 근무환경과 보다 좋은 시스템에서 보다 좋은 복지와 처우 속에서 노동을 보장받을 권리가 있다. 다만 다른 직종과 다른 직렬의 노동가치를 폄하해서 본인들의 복지와 처우를 개선하고자 하는 데는 동의할 수 없다.

교사 커뮤니티에 올라오는 글 중에는 학교의 비정규직들이 교사와 정규직과 같은 환경과 대우를 요구하는데 교사들이 분노한다는 글을 많이 볼 수 있다. 이렇게 분노하는 교사들의 상당수가 교사가 되려면 수시전형이든 수학능력시험이든 어렵게 교대나 사대를 가야하고, 다시 경쟁을 통한 임용고시를 통과해야만 가능함을 강조한다. 이런 힘들고 어려운 관문을 통과한 것에 정당한 대우를 받아야 함을 이야기하는 것도 보았다. 이러한 글들에 나는 안타까움을 금할 수가 없다. 이 땅의 모든 노동자들은 정규직과 비정규직으로 나뉘어 차별을 받아서는 안 된다. 이러한 차별은 비정규직이라는 제도를 만들어 낸 국가와 사회의 구조적인 문제에 잘못을 돌려야 한다. 학교에 취업해서 노동을 제공하는 이들은 그들이 어떤 과정을 통해 학교에 들어왔는지를 가지고 내부에서 서로를 적대적으로 대할 필요는 없다. 경쟁을 통하든 경쟁 없는 선발이든 국가와 학교의 필요에 의해서 채용이 되었다면 그들은 그들의 자리에서 주어진 역할을 충실하게 이행하고 나아가 노동자로서의 단결을 통해 권리를 쟁취할 활동을 존중받아야 한다. 다만 학교노동자의 쟁의행위나 단체협상은 일반 노동자의 쟁의행위와 협상과는 결을 달리해야 한다. 학교는 학생을 교육하는 곳이다. 학생이 제대로 교육받을 권리가 심각하게 침해받고 어른들이 지켜주지 못한다면 그 어떤 행위도 정당성을 잃게 된다.

'교육공무직'이라는 이름으로 공무원에 준하는 대우와 노동자로서 누려야 권리를 갖는 것에 누구도 불신을 가지고 바라보아서는 안 된다. 이러한 불신은 대한민국 사회의 병폐 중의 하나인 학벌과 경쟁, 자격증 만능주의를 옹호하는 결과를 초래하게 된다. 대학입시를 거쳐 어렵게 임용고시를 통과했다고 해서 다른 노동자들의 권리 쟁취를 멸시의 눈으로 쳐다보아서는 안 된다는 것이다. 노동자는 쟁의행위를 통한 근무여건 개선을 쟁취할 권리가 있다.

작금의 공무원노조와 비정규직노조로 향해있는 교사의 분노는 다른 곳을 향해야 한다. 학교는 학생을 올바르게 가르치는 곳이고 교육하는 곳이다. 민주시민을 양성하고 민주국가의 발전을 이룰 수 있도록 해야 한다. 그러한 민주국가 발전에 노동의 가치와 중요성을 가르쳐야 하는 교사의 교육활동은 사회와 국가의 발전과 성장에 대한 중요한 주춧돌이다. 교사의 교육권은 학교의 존재 이유이자 필요조건이다. 공무원노조와 비정규직노조의 권리쟁취가 교사의 교육환경을 위협하고 근무여건을 악화시킨다면 분연히 들고 일어나야 하고 분노해야 한다. 다시 말해 교사의 교육활동지원을 위해 채용되어 근무하는 학교 노동자들의 근무여건 개선과 근무복지가 교사의 행정업무를 가중시키고 교사의 수업환경과 노동환경을 위협할 때 분노할 수 있다는 것이다. 그들의 근무여건 개선을 위한 쟁의활동이 교사의 교육권을 침해하는 경우가 아니라면 교원들이 응원과 격려를 보내는 것이 어쩌면 더 바람직한 현상이지 않을까 생각된다.

학교 외부자들을 위한 제언

학교의 누더기 공사

학교는 해마다 크고 작은 공사를 한다. 건물 내부 인테리어일 수도 있고 중장비가 들어와야 할 정도로 전체를 아우르는 공사도 있다. 학교의 시설을 고치려고 하다 보면 일부분은 손을 전혀 댈 수 없는 경우도 있다. 공사를 한 지 몇 년 이상이 되어야 다시 할 수 있는 규정 때문이다. 그래서 학교의 공사는 그 규정들을 어기지 않는 범위에서 그 해 교장선생님이나 교직원이 느끼는 필요에 따라 이루어지게 된다. 어느 해는 아무런 공사가 없기도 하고 어느 해는 일 년 내내 공사를 해서 어수선한 학교 분위기로 학생 안전에 대한 예민함, 행정실과 담당 교사의 업무가 가중되어 문제가 제기되기도 한다. 관리자의 로비 능력에 따라 시설 공사가 달라지기도 한다. 필요한 사업을 신청하거나 지자체의 협조를 구해 예산을 확보하는 학교와 그렇지 않은 학교는 확연한 차이가 있다. 학교의 공사는 왜 이렇듯 고르지 못하고 무계획적일까?

내가 생각하는 첫 번째 이유는 학교시설의 중장기 계획이 교장에서 교장으로 정확하게 인수인계되지 않기 때문이다. 교장의 업무 인수인계 내용에 무엇이 포함되는지 구체적으로 알 수는 없으나 제대로 전달되지 않을 가능성이 매우 크다. '새학년 맞이' 주간에 교사들은 새로 부임할 학교에 출장을 내면서까지 참여하고, 교감도 업무 인수인계를 위해 전임 교감과 만난다. 그러나 교장이 업무 인수인계를 위해 교장실에서 함께 만나는 경우를 한 번도 보지 못했다. 교장은 3월 2일에 부임해야만 한다는 '룰(rule)'이 있다는 이야기는 들은 적이 있다. 내가 모르게 혹시 만나거나 전화로 이야기를 나누었을 지도 모른다. 하지만 그토록 비밀스럽게 접촉하여 작전을 수행하듯 소통했다면 학교에 대한 자세한 인수인계를 기대하기는 어렵다.

학교는 중장기 계획을 가지고 있어야 한다. 10년 이상의 계획을 가지고 연차별로 해야 할 사업을 중요 순으로 정하고 현재까지의 진행 상황과 다음 계획이 다음 교장에게 인수인계되어야 한다. 전임 교장이 우선순위를 정해 필요한 사업을 정해 인수인계하고 나면, 후임 교장은 그 순서를 참고로 중장기 계획을 실현해 나가는 동시에 수정하여 다음 관리자에게 인수인계하는 것이다. 문을 한 짝 고쳐 달거나 깨진 데크를 수리하는 일과 큰 규모의 사업은 분명히 달라야 한다.

두 번째 이유는 학교의 시설현황을 교육청이나 지원청, 행정실이 제대로 파악하지 못하거나 인수가 되지 못하기 때문이다. 학교의 교가가 지역의 산이나 강으로 시작되는 학교는 대부분 유구한 역사와 전통을 자랑한다. 오래된 학교일수록 지하나 운동장에 매립된 배관이나 전기, 수도시설, 정화조의 위치 등이 표시된 정확한 도면이 없어 공사에 어려움을 겪는 경우를 많이 봤다. 100살 이쪽저쪽의 학교들이 '리모델링'이라는 이름으로 수없이 많은 공사로 얼기설기 견뎌왔다. 더 이상 이런 식으로는 버티지 못하는 나이가 되었다. 최근 정부는 학교시설에 대한 많은 관심을 보이며, 지원을 확대했다. 공간에 대한 관심으로 막대한 예산이 투

학교 외부자들을 위한 제언

입되면서 학교는 많은 부분의 변화를 기대할 수 있게 되었다. 그런데 이 좋은 기회마저 교장의 느낌에 따라, 또는 예산의 규모에 따라 어떤 우선순위도 없이 공사를 함으로써 학교가 또다시 누더기 공사가 될 수도 있기 때문이다. 어느 학교는 창문 새시를 두 번째 바꾸는데, 어느 학교는 창틀이 아직도 나무인 학교가 있었다. 학교 건물은 물론 주차장까지 천장이 있는 학교가 있는가 하면 아직도 천장이 석면인 학교가 있다. 도면이 없어 설계에 제대로 반영되지 못하거나 잘못된 배관의 위치로 인한 재시공으로 추가경비가 막대하게 지출되는 경우도 있었다. 교장끼리 행정실끼리도 인수인계가 되어야 하는 동시에 학교의 공사 상황을 교육청이 파악하고 있어야 이런 누더기 공사는 물론 학교 간 시설공사의 불균형도 바로 잡을 수 있을 것이다.

교무행정지원팀 운영의 이해

10여 년 전 교사들이 가졌던 불만 중 하나는 '업무가 많아서 수업 준비를 못 하겠다'였다. 과거를 돌이켜보면 정말 그랬다. 수업을 마치면 퇴근 전까지 남은 시간 전부를 공문을 처리하는데 사용해야 했으니 말이다. 오후 3시쯤 수업을 마치고 나서 업무를 처리하니, 수업 준비를 제대로 할 여유가 없었던 것이다.

혁신 교육의 바람은 교육의 본질을 찾는데 관심을 가지게 했으며 '선생님을 아이들 곁으로'라는 슬로건을 앞세웠다. 그리고 이를 위해 교무행정업무전담팀이나 지원팀을 운영하도록 하고 인력도 추가 배치했다. 그 결과 교사에게 과제카드를 하나도 부여하지 않는 학교가 생겨났고, 그 정도는 아니라도 교사가 행정업무를 처리하지 않도록 변화해가고 있다.

최근 공문이 하나 왔다. 단위학교 교무행정팀 구성 현황과 업무분장표 제출을 요구했다. 교무행정지원팀에 대한 정의도 명시되어 있었다.

학교 외부자들을 위한 제언

교무행정지원팀: 담임교사가 수업, 생활교육 등 학급운영에 전념할 수 있도록 단위학교의 인적·물적 여건을 최대한 활용하여 교무행정업무를 수행하는 조직으로 담임교사가 교육본질에 집중할 수 있는 교육과정 중심의 지원체제 구축을 목표로 함

목적이 긍정적이고 분명함에도 불구하고 교무행정지원팀이 운영되지 않거나 형식적으로만 존재하는 학교가 많을 것이다. 교무행정지원팀을 운영하지 않거나 운영을 시도하다가 다시 원위치로 돌아가는 이유는 무엇일까? 두 가지 정도의 이유로 정리해 보면 첫째는 피해의식, 둘째는 교사 본연의 업무에 대한 이해 부족이다.

교무행정지원팀은 업무를 처리하느라 눈코 뜰 새가 없는데 교사들은 오후에 수다나 떨고 있는 것으로 보인다. 반면에 교사들은 교무행정지원팀 만든다고 전담 수업까지 한 시간 줄여주었는데 일이 줄어들지 않는다고 생각한다. 서로가 일을 더 많이 한다는 피해의식이 크다.

두 번째는 교사 본연의 업무에 대한 이해 부족이다. '전담수업을 매주 한 시간씩 줄여주느니 차라리 나는 내 업무 하겠다'는 교사들의 요구가 많다고 한다. 이렇게 주장하는 교사는 십중팔구 업무가 많은 교사는 아닐 것이다. 일 년에 두세 번 처리하면 되는 업무를 들고 있는 것이 전담 수업을 매주 한 시간씩 줄여주는 것 보다 낫다며 교무행정지원팀 운영을 반대한다.

이 현상을 심플하게 설명하면 교사들이 힘든 수업보다는 간단한 업무를 더 선호한다는 말이다. 중요한 것은 일의 크기나 업무의 총량이 아니라 교사는 교사 본연의 일을 할 수 있도록 문화가 만들어져야 한다. 학교에서 행정업무를 완전히 뺄 수 없으니 교사 중에 전담팀을 구성하여 행

정업무를 처리하도록 하는 것이 궁여지책이기는 하지만, 현재로서는 담임교사가 행정업무를 처리하지는 않도록 할 수 있는 좋은 해결책 중의 하나이기는 하다.

교무행정지원팀 운영에 반대하는 이 문제를 어떻게 해결할 수 있을까?

시스템은 사람에 의해 만들어졌다. 이제는 시스템의 문제가 아니라 사람의 문제다. 그 속에서 생기는 문제는 내부적으로 구성원들이 해결해가야 한다.

첫 번째 문제인 피해의식은 어떻게 풀어나갈 수 있을까? 학교마다 주어진 상황은 다르나 수업준비와 학생지도, 상담까지 해내야 하는 담임교사로부터 행정업무를 덜어내야 한다는 철학이 흔들려서는 안 된다. 교무행정지원팀에 속한 전담이나 비담임교사의 수업을 몇 시간으로 해야 적당한가는 그 학교의 상황에 따라 조율해야 한다. 교무행정지원팀 소속 교사는 화장실 갈 시간도 없는데 나머지 교사는 할 일이 없다며 자유롭게 조퇴를 하는 교사가 많다면 교무행정지원팀의 수업을 줄여주어야 하고 민원이나 학생생활지도에 시간을 많이 할애해야 하는 학교는 교무행정지원팀이 일을 많이 하도록 조율해 주어야 한다. 담임교사는 담임교사 본연의 역할에 더 집중하고 행정지원팀은 그것을 기꺼이 돕는 문화를 함께 만들 수 있어야 한다. 말이 쉽지 그게 되냐고? 그것은 그대들에게 달렸다.

둘째, 교사 본연의 업무에 대한 이해 부분이다. 과거 행정업무 때문에 수업 준비를 할 수 없다는 불만은 타당한 불만이다. 그러나 업무를 할 테니 차라리 전담 수업을 한 시간씩 더 배정해 달라는 말은 주객이 전도되었다. 모름지기 교사라면 교무행정업무든 수업이든 두려워해서는 안 된다. 누구나 교무행정지원팀이 될 수 있어야 하고, 누구나 담임교사가 될 수 있어야 한다. 교무행정지원팀 운영에는 찬성하나 교무행정지원팀을 하겠다고 하는 교사가 없는 경우도 있다. 그 학교는 행정지원팀의 역할이 많다는 것을 구성원 모두가 인정하는 것으로 볼 수 있다. 그런 경우는 어느 한 교사가 몇 년씩 교무행정지원팀을 할 수는 없는 일이니 해가 바뀌면 다시 역할을 바꾸어 주어야 한다. 그래야 우리 모두의 일이 된다.

교무행정지원팀은 아무나 하는 게 아니라 능력이 되어야 할 수 있다고 말하는 사람들이 많다. 그렇지 않다. 우리 모두는 4년제 교육대학과 사범대학을 졸업했고 교사로 발령을 받았다. 교무행정지원팀을 할 만하다고 특별히 자격증을 더 받은 사람은 아무도 없다.

우리 모두는 그만한 능력을 갖추고 있다.

대학의 시스템만 도입해도
학교는 변한다

　교사가 학교교육의 본질인 수업과 생활지도를 충실하게 할 수 있는 가장 좋은 방법이 무엇일까 많은 고민을 했다. 좁게는 교장 승진제도부터 크게는 입시제도까지 여러 가지를 고민했지만 답을 찾아내기란 쉽지가 않았다.

　현장의 많은 교사들은 초·중학교의 구조적인 시스템 문제를 대학의 시스템과 자주 비교를 한다. 대학교수의 직급은 초·중학교와 달리 승진이 아닌 보직의 개념이고, 그 또한 임명이 아니라 구성원들의 선출에 의해서 결정이 된다. 대학의 교수는 행정업무를 처리하지 않고 대부분 수업과 연구에 매진한다. 대학의 행정업무는 대부분 학과 조교나 행정직 직원(국립대의 경우 공무원)들이 처리한다. 또한 교사와 달리 정치적인 활동과 표현에서도 자유롭다. 언제든 선거에 출마를 할 수도 있고 다른 공직에 진출할 수도 있다. 다른 공직에 진출하려면 사표를 내야 하는 교사와 달리 교수들은 공직의 임기를 다하면 다시 대학으로 돌아올 수도 있다.

　교사와 교수 사이에 왜 이렇게 많은 차별과 차이를 주어야 했을까? 교사와 교수는 학생을 가르친다는 똑같은 과업을 가지고 있는데도 이렇게

학교 외부자들을 위한 제언

큰 신분상의 차이를 주는 이유는 도대체 무엇일까? 나는 다음의 세 가지 이유에서 그 해답을 찾고자 한다.

첫째, 대학의 총장처럼 학교의 교장도 우리가 원하는 사람을 뽑을 수 있어야 한다. 학교는 끊임없이 훌륭한 교장, 좋은 교장을 원하지만 교육부는 학교가 원하는 사람이 아니라 유인책을 통해 그들의 정책을 잘 따랐던 이들과 당근을 잘 받아먹었던 이들을 선발할 수 있는 승진제도를 이용한다. 어쩌면 교장이 된 이후에도 당해 학교의 교육공동체의 요구가 아니라 그들의 정책을 보다 잘 따라주기를 원하고 있는지도 모른다. 민주주의를 가르치고 민주시민의 자질을 길러야 하는 학교에서 교육공동체가 원하는 리더를 뽑을 수 없다는 것은 정말 아이러니다. 국가에서 임명하던 대학총장을 선출제로 바꾼 것은 대학구성원들의 요구를 반영한 것이다. 학교도 학교의 구성원들이 원하는 교장을 스스로 뽑을 수 있기를 바란다.

어쩌면 승진을 준비하는 교사보다 굳이 승진을 준비하지 않아도 되는 학교를 만드는 게 교육을 살릴 수 있는 길인지도 모른다. 교장이 되지 않아도 충분히 사회적으로 존경을 받을 수 있고 어쩌면 교사로 정년퇴직하는 것이 더 가치 있고 존경을 받는 문화라면 지금처럼 승진에 매달릴 필요가 없는 학교가 될 것이다. 언젠가는 승진이 아니라 행정으로의 이직이라는 말이 더 적절한 표현이 되는 시절이 올 것이라 믿는다. '승진제도가 달라지면 정말로 학교가 바뀔 수 있을까?'라는 의심 때문에 지금까지 한 번도 승진제도의 획기적인 변화를 대한민국의 학교는 경험하지 못했다. 따라서 대학처럼 승진이 아니라 이직이라는 개념이 도입되는 날을 꿈꾸어 본다.

둘째, 총장으로의 승진만큼 교장으로의 승진이 매력적이지 못해야 한다. 학교에서 교사가 교장으로 승진하는 것은 수업에서의 해방과 행정업무에서의 해방을 뜻한다. 반면에 총장으로의 승진은 수업에서의 해방은 교사와 같지만 행정업무에서의 해방을 뜻하지는 않는다. 왜냐하면 교수나 총장은 원래부터 행정업무를 처리하지 않기 때문이다. 선생님이 수업에 충실하게 할 수 있도록 교사의 행정업무를 경감시켜야 한다고 많은 이들이 주장해 왔지만 대학교수가 수업을 충실히 할 수 있도록 교수의 행정업무를 경감시켜야 한다는 주장은 한 번도 들어보지 못했다. 그래서 교수들은 굳이 대학총장이 되려고 교사들만큼 기를 쓰지는 않는다. 교사나 교수 모두가 학생을 가르치는 것이 즐겁고 수업하는 것이 좋다면 굳이 교장이나 총장이 매력적인 지위가 될 수 없다. 따라서 교사의 행정업무는 경감이 아니라 대학의 교수처럼 완전히 없애야 하는 것이다. 그러나 우리는 한 번도 교사에게서 제대로 된 행정 업무의 해방을 보여주지 못했다. 원래부터 교사에게 행정업무가 없었다면 교장으로의 승진이 수업의 해방을 넘어 행정업무로부터의 해방이 되지 못하기에 대학의 교수들처럼 굳이 총장의 자리가 매력적인 자리가 되지 못할 것이다.

셋째, 내가 원하는 교육감을 내가 공개적으로 지지하고 응원할 수 있어야 한다. 대학에서 총장을 뽑을 때 교수들에게 선거운동도 지지선언도 못하게 한다고 가정해보자. 어떤 일이 일어날지는 불을 보듯 뻔하다. 아마 뒷거래가 성행할 것이고 음성적인 선거운동이 자행될 것이다. 학교의 교원들이 그렇다. 지방선거에서 나의 근무여건을 결정하고 학교의 교육방향을 가장 크게 좌지우지할 교육감조차도 내가 원하는 이에 대한 지지선언을 할 수도 없고 선거운동을 해 줄 수도 없다. 어디 이뿐이랴. 교육전문가로서 학교 현장 전문가인 교사는 교육감에 출마를 하려면 퇴직을 해야만 가능하다. 많은 이들이 교사를 인도의 카스트제도에서 말하는 불가촉천민인 달리트(카스트 체계에도 속하지 못하는 인도의 최하층의 신분)에도 들지 못하는 정치적 천민이라고 하는 이유가 여기에 있다. 민주주의를 가르치는 대상인 학생보다 못한 존재가 된 것이다. 도대체 대학교수와 교사의 이런 차별은 왜 존재해야 하며 왜 차이를 좁혀주지 않는지 나는 이해가 되지 않는다. 직을 보장받지 못하는 선출직으로의 출마는 교사에게는 꿈 같은 일이다. 정치적 중립이라는 그럴싸한 명제에 묻혀 정치에서만큼 항상 주변인으로 살아야 하는 대한민국의 교사들은 천민을 넘어 난민의 수준에 가깝다고 보아야 한다.

학교의 개혁은 어려운 것이 아니다. 대학에서 갖추고 있는 다음의 세 가지 시스템만 도입하면 우리는 더 이상 학교의 혁신을 이야기하고 주장할 필요도 없다. 세 가지는 바로 선출에 의한 승진시스템과 보직으로의 전환, 교사 행정 업무를 대신할 인력의 확보, 교사의 정치적 표현의 자유와 정치기본권의 획득이다. 대학교수에게만 부여되어 있는 앞에서 본 세 가지 특혜(?)와 시스템이 학교에 도입되면 교육의 혁신도 학교의 혁신도 더 빨리 다가올 것이다. 늦었다고 생각할 때가 가장 빠른 때이다.

학교 조경의 문제점

　원격으로 안전 연수를 듣다가 '교무실에서는 운동장에 노는 아이들이 보여야 한다'는 내용을 보았다. 우리 학교는 어떤가 하여 밖을 내다보았다. 꽉 막히지는 않았지만 향나무가 시야를 막고 그 너머를 보려고 하면 동상이 시야를 가렸다. 아이들을 볼 수 없었다. 안전은 물론 조망권도 확보되지 못했다.

　학교는 운동장과 정원이 명확하게 구분되어 있다. 학교의 건물 앞쪽으로 가꾸어진 화단에는 조경이 된 나무들 틈사이로 오랫동안 세 명의 이씨(李氏)가 마치 정원의 주인처럼 버티고 서 있다. 세종대왕 이도, 충무공 이순신, 반공소년 이승복으로 대변되는 이 세 명의 이씨는 오랫동안 학교정원의 주인으로, 학생들이 들어갈 수 없는 공간으로 만들어 버렸다. 이승복 동상이 지금은 많이 사라졌지만 쓰리 이씨(李氏)가 학교정원의 주인이라는 농담은 우스갯소리만이 아니라 팩트다. 동상의 색이 바래거나 가이즈카 향나무 같은 일본식 정원수(樹)들과 어우러져 제때 손질을 하지 않으면 학교장과 행정실장 모두가 학교의 정원 하나도 제대로 관리하지 못하는 수준이라고 취급을 받아야 했기에 학생들이 정원에 들어가는 것이 허용되지 않았다.

　나라를 지킨 분들의 동상과 나란히 그 학교의 역사만큼의 나이를 가진 일본식 향나무가 가장 큰 비중으로 화단을 차지하고 건물에 그늘을 들일 뿐 아니라 시야를 꽉 막고 서 있는 것은 또 하나의 아이러니가 아닐 수 없다. 개인 주택을 보면 건물의 바로 앞에는 나무를 심지 않는다. 마당에 나무를 심어도 건물에서 떨어진 대문 근처에 심는다. 조망권과 일조권을 확보하기 위함이다. 그런데 학교는 왜 건물 앞에 동상을 세우고 나무를 심어 학생들의 조망권을 침해할까? 그리고 왜 그것을 바로 잡지 않고 있을까?

　지금의 학교의 조경은 학교 구성원을 위한 것이 아니라 대부분 학교라는 '건물'을 외부인들에 어떻게 보여줄까를 고려한 조경이다. 학교의 정원은 사용자의 것이 아니라 관람객을 위한 것이기에 화단에는 아이들이 들어가지 못하게 울타리가 있다. 더 나아가 건물 안보다 교문이나 건물 밖에서 볼 때 더 정돈되고 정선되도록 가꾸어졌다. 그래서 본관 앞 화단으로 인해 학교가 햇볕에 가리고 그늘이 져도 상관이 없었다. 심지어 학교내부에서 학교운동장이 잘 보이지 않아도 상관이 없었다. 단지 교문이나 운동장에서 학교를 볼 때 학교 건물이 어떻게 예쁘게 잘 정돈되어 보이느냐만 고려된 것이라고 할 수 있다. 그러니 학교의 주인인 학생과 직원들은 건물 앞 화단의 주인이 아닌 것이다.

　학교의 구조가 오늘날의 학교 형태를 띠게 된 탓을 일제의 잔재라고 진단하는 경우가 많다. 이를 부정할 수는 없다. 그런데 진단 후 문제를 바로잡으려는 노력이 없었던 것은 현재의 우리 탓이다. 필자가 근무하는 학교는 학교공간혁신 사업으로 연병장같은 운동장을 생태운동장으로 리모델링 했다. 밖에서 보아도, 건물 안에서 보아도 아름다운 정원과 학생들의 활동성을 충분히 확보할 수 있는 운동장으로 만들어가고 있다. 운동장을 디자인하는 과정에서 학생들의 의견을 반영했는데, 학생들에게는 화단이 꼭 건물 앞에 있어야 하는 것도 아니었고 운동장이 평평해야만 하는 것도 아니었다. 다만 어른들이 그런 공간에 익숙하여 바꾸려는 의지를 가지지 못한 것이었다. 우리는 그동안 얼마나 닫힌 눈으로 학교의 화단을 보아왔는지 반성하게 되었다.

어머니께서 가꾸던 화단은 대문 옆에 있었다. 작지만 동백과 배나무도 있었고 그 사이에서 계절마다 갖가지 꽃이 피어났다. 방문을 열면 시야가 닿는 그곳에 화단이 있었다. 작지만 동백과 배나무도 있었고, 그 사이에서 계절마다 갖가지 꽃이 피어났다. 학교의 화단을 내 집 화단이라고 생각해보자. 내 집이라면 그냥 이대로 두고는 못 본다. 지금이라도 늦지 않았다. 내 집과 내 가족의 일조권과 조망권이 중요하다면 학교구성원들의 일조권과 조망권도 중요하다. 본관 앞의 동상과 화단을 정비해서 학교 외부자들을 위한 조경이 아니라 학교 내부자들을 위한 조경이 되도록 마음을 써 봄이 어떨까?

떡 잔치를 바꾸자

쌀이 귀했던 시절에 떡은 '더 귀한 것'이었다. 경사가 있거나 이사를 하면 주변 이웃들에게 떡을 돌리곤 했었다. 이웃에게 떡을 돌리는 이 '풍습'이 공무원들의 인사발령에도 나타난다. 덕분에 학교와 행정기관에도 종종 떡 잔치가 벌어진다. 인사철인 2월 말부터 3월 한 달 정도가 그 기간이다. 승진이나 전보를 하면 함께 근무했던 동료나 평소 친분이 있는 사람들이 떡을 보내온다. 축하한다는 의미와 새로 일하게 된 동료들에게 잘 부탁한다는 아름다운 당부도 함께일 것이다. 문제는 이 시기의 떡이 좋은 의미로만 기능하지 않는다는 점이다. 떡의 처리 과정 때문이다.

도교육청의 부탁을 받아 교무실무사들을 대상으로 역량강화 연수 강의를 진행한 적이 있었다. 강의 중에 받은 질문과 교무실무사들의 불만 중에 '떡 나눠주기'로 인한 상당한 고충과 업무량을 늘리는 주범이라는 이야기가 있었다. 떡은 교무실로 배달이 되어 오는데 대부분은 교무실무사나 교무행정사가 배달원의 역할을 수행해야 한다. 새로 전보 온 당사자는 학기 초라 학교의 구성원들을 일일이 다 알 수가 없어 골고루 나눠줄 수도 없기에 떡이 배달되어 오면 일단 교무실에 부탁을 하고는 가 버린다. 교무실 직원은 직원들과 나눠 먹는 미덕을 '잘' 수행하기 위해서 분배작업을 해야 한다. 교장실부터 전 학년 연구실과 행정실, 급식소뿐만 아니라 밖에서 근무하는 분까지 일일이 배달을 하거나 따로 챙겨 놓기도 한다. 여섯 학급쯤 되는 작은 학교는 비교적 수월하다. 하지만 규모가 큰 학교는 만만치 않은 작업이 된다. 학교의 규모가 크면 큰 대로 양이 많기 때문에 일은 더 많아진다. 한두 번이면 간식거리가 생긴 것으로 생각하고 말겠지만, 교무실로 배달되는 떡은 절대 한두 번으로 그치지 않는다. 떡 상자가 누구에게는 선물이지만, 누구에게는 짐이 되는 이유다. 좋은 일에 찡그릴 수도 없는 난처한 입장이다.

예전에는 인사철뿐 아니라 자격 연수를 가면 연수원으로 간식을 보내기도 했다. 개별 표장을 하고 겉에는 잘 부탁한다는 애교 섞인 메시지를 더해서 보낸다. 그랬던 연수원의 축하문화는 어느 날 완전히 없어졌다. 연수원에서 연수자를 대상으로 어떤 간식도 받지 못하게 했기 때문이다. 혹여 선물을 받게 되어도 나눠 먹지 못하게 한 것이다. 그 제한은 생각보다 깔끔하고 빨리 정리가 되었다. 연수원으로 간식을 보내는 선생님들은 이젠 거의 없다.

학교도 이렇게 당연한 것이 당연하게 자리를 잡아 갔으면 한다.

축하를 막을 길이 없다면, 그래서 축하 떡이 오면 본인이 직접 나누어 주도록 하자. 이전 학교에서는 떡이 오면 교무실에 두고 메신저로 안내를 했다. 학년별로 실별로 챙겨가라고. 물론 그것도 본인이 하면 더 좋겠다. 청렴이 강조되면서 선물이 많이 없어졌지만 동료 간에는 여전히 인사 시즌에 화분이나 간식거리를 보낸다. 좀 오버해서 표현하면 학교에서 반드시 사라져야 할 적폐 중의 하나라고 본다. 축하의 방식을 바꿔보자고 권하고 싶다. 전화로, 문자로, 다정한 대화로.

비교과교사들의 근무평정

　교육청의 정책 중에는 학교 구성원 간에 혼란과 갈등을 조장하는 것들이 있다.

　대표적인 사례가 근무평정과 성과급 산정이다. 이것이 혼란을 야기한다는 것을 알기는 아는 듯하다. 등급을 정할 때 비교과교사가 일반교사로부터 차별을 받지 않도록 하라는 공문이 수시로 내려오는 것을 보면 말이다.

　학교에는 학급을 맡고 교과를 가르치는 교사 이외에도 보건교사, 사서교사, 영양교사, 상담교사 등이 있다. 이들을 비교과교사라고 부른다. 이미 용어에서 차별적이고 비주류임이 낙인 된 명칭이다. 어쨌건 이들은 일반 교과가 아닌 특수한 교과를 가르치는 교사라는 말이다. 하지만 모두가 각자의 위치에서 주어진 역할을 충실하게 이행한다는 것에는 논란의 여지가 없다.

　문제는 근무평정이나 성과급을 산정할 때 발생한다. 비교과교사를 포함하여 등급을 산정하도록 하고 있기 때문이다. 같은 교사지만 보건교사나 사서교사, 영양교사, 상담교사는 그 업무의 성향이나 학생 생활지도, 수업시수가 일반 초중등교사와 분명히 다름에도 불구하고 근무평정이나 성과급을 정할 때 학교에서 일괄적으로 등급을 산정하고 있다. 업무를 기준으로 봤을 때 비교과교사들이 일반교사들보다 업무강도나 곤란도가 떨어지지 않는다. 교육청은 이런 이유로 충분히 같은 기준 안에서 등급을 산정할 수 있다고 보는 것 같다. 학생교육 중심보다 업무중심으로 성과를 매기는 교육청의 시각이 들어있다고 해석할 수 있는 지점이다. 그러나 아쉽게도 교사는 행정업무를 하는 사람이 아니라 교육을 주로 하는 사람이다. 교육의 방법에는 여러 가지가 있지만 수업을 제쳐놓고 학생교육을 논할 수 없다. 그래서 등급 기준표에는 수업시수가 주된 영역으로 포함된다. 비교과교사는 수업에서 절대 일반교사를 따라올 수 없기 때문에 낮은 등급을 받을 수밖에 없는 것이다. 이런 결과에 불만이 나타나자 교육청은 비교과교사가 차별을 받지 않게 하라는 공문을 보내온다. 그렇다고 일부러 비교과교사에게 유리하도록 기준표를 만들 수도 없는 노릇이니 학교 안에서는 분란이 생길 수밖에 없다.

> "모든 사람은 천재다.
> 그런데 물고기를 나무 타는 능력으로 평가하자면
> 그 물고기는 평생을 스스로가 바보라고 생각하면서 살 것이다."
> _알버트 아인슈타인(*Albert Einstein*)

근대교육을 비판하는 영상 〈근대교육을 재판합니다〉에서 차용하면서 더 유명해진 아인슈타인의 말이다. 학교가 아이들을 평가함에 있어 물고기의 나무 타기 능력을 평가하고 있지는 않은지를 지적하는 대목이다. 교사 등급을 고민하면서 문득 이 말이 떠오른 것은 우연이 아닌 것 같다.

교사들의 평가도 같은 학교에 근무한다하여 한데 묶어서 등급을 나눈다면 누군가에게는 나무를 올라야 좋은 등급을 받는 물고기와 같은 평가가 된다는 생각이 들었기 때문이다.

원숭이는 원숭이끼리 나무타기를 평가하고 물고기는 물고기끼리 헤엄치기를 평가해야 한다. 이를 위해 지원청 단위에서 같은 업무를 하는 비교과교사들을 묶어 근무평정이나 성과등급을 산정하기를 제안한다. 이미 지원청에서 관내의 비교과교사들의 의견을 취합하여 인사이동의 기준을 정하고 있듯이 근무평정이나 성과급 또한 충분히 공정하게 산정할 수 있다고 본다. 이 부분이 해결되지 않는 한 근무평정 시기마다 학교에서는 갈등이나 분란을 각오해야 한다. 지금이라도 늦지 않았다. 비교과교사들의 근무평정이나 성과급 산정을 학교에 맡겨두지 말고 지원청이 받아 안음으로써 지원청이 학교를 지원한다는 철학을 실천으로 보여주기를 바란다.

전문적이지 못한 전문직 시험

우리가 장학사라고 명명하는 전문직은 학교지원 업무를 담당하고 교육 정책을 기획하고 실현하는 역할을 한다. 교육청 직속기관의 성격과 특성에 따라 다르지만 보통은 교육의 각 영역에 대한 식견과 함께 미래 교육을 내다볼 수 있는 거시적 안목까지 필요한 자리라고 할 수 있다. 따라서 이들을 선발할 때는 교육현장의 경험, 행정 역량 및 소양을 갖춘 우수 인재를 선발한다는 방침을 세우고 전형 계획을 발표한다.

그런데 현재의 전문직 시험이 이런 인재를 선발하기에 적합한가에 대한 의문이 있다. 공정하고 효율성 높은 방법으로 시행하고자 마음을 쏟는다는 것에는 이견이 없다. 그런데 시험의 응시 방법과 영역별 문항이 그런 의지가 있는지에 대한 의문을 갖게 한다. 공개전형과 전직전형에서 공통적인 사항만 살펴보면 논술, 기획, 면접으로 구성된다. 준비물은 검정색 필기구, 문구용 눈금자가 전부이다. 시험 방식은 논술과 기획 공통으로 본인 자필로 정해진 분량 B4용지 양면 이내에서 작성하도록 되어 있다.

먼저 드는 의문은 답안을 왜 '자필'로 작성해야 하는지다.

그렇게 하는 것이 통제하기에 편리하기 때문이라는 이유가 짐작되기는 하지만 정확한 이유를 알 수는 없다. 시험에 응시하는 교사는 60분 동안 자신의 생각을 손으로 B4 분량의 시험지 양면에 채워야 한다. 60분 동안 주어진 주제에 대해 직접 글을 써 보았다. 평소 사용하지 않는 근육을 쓰니 팔이 아플 지경이다. 쓰다가 틀린 부분은 교정 부호를 사용하도록 되어 있는데 수정하느라 줄을 긋거나 표시를 하니 깔끔하지 못한 답지가 완성되었다. 문장을 쓰다가 고칠 수도 있고 전후를 바꿀 기회는 분명히 주어져야 한다. 조선시대에서나 능력으로 인정되던 '일필휘지'가 오늘날의 시험에서 가당키나 한 말인가? 근무환경은 물론 일상생활에서도 자필 작성의 예가 거의 없는 시대에 자필로 글을 작성하는 것은 매우 낯선 경험이었다. 게다가 이왕이면 글씨가 좋은 경우가 더 이로울 것이라는 생각도 있어서 손으로 글을 쓰는 것 자체가 부담이다. 캘리그래피(calligraphy) 자격증 시험이 아니지 않는가? 환경이나 조건은 이미 차고 넘친다. PC로 답안을 작성하도록 하거나 지필평가 이외의 방법을 도입하는 것이 현실적이고 전문적인 방법이다.

두 번째는 문제와 답안 작성 방법이다.

주로 '~에 대한 문제점과 활성화 방안'을 묻는다. 시험을 준비하는 사람들은 이 문제에는 정해진 답이 있다고 말한다. 창의적인 내용을 쓰거나 기획할 것이 아니라 교육정책 공문과 자료의 내용을 외워서 써야 한다고 한다. 심사위원에게는 모범답안이 있으며 그것은 키워드 중심이라는 의견이다. 실제 심사가 어떻게 이루어지는지는 모르겠으나 시험을 준비하는 사람들은 이 사실에 입각해 창의적이거나 자신의 주장이 아닌 이미 발표된 내용을 외우고 그것을 풀어서 쓴다. 시험에 응시하는 사람이 해당 기관의 정책을 정확하게 이해하고 있는지를 알아보는 일은 매우 중요한 평가라고 생각한다. 하지만 그것을 얼마나 정확하게 암기하느냐는 별개의 문제다. 외우라고 하니 정책의 번호에 따라 앞글자만 따서 외우니, 앞글자는 아는데 뒤에 무슨 말이 오는지 모르겠다는 웃픈 수다가 생각난다.

교육 현장은 확연하게 바뀌고 있다. 미래역량중심의 교육이 화두이며 창의성과 역량을 가진 민주시민을 기르기 위한 공기의 변화가 확연하게 달라졌다는 것을 느낀다. 그런데 그런 교육 현장을 지원하고 미래지향적인 정책을 입안하는 전문직은 여전히 정해진 내용을 외워서 그것을 손으로 쓰도록 하는 능력으로 선발한다. 가장 창의적이고 진취적이어야 하는 사람을 가장 과거지향적인 방법으로 선발하고 있다.

정책과 현안문제를 어떻게 인식하고 그것을 해결할 수 있는 방안을 창의적으로 찾도록 하고 정책을 현장에 적용할 수 있는 실질적인 방안을 찾도록 문항을 구성해야 한다. 어쩌면 그 시험 답안에서 학교 교육이 풀지 못하는 난제를 해결할 방법이 나올 수도 있고 시도해 볼 만한 다양한 방안을 찾을 수도 있을 것이다. 뿐만 아니라 시험을 준비하는 사람들도 교육 현장의 문제를 찾고 그것을 해결할 방안을 찾고자 하는 눈을 가지는 연습이 될 것이다.

그 방법은 객관적으로 평가할 기준이 없다? 그럴까? 전문직 시험의 평가자는 그 정도 안목을 가진 사람으로 위촉하기 때문에 블라인드 테스트라면 충분히 객관적인 평가를 할 수 있을 것이라고 생각한다. 무엇보다 해 보지도 않고 시도조차 하지 않는다면 변화도 발전도 기대하기 어렵다는 생각은 여전하다.

학교 외부자들을 위한 제언

암기력을 테스트하는 전문직 선발 손글씨!!!

잘 외웠는지를 평가하는 빽빽한 손글씨가 아니라 사랑하는 사람에게 진심을 전하고 싶을 때 손글씨를 쓰도록 아껴두는 것은 어떨까.

정당한 수당

　교사들은 교육청 또는 교육지원청으로 동원되는 경우가 많다. 지원팀, 컨설턴트, TF팀, 집필위원, 검토위원 등이 그것이다. 이에 더해 연말이 되면 지원청이 교육활동 성과를 자료집으로 묶어낼 때 원고 제출을 의뢰받는다.

　앞에서 말한 인적 지원은 공문을 통해 모집 공고를 하고 신청자 중 선정된다. 정책의 성격에 따라 하는 일의 형태가 조금씩 다르겠지만 대개는 여러 차례 회의를 하고 정책을 진행하는 핵심적인 역할을 수행한다. 수업을 마치고 출장을 가야하고, 회의를 통해 역할이 주어지면 자료를 수집하고 정리하는 일들을 수행한다. 그 결과물을 들고 다시 그 다음 회의에 참여한다. 원고 제출도 마찬가지다. 개인의 성과건 학교의 성과건 누군가는 원고를 쓰기 위해 자료를 수집하고 원고를 정리하는 역할을 수행해야 한다. 두 가지 경우 모두 개인의 시간과 노력이 대단히 많이 소모된다는 말이다. 대부분의 경우 이들에게 적당한 활동비가 지급되지 않는다. 학교에서 지급하는 여비에 불과한 출장비가 전부이고, 교사들의 노고에 대한 대가는 없다. 왜 대가를 지불하지 않고, 왜 대가를 요구하지 않는 것일까?

학교 외부자들을 위한 제언

예상되는 답은 아래와 같다.

A1 : 근무시간 중이니 그 부분까지 월급에 포함되기 때문이다.

A2 : 교사는 교육청 소속이므로 교육청 일은 해야 하기 때문이다.

A3 : 자발적으로 신청하였기 때문이다.

A4 : 유공을 인정받아 표창을 받기 때문이다.

A5 : 지급 근거나 규정이 없기 때문이다.

이 중에 합당한 이유가 있는지는 모르겠다.

앞에서 말한 답에 대해서는 할 말이 많다.

A1 : 교사의 역할은 학생 수업과 생활지도이다. 그 외의 일은 마땅히
해야 할 일에서 제외된다. 근무시간 중이라도 방과후에 보충학생
지도를 하면 수업료가 지급된다.

A2 : 강의를 하는 경우 교육청 소속이라도 강사비와 원고료를 준다.

A3 : 그 부분에 관심을 가지고 있어서 자발적으로 신청하는 경우도 있
지만, 교육청의 사전 부탁으로 신청을 하는 경우는 자발적이라고
하기 어렵다. 협조다.

A4 : 표창을 받지 못하는 사람에 대한 대책은 없다. 보통은 한 영역에
서 한 명 받기도 힘든 표창이다.

A5 : 규정이 없으면 만들어야 하고, 예산이 없으면 확보해야 한다.

청년들에게 소위 '열정페이'를 강요한다는 말이 우리 교사들에게도 적용
되고 있다. 교사들의 가치를 인정하고 그에 맞는 수당이 지급되어야 한다. 이
는 비단 교사들만을 위한 것은 아니다. 최소한 교육청 장학사가 미안해하지
않고 떳떳하게 일을 진행시킬 수 있도록 해 주어야 한다. 이것이 '윈-윈'이다.

교사지원만족도를 조사하자

학교에서 교사의 역할은 크게 두 가지이다. 학생을 가르치고 교육과정을 운영하는 일과 학생을 가르치는 일에 대한 사무를 보는 일이다. 두 가지 일 모두가 중요하고 잘 해야 하는 것이지만 현실을 살펴보면 학생을 가르치고 교육과정을 운영하는 일보다 행정업무와 사무를 우선하고 잘 처리하는 교사가 유능한 교사로 인정받고, 선택받아 승진을 하는 경우를 허다하게 볼 수 있다. 학교의 피라미드는 특이한 양상을 보인다. '교사-부장-교감-교장' 순으로 직책이 상층부로 올라갈수록 교실 수업에서 멀어져 간다. 수업을 잘 하고 학생을 잘 지도하는 것보다는 공문을 제때 잘 처리하고 계획서나 보고서를 멋지게 잘 꾸미는 교사가 능력 있는 교사로 인정받는 덕분에 학생을 가르치는 일에 대한 '사무'를 후순위로 몰아내기가 참으로 힘든 현실이다.

_『학교 내부자들』中에서

정년퇴임까지 6년 정도 남은 선생님 한 분과 학교업무에 대한 이야기를 나눌 기회가 있었다. 이야기를 나누는 내내 안타까움이 점점 커졌다. 본인이 속해있는 지역에서 교감으로 승진하지 못한(또는 안 한) 선생님들

중에 명예퇴직을 하지 않고 아직 교직에 남아있는 본인 또래의 선생님들을 살펴보니 본인 경력보다 많은 교사는 이제 열 손가락 안에 꼽을 정도라고 하는 것이었다. 그 말이 믿어지지가 않아 나도 찬찬히 헤아려보니 그 말씀이 사실이었다. 이렇게 말한 선생님조차 본인도 밀주초로 옮겨올 때 이 학교에서 명예퇴직을 하리라 마음을 먹고 왔는데, 지금은 밀주초 같은 학교면 정년까지 교단에 서리라 마음을 바꿨다고 하셨다.

왜인지 여쭤보니 그동안 행정업무의 무게감에 짓눌리는 고충이 상당히 컸다고 한다. 더구나 젊은 교사들로부터 업무를 잘 못한다는 비난의 눈빛과 고경력 교사임에도 불구하고 뒷방 늙은이로 취급받는 것 같아 자존심에도 많은 상처를 입었다고 한다. 특히 업무 환경이 전산화되면서부터 조금씩 뒤처지는 느낌이 들었다고 하셨다. 행정업무만 아니면 누구보다 수업이나 생활지도를 잘 할 수 있는데, 오랫동안 교직에 있으면서 본인을 평가하는 잣대가 수업이나 생활지도가 아니라 행정업무였다는 것이 너무 힘들었다고 덧붙였다. 업무 환경이 바뀌면 그것을 잘 받아들여야 하는 것도 맞지만, 또 그것이 교사를 평가하는 주된 기준이 되어서는 안 된다. 그분들은 누구도 가지지 못한 경력과 경험에서 오는 학생 지도나 학급 경영에 대한 전문성을 가지고 있기 때문이다.

교사의 행정업무를 덜어내면 교실수업과 학생생활지도가 충실해지는 것은 여러 연구에서 증명되고 있다. 교실수업정상화, 학교업무정상화, 교원업무정상화 등 수없는 정상화를 교육청이 외쳤지만 정작 교사에게서 행정업무를 완벽하게 덜어내는 '정상화'의 실현은 여전히 갈 길이 멀어 보인다.

교육청에서 쏟아지는 행정업무를 학교 구성원들이 나누어 짊어지고 간다. 업무분장표에 업무를 가지고 있지 않은 사람이 단 한 명도 없다. 교육활동에 대한 업무라고 하지만, 실상은 업무에 수반되는 행정업무까지를 포함하는 업무분장이다. 이렇게 업무분장이 되고 나면 학교 구성원들 누구도 교사에게 부여되는 행정업무를 덜어주거나 지원하려고 하지 않는다. 학교에는 직접 수업을 담당하지 않는 구성원이 다양한 영역에서 행정업무를 수행하고 있다. 따지고 보면 그 일들은 모두 교사의 교육활동을 지원하기 위한 일들이고, 각자의 위치에서 주어진 업무분장에 따라 열심히 본인의 일을 하고 있다. 그러나 교사들은 그들의 지원이 교사의 행정업무경감과 교실수업정상화를 위한 충분한 지원이라고 느끼지는 못한다고 한다.

왜 충분한 지원이 이루어지지 않을까?

동상이몽이라는 말이 있다. 겉으로는 같이 행동하면서 속으로는 각기 딴생각을 하는 것을 비유적으로 이르는 말이다. 학교의 존재 이유, 교직원의 존재 이유를 명확하게 이해한다면 이런 일은 생기지 않을 것이다. 한편에서는 지원이 잘 되지 않는다고 생각하고 또 다른 한편에서는 충분하게 지원하고 있다고 말한다. 그렇다면 이쯤에서 지원의 현재를 평가해 볼 필요가 있다.

담임교사의 업무경감과 지원에 대해 교사가 교사 업무를 지원하는 구성원들을 평가한다면 어떤 일이 벌어질까? 그리고 이러한 평가 결과가 성과급이나 승진에 영향을 미친다면 또 어떤 결과가 나올까? 학교의 존재 이유가 학생을 가르쳐 올바른 성장을 이루게 하는데 있음에도 불구하고 정작 학생을 가르치는 교사에게는 잘 가르칠 수 있는 환경을 지원받는지에 대한 교사만족도를 묻지 않는다. 행정업무 지원을 잘 해도 잘 못

학교 외부자들을 위한 제언

해도 신분상의 불이익이 없기 때문에 업무의 지원이 적극적이지 않을 수밖에 없다. 교무실, 행정실, 교장실, 지원청 모두 교사 행정업무경감과 지원에 대한 평가를 시작할 시점이다. 교사의 행정업무 경감을 가장 확실하게 가장 빠르게 정착시킬 방안이라 생각한다.

떳떳한 교장단 연수

시군마다 관내 교장단, 교감단 협의회나 모임이 있다. 법적인 단체는 아니지만 교장이나 교감이 되면 지역의 협의회에 자동으로 가입된다.

아주 예전 뭘 몰랐던 교사인 나에게 '교장단 협의회'는 '교장단 여행'이었다. 협의회 당일 관광버스가 오고, 술이 박스채로 실린다는 것을 알았기 때문이다. 그래서 나는 순수한 친목모임으로 알고 있었다. 친목모임이라고 해도 당시에는 문제가 많았다. 관내 교장단 연수를 떠나는 날 관광버스가 대기하는 장소에 교감과 교무부장이 출발 전 인사를 가서 잘 다녀오시라고 버스에 주류와 음료를 올리는 것이 관례였다. 교감과 교무부장이 배웅을 잘 나오는 학교의 교장은 어깨에 힘이 들어가고 이후 학교 분위기에 영향을 미치지 너도나도 그렇게 해야 했다. 명목은 선진지 견학이지만 1박 2일을 즐겁게 보내다 오는 것은 누구나 알고 있는 사실이었다.

혁신교육의 붐이 일면서 연수의 모습에 변화가 생겼다. 전문적학습공동체가 교사에게 확산되기 위해서는 교장단이 먼저 모범을 보여야 한다는 명목으로 교육청이나 지원청에서 교장단에 예산까지 내려주면서 전

학교 외부자들을 위한 제언

문적학습공동체를 제안하기에 이르렀다. 의도가 잘 전달된 지역은 독서모임을 하기도 하고, 최근에는 공간혁신을 주제로 하는 관리자 연수도 많아졌다고 한다. 그런데 공간혁신 연수가 '인사이트 투어'로 이루어지는 특성 덕분에, 오래전 관행이 다시 살아난 모습을 보이기 시작했다. 공간혁신이 잘 되어 있는 학교나 교육과정이 탄탄한 학교를 찾아 방문하는 과정을 넣어 여행을 만드는 것이다.

교장단의 방문을 의뢰받은 학교는 많은 준비와 부담을 안게 된다. 그래서 학교 구성원 중 교장을 제외한 어느 누구도 교장단의 방문을 환영하지 않는다. 그럼에도 불구하고 교장단의 단체 방문은 당해 학교 교장의 독단적인 초빙이나 허락을 통해 억지로 진행되는 경우가 대부분이다. 교장단 단체 방문이 정해지면 그 학교로 공문이 나가고, 해당 학교는 손님맞이 준비를 할 수밖에 없다. 문제는 손님맞이 준비를 누가 하느냐이다. 교장의 단독 결정으로 초대를 했다면, 교장이 손님을 맞이하고 학교 안내도 해야 하지만 그런 경우를 거의 경험하지 못했다. 교감이나 부장교사들이 당해 학교 교장을 대신하여 소개 자료를 제작해 학교를 소개하거나 강의를 진행한다. 초대한 사람과 맞이하는 사람이 달라지는 것은 물론이거니와 강의나 소개를 하는 교사에게 어떤 보상도 지급되지 않는다. 그렇게 곰은 주인의 일방적 요구 때문에 아무런 대가도 없이 재주를 넘는 일이 벌어진다. 필자는 이전 책인 『학교 내부자들』에서 외국의 사례를 들어 학교 안내를 교장이 해야 한다고 주장한 적이 있다. 외국에서 보았던 학교를 안내하고 교육과정을 설명하는 교장의 모습을 최근에는 우리나라 교장에게서도 가끔씩 볼 수 있게 되었다. 좋은 변화이며 벤치마킹이라고 생각한다.

수업을 하지 않는 교장과 교감들은 시간에 구애받지 않고 비교적 자유롭게 연수에 참여할 수 있으니 보통은 오전 중에 출장을 내고 모여서 연수를 한다. 그리고 단체로 점심식사를 하고 오후에는 가벼운 일정을 소화한다. 장소도 지원청이나 학교 등 공적인 곳이 아니라 카페나 식당인 경우가 더 많다.

교사들이 학교 밖 전문적학습공동체를 진행하면서 카페나 베이커리에서 모임을 가질 때 많은 교장들이 '놀러 가는 것'이라고 비난했고 교사들은 '편안한 분위기에서 좋은 아이디어가 생긴다'고 반론했던 에피소드가 생각난다. 교사들이 밖에서 모임을 할 때 이들이 모이면 당연히 놀 것이라고 생각하는 것은 교장단이 밖에서 모이면 당연히 놀기 때문에 이렇게 미루어 단정 짓는 것은 아닌지 모르겠다. 장소가 중요한 것은 아니라고 생각한다. 다만 평일 일과 중에 출장을 내고 만난다면, 그 목적에 맞는 시간을 보내야 하고 그 과정 역시 공적인 과정을 거쳐야 한다.

나는 이런 행보들이 좀 깔끔했으면 좋겠다. 연수면 연수답게 목적을 가지고 진지하게 하고 친목을 위한 모임이면 친목으로 진행하면 될 일이다. 그래야 서로가 떳떳하고 당당하지 않겠는가?

학교 외부자들을 위한 제언

관리자와 전문직

'교실현장에 답이 있다.'

교육계에 조금이라도 몸을 담고 있거나 관심이 있는 이라면 이 말을 많이 들어 보았을 것이다. 이 말의 의미는 교실에 답이 있다는 의미도 있지만 무엇보다 교실에 있는 현장교사가 최고의 전문가라는 더 큰 의미를 내포하고 있다. 우리는 전문성을 가진 현장교사를 얼마나 인정하고 있는 가? 현장교사를 존중해야 하고 그들의 의견을 청취하고 지원을 아끼지 않아야 한다고 항상 말을 하면서 정작 현장교사를 낮추는 단어를 아무렇지 않게 사용하고 있는 것은 아닐까?

대표적인 단어 두 개를 소개하면 첫째는 '관리자'라는 단어다.

학교의 교장, 교감을 통칭하여 사용하는 관리자라는 단어의 의미를 어떻게 해석해야 할지 난감하다. 무엇을 관리한다는 뜻일까? 학교라는 건물을 관리한다는 말일까? 아니면 교직원인 사람을 관리한다는 말일까?

초·중등교육법 제19조 (교직원의 구분)에 관리자라는 직급은 찾을 수 없다. 다만 초·중등교육법 제20조 (교직원의 임무) 중 제2항 교감의 임무에

'교감은 교장을 보좌하여 교무를 관리하고 학생을 교육하며…'에 '관리'라는 단어가 유일하게 등장한다. 교무를 관리하는 역할이 있는 사람이라 '관리자'라고 하여 지휘 감독의 권한이 있는 것으로 잘 못 이해된 것이다. 2019년 법제처는 초·중등교육법 제20조 제2항 본문에 따른 교감의 「교무 관리」는 교무를 맡아 처리함의 의미를 갖는다고 해석한 바 있다. 교장의 직무를 대행하거나 세부적인 위임전결 규정을 통하지 않고서는 동일한 조항을 근거로 교직원에 대한 지휘·감독권을 행사할 수 없다는 해석도 덧붙이고 있다. 2021년 교육부의 답변도 이와 동일하다. 교실에서의 수업을 떠나 행정가인 교감이 되고 교장이 되는 순간 그들은 교사를 지원하는 역할에 충실해야 한다. 건물을 관리하고 학교의 시설을 관리할지언정 수업과 생활지도의 최고 전문가들인 '교실의 교사'를 관리한다는 것은 어불성설이다. '관리자'라는 단어는 관리를 받는 대상을 만들게 되고 교감과 교장 이외의 교직원 모두를 관리 받아야 하는 낮은 위치로 만들어 버린다. 요즘은 학교장은 책임만 있고 권한이 없다는 분들이 많다. 학교장은 원래 그런 자리다. 책임만 있고 권한이 없다는 불만을 토로하는 이들은 그런 자리로 가면 안 된다. 교사를 잘 지원하라고 수업을 면해주고 사회적인 인정과 지위와 명예를 함께 부여하는 것이다. 다시 말하지만 관리하려고 가는 자리가 아니라 지원하러 가는 자리이다.

'관리'라는 단어는 자기관리, 건강관리, 피부관리를 말할 때가 더 잘 어울린다.

두 번째 단어는 교육청이나 연수원에 근무하는 장학사, 연구사들을 통칭하는 '전문직'이라는 단어다. 도대체 학교와 교실을 수년간 떠나 암기력 테스트와 행정능력 테스트를 통과해서 행정 업무를 하는 위치로 가 있는 이들이 어떻게 교육 현장의 전문가일까? 그들은 단지 행정가일 뿐이다. 십 년이면 강산이 변한다고 하는데 학교의 아이들과 학부모들은 일 년마다 강산이 변하는 만큼의 변화를 겪는다. 따라서 교육의 최고전문가는 일 년마다 강산의 변화를 몸소 체험하고 있는 교실현장의 최일선을 지키는 선생님들이다. 전문직이라는 단어는 장학사와 연구사들이 선생님보다 더 교육의 전문가로 포장하고 교사의 전문성을 깎아내리는 단어이다. 오랫동안 학교현장을 지키며 봐온 장학사들은 교육청의 행정직 그 이상 그 이하도 아니었다. 다시 말하지만 장학사들은 단지 교육을 떠나 학교를 지원하는 행정가들일 뿐이다. 장학사들이 교육의 전문가라면 현장교사들을 교육청이나 지원청에 불러서 TF팀을 조직하고 행사를 추진하고 도움을 요청해서는 안 된다. 교육의 전문가라면 전문가가 모인 집단이 스스로 추진할 수 있어야 한다.

교감이 되고 난 후, 현장전문가로서 인정을 받으며 오랫동안 장학사들로부터 도움 요청을 많이 받았다. 민주적인 학교 문화조성, 학부모회 운영방안, 학교업무 조직 재구조화 등 여러 분야에서 교육청의 일을 도와 팀장을 맡거나 위원으로 참가해서 위원들과 함께 자료집을 만들곤 했다. 당시에 나에게 도움을 요청했던 장학사들 모두 그 분야에 전문적인 식견이나 지식을 가지고 있지 않았다. 그래서 학교현장의 전문가들 도움을 받았던 것이다. 그런데 놀라운 것은 자료집이 나오고 전달을 위한 연수를 막상 시작하게 되면 TF팀을 조직하고 기획했던 장학사들이 더 전문가로 인정받고 강사로 초빙 받아 가는 모습을 수없이 목격하게 된다는 점이다. 단지 기획만 하고 협의회에 참가하면서 현장전문가들에게 도리어 배움을 얻었던 장학사들이 어느 날부터 현장전문가들을 뛰어넘는 최

고의 전문가로 인정받는 놀라운 현상을 여러 번 목격했다. '전문직'이라
는 단어의 위대함이었다.

지금이라도 늦지 않았다. '관리자'와 '전문직'이라는 두 단어를 교육
현장에서 빨리 몰아내야 한다. 교육의 최고 전문가들인 교사들의 전문성
에 생채기를 내는 단어들이다.

학교 외부자들을 위한 제언

스포츠강사의
역할을 다시 고민하자

2008년부터 체육 수업 활성화를 목적으로 생긴 초등학교 스포츠강사는 주 21시간의 체육 수업을 보조한다. 체육수업을 직접 담당할 수 없고 보조강사로서의 역할만 한다. 이와 달리 중·고등학교의 스포츠강사는 일정 시수의 체육 수업을 담당하거나 스포츠클럽을 관장하기도 한다. 문제는 스포츠강사의 관리와 수당 관련 업무를 본인이 스스로 하지 않고 체육부장과 같은 업무담당교사가 하고 있다는 것이다. 공문 기안도 예산 품의도 하지 않는 스포츠강사가 수두룩하다. 왜냐하면 직접적인 업무 과제카드가 부과되지도 않고 체육수업도 주가 아닌 보조강사이기 때문이다. 교사의 수업을 돕기 위해 들어온 강사인데, 교사의 입장에서 이들을 관리와 관련된 새로운 업무가 생긴 것이다. 방학 때도 스포츠캠프를 단독으로 운영하는 일주일 정도 외에는 기타연수를 내고 학교에 출근하지 않아도 된다. 초등교사들 사이에서 무기직으로 전환된 스포츠강사를 '꿀보직'이라고 하는 이유는 그냥 나온 말이 아니다.

영어회화강사는 단독으로 수업을 진행한다.

단독수업이 가능하다는 것은 교내 영어교육 업무 정도는 책임지고 진행해 나갈 수 있다는 것이다. 방학 중 영어캠프 계획을 세우고 물품을 구입을 위한 품의와 구입을 직접 진행한다.

돌봄전담사에게도 학생돌봄 외 관련 업무를 보는 시간을 더 확보해주고 임금을 더 지급하는 추세로 전환되고 있다. 지금까지는 일반교사에게 돌봄업무를 부과해서 본인의 학급운영 외 돌봄교실까지 담당함으로써 교실수업에 지장을 주었다. 현재 돌봄전담사의 업무시간 추가확보가 이루어져 돌봄행정업무는 돌봄전담사에게로 넘어갔고 업무를 처리하고도 남을 역량이 있음이 충분히 증명되고 있다.

영어회화강사와 돌봄전담사에게 관련 업무를 준 결과 그들은 충분히 해당 분야의 전문가로서 그들의 역량을 발휘하고 있다. 초등 스포츠강사 역시 그 정도의 역량이 있다고 본다. 지금도 늦지 않았다. 초등스포츠강사를 그저 '학교 외부자'로 만들지 않으려면 중등체육교사 자격증을 가지고 있는 강사들부터 단독수업과 체육 관련 업무를 처리할 수 있도록 해야 한다.

초등학교에 체육수업 보조강사의 역할을 부여하기 위해 스포츠강사가 도입된 후에 담임교사가 체육수업을 전담하는 것을 나는 거의 보지 못했다. 스포츠강사가 주로 체육수업을 진행하고 담임교사가 보조를 하는 모양새다. 강사수업을 교사가 보조하고 강사관리나 관련 업무를 교사가 하고 있으니 주객이 전도되어도 이만큼 취지가 어긋나게 전도된 것도 학교에서 드물 것이다. 좀 일관성 있게 하자.

학교 외부자들을 위한 제언

교장공모제 확산을 위한
마지막 선택

　학교교육과 문화를 혁신하는 가장 빠른 길이 대학의 교육제도와 시스템을 도입하는 것이라고 자주 언급한 바 있다. 대학의 교수처럼 학교의 교사 승진제도가 보직의 개념으로 바뀐다면 교사들이 승진을 위한 소수점 경쟁을 하지 않을 것이며 승진제도를 이용한 당근과 채찍의 문화가 학교에서 사라질 것이고 무엇보다 교사의 시선은 적어도 위가 아닌 아래의 학생을 향할 것은 자명한 일이다.

　대학은 총장을 하다가 총장으로 퇴임을 하는 것이 아니라 교수로 다시 돌아간다. 반면 학교는 교장을 하다가 다시 교사로 돌아가는 일이 거의 없다. 교장은 4년 후 다시 4년의 중임이 가능하다. 최대 8년까지 교장직을 유지할 수 있다는 말이다. 아주 드물게 일찍 교장으로 승진한 후 교장 8년의 임기를 모두 마친 후, 다시 교사로 돌아가서 '원로교사'가 되는 사람들이 종종 있다. 그러나 원로교사의 의도가 어떻든 학교는 원로교사가 부임해오면 원로교사를 위한 공간을 따로 마련해야 하고, '교장이 두 명'이라거나 현직 교장이 원로 선배 교장을 모시는 시집살이를 하게 된다는 인식 때문에 눈치가 이만저만이 아니다. 따라서 교장을 하다가 교

학교 외부자들

장으로 퇴임하려고 기를 쓰고 노력하는 것이 아니라 다시 교사로 돌아가는 것이 학교현장에서 자연스런 현상이 되어야 한다. 이런 교장과 교사의 순환을 보다 빠르게 하고 보직제도로서 교장 승진제도가 정착되는 계기를 마련할 수 있는 가장 좋은 방법이 학교장 4년 단임제의 도입이다.

학교장 4년 단임제가 학교현장에 도입되고 정착되면 지금처럼 젊은 교감, 젊은 장학사, 교육청 관료들이 최대한 시간을 끌며 정년에 맞추어 교장임기 8년을 맞추려는 시도 자체가 무의미하게 된다. 또한 정년 8년 이내의 교감과 장학사들이 하루라도 빨리 교장을 해서 일 년이라도 더 교장직을 연장하려는 노력조차도 사라지게 된다. 무엇보다 이러한 노력이 안타까워 밀실에서 근무평정 점수 조절을 통해 눈물겨운 자세로 도와주려는 지원청의 노력 또한 불필요한 것이 된다. 학교장 4년 단임제가 되면 교장중임제 폐지로 인해 책임경영이 사라져 학교가 더 혼란스럽게 된다고 반론하는 이들도 있다. 그러나 학교장의 중임 심사는 부적격자를 걸러낸다는 도입 취지와 효용성 측면에서 이미 무용지물이 된 지 오래이다. 자질과 능력이 검증된 훌륭한 교장은 단임 교장 4년 후에 대폭 확대된 공모교장제를 통해 공모교장에 계속 도전하여 다시 교장을 할 수 있는 기회를 부여하면 된다.

교장으로서의 역할을 계속 잘 할 자신이 있으면 다시 학교장 공모에 도전하면 되고 교장공모에 자신이 없거나 교장이란 자리가 매력이 없다고 판단되면 다시 일반교사로 돌아가면 된다. 이미 『학교 내부자들』에서도 언급한 바 있지만, 경영자로서의 자질이나 능력이 부족한 사람이 교감을 하거나 교장을 할 수 없도록 하는 철저한 검증제도가 정착되지 않고서는 학교 현장의 혁신은 절대 이루어지지 않는다고 생각한다.

학교장 4년 단임제의 도입은 검증방법이 불투명한 교장자격대상자 선발제도를 근본부터 다시 바꾸고 보다 민주적이고 합의와 소통의 학교문화를 정착시키는 전환점이 될 것이다. 앞서 언급한 것처럼 현행의 승진제도 하에서 결정적인 역할을 하는 것이 시군지원청 교육장이 교감들의 승진을 좌우하는 근무평정 평가이다. 교육장의 평가 하나에 교감들의 교장 승진 생사여탈권이 달려있으니 교감들이 지원청의 지시사항을 잘 수행하려는 노력을 결코 게을리 할 수 없다. 아이러니지만 이러한 지시와 요구를 수행하는 사업의 주체는 결국 교감의 지시를 받는 교사이고, 교사들이 지시를 잘 수행할 수 있게 학교문화를 최대한 비민주적 시스템으로 운영하여야 한다. 지원청에 잘 보여야만 교장이 될 수 있는 시스템, 이러한 악순환의 고리를 끊고 교감이 지원청을 지원하는 것이 아니라 교사를 지원할 수 있도록 무엇보다 제대로 된 학교자치를 구현하려면 '학교장 4년 단임제'가 가장 효과적인 대안이 될 수 있다.

'학교장 4년 단임제'가 성공적으로 정착하기 위해서는 다음의 몇 가지가 먼저 선행되어야 한다.

첫째, 학교장 4년 단임제로 인해 대량 양산될 원로교사 제도의 폐지다. 일반교사와 달리 퇴임교장에게만 혜택이 주어지는 원로교사제는 학교장 4년 단임제의 성공적인 정착을 위해서도 당연히 폐지되어야 한다. 4년 임기를 마친 교장은 혜택을 받는 원로교사가 아니라 일반교사로 돌아와야 한다.

둘째, 2년 임기의 교감공모제 전면도입이다. 2년 정도 교감의 역할을 수행하면서 학교의 행정능력을 키우고 익힐 수 있는 기회가 평교사들에게 많이 부여되어야 한다. 교육행정가로서 경험을 해보고 학교장으로 가는 길이 과연 자기의 적성에 맞는지 살펴볼 수 있는 충분한 선택의 기회

유형	대상학교	자격 기준		근거
초빙형	일반학교	•교장자격증 소지자 (교육공무원)		교육공무원법 제29조의3제1항
내부형	자율학교	교장자격 요구	•교장자격증 소지자 (교육공무원)	교육공무원법 제29조의3 교육공무원 임용령 제12조의6 제1항, 제2항
		교장자격 미요구 (내부형 신청학교의 50% 이내)	•교징자격증 소시자 (교육공무원) •초·중등학교 교육경력 15년 이상인 교육공무원 또는 사립학교 교원	
개방형	자율학교로 지정된 특성화중·고, 특목고, 예·체능계고	•교장자격증 소지자 (교육공무원) •해당학교 교육과정에 관련된 기관 •단체에서 3년 이상 종사한 경력이 있는 자 (교장자격증 미소지자)		

2023년 현재 시행 중인 교장공모제 자격기준과 근거

가 될 것이다. 무엇보다 담임교사를 최대한 잘 지원할 수 있는 행정업무 능력까지 갖춘 젊고 유능한 교감과 교장공모에 응모할 수 있는 대상자를 최대한 많이 배출하기 위해서라도 교감공모제의 도입이 필요하다.

셋째, 교장공모제의 전방위적인 확대이다. 현행 교장공모제는 교장자격증 소지자만 가능한 초빙형과 자율학교 중 교장자격 미소지자도 가능한 내부형 일부와 특성화 학교를 대상으로 한 개방형이 있다. 그러나 교장자격 미소지자도 가능한 내부형 공모제는 자율학교만 가능하고 교장 전보만기 학교나 교장 정년퇴임 학교 중 신청학교의 50퍼센트 이내라는 제한 장치가 걸려있어 각 시도에서도 그 수가 다섯 손가락 안에 들 정도로 제한적이다. 만약에 교장들이 임기 4년을 채우지 않고 2~3년 만에 학교를 옮겨버리면 현행법으로는 내부형 교장공모제는 유명무실한 제도가 될 뿐이다. 따라서 모든 학교를 자율학교로 지정하거나 아니면 교장공모제의 자율학교 제한을 없애고 내부형 신청학교의 50퍼센트 제한을 없애 점진적인 교장공모제 확대가 필요하다.

이 정도만 되어도 젊고 유능한 선생님들에게 학교를 경영할 기회가 많이 주어지게 되고 학교의 교육생태계에도 제법 신선한 활기가 돌게 될 것이다. '교장 4년 단임제' 정착을 통해 자연생태계가 스스로 정화되듯 교육계도 교육청 관료들이 주장하는 현장중심, 교실중심, 학생중심으로의 교육생태계 변화를 곧바로 실현할 수 있을 것이다.

교사 조직은 매우 많은 구성원으로 이루어진 조직이다. 그런 반면 일반 회사와 달리 직급이 다양하거나 직급의 비율이 민주적인 것도 아니다. 아주 소수만이 교감과 교장으로 승진을 하여 관리자가 되기 때문에 관리자를 경험해 보지 못하는 평교사와 관리자 사이의 심리적 괴리가 크고 서로의 입장을 이해하기가 어렵다. 관리자를 해 본 경험이 있는 교사가 많이 생기고 관리자로서의 임기가 끝나면 다시 교사의 자리로 돌아갈 것을 준비하는 관리자가 많이 생긴다면 학교 문화는 빠르게 변화할 것이다.

'학교장 4년 단임제'는 이미 오래전부터 교육학자들과 진보적인 교육단체들에서 도입을 주장한 바 있다. 그런데 교육적 가치가 충분한 혁신적인 제안이 시도조차 이루어지지 않는 것은 무엇 때문일까? 그 이유는 미래의 승진 대상자들인 교육관료들이 자신들의 미래 기득권을 포기하기가 쉽지 않기 때문이다. 승진제도를 고치려는 시도조차 하지 않으며 피폐화되고 관료화된 승진문화를 그대로 유지하려는 '학교 외부자들'이 의외로 많다. 이를 혁파할 수 있는 마지막 선택이 '학교장 4년 단임제'이다.

돌봄과 출산율

    학교에 근무를 한다는 이유로 밖에서 지인들을 만나면 날것 그대로의 질문이 쏟아진다. 최근에 받은 질문은 '학교가 마음대로 재량휴업이나 원격수업을 하면 부모가 모두 출근하는 집의 아이는 혼자 어떻게 하라는 말이냐' 였다.

    말 그대로 재량휴업일은 학교마다 다르고 학교가 쉰다고 하는 날 어린 자녀를 둔 부모는 아이를 어떻게 해야 할지 온 가족을 동원하여 계획을 세워야 한다. 이런 상황을 대비하여 학교에서는 돌봄교실을 운영한다. 그러나 '돌봄'이 필요한 모든 학생을 학교가 전부 감당할 수가 없어 평소 돌봄교실 혜택을 받는 아이들만을 대상으로 운영한다. 대부분 1~2학년이 대상이며, 그마저도 하루 종일 운영되는 것도 아니다. 학교에 근무하는 죄로 나는 이런 질문에 답을 할 수 없어 미안하기 짝이 없었다. 돌봄 기능이 지자체로 이관되어야 한다고 생각하지만 학교에서 돌봄교실이 운영되고 있는 지금 상황에서는 이런 불평을 충분히 이해할 수 있다.

    이런 질문이 오가는 상황은 우리나라에서 단순하게 볼 문제가 아니다. 출산율이 세계 꼴찌라는 뉴스가 나오고 있고 인구 소멸 예정 지역을 붉

학교 외부자들을 위한 제언

은색으로 표시한 우리나라 지도를 보면 몇 군데 점을 제외하면 국토 전체가 붉다. 젊은 사람들은 비혼과 비출산을 당당하게 말하고 있고 연금은 고갈될 것이라는 뉴스도 인구 절벽 문제와 함께 등장한다.

출산율을 어떻게 하면 끌어올릴 수 있을까?

2022년 우리나라의 합계출산율은 0.78명이라는 통계청의 발표가 있었고, 2024년 0.68명으로 '인구 축소 국가'라는 타이틀의 맨 앞에 서게된다고 한다. OECD 최저라는 수치에 다양한 원인이 거론되며 주거비, 교육비, 심지어 노키즈존이 원인이라는 분석도 있다. 그중 우리나라 저출산의 가장 큰 원인 중 하나는 직장맘에 대한 문제다. 자녀를 키우는 직장맘의 어려움을 해결할 수 있는 방법을 먼저 찾는 것에서부터 출산율을 끌어올릴 수 있는 해결책을 찾아야 한다. 아이가 생겨도 직장을 그만두지 않을 수 있는 방법과 학교가 휴업해도 걱정을 하지 않아도 되는 방법을 국가가 제시해야 한다.

이런 판단이었을까? 저출산 대책으로 정부는 돌봄교실의 시간을 계속해서 연장하는 정책을 추진하고 있다. 2023년 1월 교육부는 "늘봄학교 추진방안"을 발표했다. 2023년 4개 시범 교육청을 선정해 200개 학교를 대상으로 '늘봄학교'를 시범운영하고, 2024년에는 1학기 전국 초등학교 44퍼센트에 해당하는 2,700여 개, 2학기는 모든 학교에 '늘봄학교'를 운영할 계획이라고 밝혔다.

엄마가 직장에서 마음 편히 일을 할 수 있게, 충분히 일을 하고 아이를 데리러 갈 수 있도록 돌봄의 시간을 저녁시간까지 연장한다는 것이 주요 내용이다. 하지만 이 정책에는 아이의 입장이 고려되지 않은 오류가 있다. 오후 8시, 9시까지 돌봄시간을 확대하면 아이들은 하루 12시간 이상을 학교나 기관에서 지내야 한다. 바꾸어 말하면 가족, 좀 더 엄밀하게 말하면 엄마와 떨어져서 있는 시간이 급격하게 늘어나게 된다. 학교에서 아이들을 만나는 선생님으로서 아이들은 싱상기에 부모와의 접촉 시간이 심리적 성장에 굉장히 의미 있게 작용함을 지켜보았다. 그러므로 국가는 아이들의 돌봄을 영양가 있게 지원해야 한다.

한 가지 방안을 제안해보면 다음과 같다.

모든 직장에서 10세 이하의 자녀가 있는 부모 중 한 명은 오후 4시에 퇴근할 수 있어야 한다. 그것이 불가능하면 어린 아이가 있는 부모는 아이의 돌봄이 해결되지 않는 날이라도 직장을 쉴 수 있어야 한다. 그것도 아주 당당하게! 그러기 위해서 선제적으로 해결되어야 하는 것은 국가와 사회의 약속이다. 학교가 휴교를 하거나 원격수업으로 전환하면 그 아이의 부모 중 한 명은 직장을 쉬고 집에서 아이를 돌볼 수 있어야 한다. 증빙은 나중에 학교에서 확인서를 받아 직장에 제출만 하면 되도록 해야한다. 그리고 그 사람을 대신해 고용한 경비는 국가가 기업이나 회사에 지급하면 된다. 각 가정에 지급하는 보육 수당 중 한 영역을 사업체에 지급하는 방식이면 추가의 재원확보가 필요하지 않다.

학교가 공휴일이 아니면 재량휴업을 하지 않거나 아니면 돌봄교실을 전면 확대하면 되지 않느냐고 반문하는 이들이 있다. 교육도 육아도 전적으로 학교가 책임져야 한다는 것은 학교를 교육기관이 아닌 보육기관으로 보는 것이다. 어린아이를 기르는 일은 학교가 휴업을 하지 않는다고 돌봄교실을 확대한다고 해결되지 않는다. 아이는 부모가 길러야 하고 그것에 대한 어려움이 해결이 되어야 저출산도, 인구절벽도 해결된다. 이 문제의 해결책을 학교에서 찾으려고 하면 답을 찾을 수 없다. 출산과 보육을 바라보는 국가의 정책이 변하고 사회가 바뀌고 가정이 바뀌고 가장 마지막으로 학교가 바뀌어야 한다. 직장맘 때문에 보육과 관련해서 학교가 가장 늦게 바뀐 성공적인 사례가 딱 하나 있다. 오래 전 주 5일 근무제가 전면 도입될 당시에 공공기관이 가장 먼저 시행했고, 그 다음에 기업이, 가장 늦게 학교가 도입했다. 이 순서가 맞다.

직장맘들이 보육으로 인해 임금이나 신분상의 불이익을 받지 않도록 해야 한다. 학교가 휴업을 하거나 원격수업으로 전환해도 마음 편히 가정에서 자녀를 돌볼 수 있도록 이제 학교가 아니라 국가와 사회가 나서야 할 때다.

업무부서가 없는 학교를 꿈꾸다

　해마다 연말이 되면 교원단체나 교사관계 노조에서 단체협상 결과를 알려주는 공문을 받아 볼 수 있다. 교사단체 관련 공문을 자세히 보면 비교과 교사들에 대한 협상은 대부분 동일하다. 보건교사에게는 보건 관련 외 다른 업무 부과금지, 상담교사에게는 상담 관련 외 다른 업무 부과금지, 사서교사에게는 도서 관련 외 다른 업무 부과금지, 영양교사에게는 급식 관련 외 다른 업무 부과금지라고 협상결과를 보내온다. 해마다 받아보는 공문이지만 어떤 공문에도 담임선생님이나 교과선생님들에게 수업과 생활지도외 다른 업무 부과금지라는 공문은 보지 못했다.

　보건, 상담, 사서, 영양교사들은 학교를 옮겨도 맡아서 하는 일이 대부분 대동소이하지만 일반담임과 교과선생님들은 학교를 옮길 때마다 불안과 공포에 휩싸인다. 어느 학교에서는 정보업무를 어느 학교에서는 연구나 교무, 심지어 체육업무까지 맡을 수도 있다. 담임과 교과 선생님들은 업무에 있어서는 만능 엔터테인먼트가 되어야 한다. 이런 불합리는 어디서 기인했을까? 왜 비교과 교사와 달리 일반교사에게는 아무 업무나 다 맡을 수 있는 초인적인 능력을 요구할까? 왜 그들은 교사단체의 절대다수 회원으로 참가하고 있지만 교사 본연의 업무인 수업과 생활지도외 기타 업무 부과 금지라는 단체협상 결과를 공문으로 받아보지 못할까?

이것에 대한 해결책은 없을까? 내가 생각하는 해답은 간단하다.

첫째, 학교 내에 교무부, 연구부, 정보부와 같은 부서조직을 없애면 된다. 학교에 각종 부서조직을 둔 이유는 교육부와 교육청 부서에 대한 업무를 맞대응하기 위해 존재하고 있다. 이러한 맞대응을 지원청단위에서만 하도록 하고 학교는 모든 행정업무를 교육지원실에서 처리하도록 업무처리 시스템을 재구조화하면 된다.

학교에 부서조직을 없애는 것은 학교업무를 세분화시켜서 교육청 행정업무를 상대하지 않겠다는 의미이다. 학교가 꼭 해야 하는 학사업무만 진행하고 대부분의 행정업무들은 지원청으로 이관해서 지원청단위에서 예산과 사업을 집행하도록 하는 것이다.

학교에서 지원청으로 넘어가야 할 행정업무들은 수두룩하다. 돌봄, 방과후, 늘봄, 정보 관련 등 굳이 학교에서 처리하지 않아도 되는 행정업무들이다. 늘봄이 학교로 도입되면서 학교 안에 교무실, 행정실 외에 늘봄지원실이라는 조직을 추가해서 인력을 증원하려는 움직임이 보인다. 굳이 학교에 또 다른 조직을 만들 것이 아니라 지원청에 늘봄지원실을 만들어 다섯 개 학교씩 묶든, 열 개 학교씩 묶든 네트워크로 묶어서 행정업무를 처리하는 것이 예산은 물론 인력절감 차원에서도 보다 효율적이다. 학교안 조직은 최대한 간소화시키고 여러 학교의 행정업무들은 묶어서 지원청에서 처리해야 한다. 교육지원실에는 수업을 하지 않고 교육경력

10년 이상인 교사들을 대상으로 교무학사와 교육연구만 전담할 수 있는 교사를 뽑고 그 외 행정업무들을 지원청으로 이관하면 학교에는 굳이 교무부, 연구부, 정보부와 같은 부서조직이 필요 없을 것이다.

둘째, 교감과 교장의 역할을 명확하게 명시해서 이분화하는 것이다.

지금까지 교감에 비해 교장의 역할은 업무분장상에서 명확하게 나타나지 않는다. 교장은 교감이 하는 일을 확인하고 결재만 하는 시스템이다. 교무부, 연구부, 정보부와 같은 부서조직을 없애는 대신 교장은 행정실과 함께 사업예산과 교직원인사, 시설유지 보수, 급식, 학부모회 등을 총괄하는 행정 총괄을, 교감은 교육지원실 전담교사들과 함께 방과후 돌봄과 교육과정을 포함한 교무학사를 관리하는 교무 총괄로 역할로 나누는 것이다. 이렇게 교장과 교감의 역할을 명확하게 구분하고 역할대로 운영하기 위해서는 현재의 승진시스템으로는 불가능하며 교장과 교감 모두 공모를 통해 선발하는 혁신적인 실험이 필요하다. 그 실험을 통해 교장과 교감의 역할은 나누되 교직원과 학부모가 포함된 별도의 협의체를 구성하여 교육공동체가 추구하는 교육목표와 가치는 교장 일인이 아니라 협의체를 통해 선정되고 운영할 수 있도록 바꾸어 가야 한다.

'담임선생님이나 교과선생님들에게 수업과 생활지도 외 다른 업무 부과금지!'

학교에서 이런 제목의 교원단체 협상 결과 공문을 받아보는 미래학교를 꿈꾼다. 제일 먼저 선결되어야 할 과제는 교무부, 연구부, 정보부와 같은 부서조직을 학교에서 없애는 것부터 시작해야 한다. 학교는 수업과 생활지도라는 앞바퀴와 교무행정과 일반행정 뒷바퀴가 조화를 이루어 돌아간다. 어느 한 바퀴가 흔들리거나 조화를 이루지 못하면 학교는 제대로 굴러가지 못한다. 네 바퀴가 제대로 굴러가려면 앞바퀴가 뒷바퀴가 하는 일에 넘나들어서도 안 되고 기웃거리게 해서도 안 된다. 바퀴들이 각자의 위치에서 박자를 잘 맞춰 굴러갈 수 있도록 하면 된다.

학교 외부자들

학폭가산점을 폐지해야 할 때

 이명박 정부시절 교육계의 가장 뜨거운 감자는 초중고에서 전국동시에 실시했던 국가수준학업성취도평가였다. 학업성취도 평가결과를 각 시도별로 비교해서 발표를 했기에 시도교육청에서도 시구군간 결과를, 관내의 학교끼리도 평가결과와 학습부진아수를 비교해서 경쟁심을 유발시켜 학교 간 또는 학급 간에도 경쟁이 붙었다.

 지금은 상상할 수 없는 일이지만 당시에는 막대한 예산을 들여 저녁시간, 주말까지 교사들을 출근시켜서 학생들을 학교에 붙잡아 단순암기식의 문제풀이를 계속 시켜야만 했다. 그 경쟁에 정점을 찍은 것은 학업성취도평가 결과 발표 후 학업성취 결과의 향상에 따라 교사들에게 승진가산점을 부여하는 것을 교육부가 도입하면서부터다.

 승진 준비를 하고 있는 교사들은 전년도 학업성취도 평가점수가 낮은 학년의 담임을 서로 맡으려고 했다. 시골의 작은 학교에서는 승진가산점을 받기 위해서는 내년 평가 결과의 대폭적인 향상이 필요한데 그러기 위하여 당해 연도 성취도 평가 결과를 굳이 높일 필요가 없이 내년을 바

학교 외부자들을 위한 제언

라보고 일부러 낮추는 게 유리하지 않냐는 농담 반 진담 반의 자조 섞인 말들이 오가기도 했다. 지금은 국가수준 학업성취도 평가결과 승진가산점은 사라졌지만 이와 유사한 형태의 승진가산점이 아직도 현장에 남아 있다. 바로 '학폭가산점'이다.

정확하게는 '학교폭력 예방 및 해결 기여 교원 승진 가산점'이다. 학교폭력가산점은 지난 2013년부터 학교폭력 해결·예방에 노력한 교원에게 가산점을 주는 제도로 학교폭력업무 담당자와 사건처리 유공자에게 승진가산점을 주는 제도이다. 교사가 학교폭력 관련 학생상담 일지 등 증빙자료를 만들어 신청하면 3~7인으로 구성된 학교 내 선정위원회에서 심사 후 가산점을 부여한다. 선정 시 제출하는 서류가 주로 학교폭력 해결에 대한 증빙서류들이다 보니 학교폭력을 사전에 예방하여 사건이 발생하지 않으면 가산점을 받을 수 없었다. 따라서 학교폭력이 많이 발생했을 때 오히려 더 유리하게 적용이 되는 가산점제도이다. 그래서 교사들은 '학교폭력 예방 및 대응 실적가산점'이라고 하지 않고 '학폭가산점'이라고 부르는 것에 의문을 제기하지 않는다. 학교폭력예방 가산점이라기보다는 학교폭력유발 가산점이 정확한 의미이기 때문이다. 학교폭력을 예방한 교사보다 학교폭력 문제를 해결한 교사가 더 점수를 잘 받는 현실 때문에 학교폭력이 발생하도록 두어야 한다는 이야기가 오랜 기간 현장 교사들 사이에서 회자되었다. 승진점수로 학교폭력을 예방할 수 있다는 정책을 누가 만들고 기획했는지 모르지만 현장을 몰라도 한참 모르는 사람이다.

승진 가산점은 학교당 교원 40퍼센트에게 부여되며, 1년에 0.1점씩 최대 1점까지 받을 수 있어 최대 10년까지 가산점이 주어지는데 올해가 12년째이니 10년간 학폭가산점 만점을 받은 교사들이 쏟아져 나오기 시작

학교 외부자들

했다. 이론적으로 따지면 학폭가산점 만점자들은 더 이상 학교에 학폭을 예방하거나 발생해도 관심을 가지지 않아도 된다는 의미이기도 하다.

학폭이 워낙 많이 발생하다보니 크건 작건 학폭을 해결하지 않는 교사가 없고, 학폭 예방을 위해 아이들에게 언급하지 않는 날이 없다. 도입 취지는 학교폭력예방 업무나 사건처리 유공자들을 격려하기 위해 도입되었지만 교원수 대비 거의 절반에 가까운 40퍼센트 정도가 가산점을 받게 되어 있어 점수가 귀하게 여겨지지 않는다. 이제는 도입 초기와 달리 40퍼센트 대상자도 채우기 힘든 학교가 부지기수다. 학교폭력 예방활동이나 해결을 하지 않아서가 아니다. 이 점수를 따려고 일부러 노력하는 교사도 없고 이 점수가 없어서 승진을 못하는 경우도 없다. 그러니 업무가 몰리는 시기에 서식을 채워 서류를 제출하는 일을 하나 더 더할 뿐이다. 100퍼센트가 받거나 아무도 받지 않아도 되는 거의 유명무실한 제도인데 아직까지 폐지가 되지 않고 남아있는 것이 우스울 따름이다. 업무 담당자에게 의미 없는 업무만 하나 유지되어 있는 경우다.

학폭가산점이 생긴지 12년이 지난 지금으로서는 학폭담당 교사나 학교폭력 해결, 예방에 기여한 교사에게 수당을 더 주거나 수업을 경감시켜주는 대책보다 가산점은 효과성이 떨어지는 제도이다. 학교폭력가산점 도입 초기 학교폭력을 예방하지 못하고 오히려 부추긴다는 농담이 공공연하게 학교에서 통용되었던 말이다. 지금이라도 늦지 않았다. 학교폭력가산점은 하루빨리 폐지되는 것이 타당하다.

아이들은 늘봄학교를
어떻게 생각할까?

　학교가 정규교육과정 이외에 돌봄과 보육의 역할까지 부여받기 시작한 지 20년 넘는 시간이 흘렀다. 2004년 사교육비 경감 대책에 따라 수준별 보충학습과 특기적성교육, 방과후 보육 프로그램이 운영되기 시작했다. 2010년부터는 초등학교에서 방과후학교와 다른 별도의 초등돌봄교실이 운영되면서 지금까지 학교의 보육기능은 계속 확대되어 왔다. 2024년 교육부는 대상과 시간을 확대한 늘봄학교의 도입을 강하게 밀어붙이고 있다. 지금까지 학교가 공교육기관으로서 정규교육과정 이외에 부여받은 돌봄과 보육은 아이들의 입장이 아닌 보호자의 편리와 어른들의 입장에서 도입된 제도라고 볼 수 있다. 아이들은 돌봄교실에 대한 선택권이 있을까? 과연 아이들에게 돌봄교실은 어떤 곳일까? 필자는 학교의 돌봄교실에 남아서 저녁 늦은 시간까지 엄마가 올 때까지 기다리는 학생의 표정을 보고 아이의 마음을 한 번 상상해 보았다.

"저는 초등학교 1학년 학생입니다.
아침에 일어나면 저는 빨리빨리 학교 갈 준비를 해야 합니다. 세수도 빨리하고 밥도 빨리 먹고 이도 빨리 닦아야 합니다. 옷도 혼자 입을 수 있지만 아침에는 늘 바쁩니다. 왜냐하면 출근하는 엄마와 함께 나가야 하기 때문입니다. 오전 8시 30분에 학교에 도착합니다. 학교에 가면 오전 수업을 합니다. 그리고 점심을 먹습니다. 점심을 먹고 나면 오후 수업을 합니다. 오후 수업을 마치고 나면 방과후 수업을 하러 방과후교실로 갑니다. 방과후 수업은 매일매일 시간표가 다릅니다. 방과후 수업을 하기 싫지만, 집에 가면 아무도 없고 엄마 아빠가 마치는 시간도 한참 남아서 할 수 없이 방과후 수업을 해야 합니다. 방과후 수업도 매일 두 가지나 합니다. 방과후 수업을 마치고 나서 교문으로 가면 학원차가 기다리고 있습니다. 수학학원입니다. 수학학원에서 수업을 마치고 나면 저는 엄마가 올 때까지 또 기다려야 합니다. 엄마는 매일 저를 데리러 오는 시간을 맞추기 위해 숨이 차게 달려옵니다."

"뉴스에서 곧 늘봄학교를 설치한다는 것을 보았습니다. 학교에서 늦게까지 학생들을 돌봐주는 교실이라고 합니다. 방학때 돌봄교실 신청을 해서 있어 보았는데 아마 돌봄교실과 비슷할 것 같습니다. 저녁 늦게까지 학교에서 엄마가 올 때까지 우리를 돌봐준다고 합니다.

엄마는 다행이라고 생각하시겠지요? 그런데 저는 참 싫습니다. 아침 일찍 학교에 와서 저녁 늦은 시간까지 학교에서 지내게 됩니다. 엄마와 집에 돌아오면 저는 이제 씻고 자야하는 시간입니다. 친구 이야기나 학교에서 있었던 일을 이야기할 시간도 없고 속상한 일도 이야기 할 시간이 없습니다. 저도 피곤하고 엄마 아빠도 너무 피곤할 테니까요."

학교 외부자들을 위한 제언

"저는 1학년입니다.

저는 엄마 아빠와 집에서 많이 같이 지내고 싶습니다.

늘봄학교가 만들어지면 엄마는 더 늦게 저를 데리러 올 것 같습니다. 저는 엄마와 이야기도 하고 놀이도 하고 밥도 같이 맛있게 먹고 싶습니다. 하지만 늘봄학교에서 저녁까지 먹게 되면 저는 하루에 엄마 얼굴을 보는 시간이 2시간도 안 됩니다. 늘봄학교가 만들어지는 것이 저는 무섭습니다. 저는 다른 사람이 저를 돌봐주는 것을 바라지 않습니다. 학교에 너무 오래 있는 것도 싫고 엄마가 더 늦게 와도 된다고 생각하는 것도 싫습니다. 엄마의 회사에서는 이제 늘봄교실이 있으니까 일찍 보내주지 않아도 된다고 생각할 것 같습니다. 저는 엄마가 회사에서 빨리 마치고 오면 좋겠습니다. 저를 돌봐주는 사람이 엄마, 아빠면 너무 좋겠습니다. 다른 사람 말고 엄마 아빠가 저를 돌볼 수 있도록 회사에서 엄마 아빠를 집으로 일찍 보내주면 좋겠습니다. 늘봄학교 말고요."

필자는 공교육기관으로서 국가가 학교에 부여한 보육으로서의 역할을 도외시하고 싶지는 않다. 다만, 교육기관인 학교에 보육의 역할이 강조되면 될수록 정규 교육과정은 흔들릴 수밖에 없고 부모와 아이가 자주 소통하고 교감할 수 있는 부모 보육의 역할도 약화될 수밖에 없다. 아이들에게서 부모를 떨어뜨리려 국가가 애를 쓰지 말고 부모와 자녀가 좀 더 많은 시간을 함께 지낼 수 있도록 돕는 노력이 더 절실하다. 직장의 근무시간이 3교대에서 4교대로 확대되고 보육과 근무가 함께 이루어질 수 있는 재택근무가 활성화되도록 제도를 정비해 나가야 한다. 근무조건이 개선되더라도 임금에는 영향이 미치지 않도록 동일 임금에 좋은 근무복지가 이루어질 수 있도록 국가가 계속 노력해야 한다. 국가가 학교를 통해 좋은 보육환경을 만들려고 아무리 노력해도 부모만큼의 교육적인 보육을 만들어 내는 역할에는 분명한 한계가 있기 때문이다. '부모들은 열심히 일만 하라 자녀는 국가가 대신 키워줄 테니'가 아니라 '부모들이 가정에서 자녀를 잘 양육하고 보육할 수 있도록 국가가 최선을 다해 돕겠다'가 되어야 한다.

미래교육을
진정으로 잘 대비하자

　　교육은 오랜 역사가 증명하듯 처절할 정도로 정치에 예속되어 왔다. 한국처럼 출신대학 졸업장이 계층 상승의 도구로 사용되어 교육열이 과열된 나라에서는 더더욱 정치에 예속될 수밖에 없다. 대학입시가 자녀의 삶과 생존에 직결된다고 믿는 대다수 학부모들의 심리를 외면하고서 정치인들이 선거에서 표를 획득하기란 쉽지 않았을 것이다. 이 때문에 학교는 표계산을 하는 정치인들의 실험장이 되었을지 모른다. 교사가 교원평가를 통해 학부모들로부터 평가의 대상이 되고 대단한 청렴을 겸비해야하는 도덕적 대상화가 되어 교권의 추락을 불러일으킨 시작은 학부모들의 표를 의식한 정치적인들의 교육정책에서 기인했을 가능성도 크다. 문제는 이러한 실험성 정책들에 대해 학교의 구성원들이 곪아서 터지기 직전에 반발해서 한목소리로 들고 일어나기까지 권력에 맞서서 브레이크를 잡아주는 곳이 없다는 것이다.

　　코로나19가 불러온 교육생태계의 변화는 마치 광풍과도 같았다.
　　등교하지 않는 학생들의 학력을 어떻게 보장해 줄 수 있느냐의 요구부터 왜 교육청은 온라인 교육환경을 구축하지 않았느냐는 정치인들의 질타로 교육부와 전국시도교육청이 경쟁하듯 온라인 수업과 에듀테크 시스템 구축에 몰입했다. 교육플랫폼을 일원화해서 구축하고 학생들에게는 기기를 보급했다. 덕분에 실제 코로나 기간에 등교하지 못한 학생들을 원격수업을 통해 간접적으로나마 만날 수 있었고 100퍼센트 손 놓고 교육 공백을 만들지는 않았다. 등교 수업이 시작되고서도 각자의 단말기가 있으니 이를 활용하여 다양하게 수업을 전개하는 교사들도 많이 있었다. 그러나 장점이 있었던 반면 현장에서는 적지 않은 질타와 불만이 제기되었다.

첫째는 시스템을 구축하는데 막대한 예산이 들었는데도 미래교육은 예측이 불확실하다는 점이다.

미래의 에듀테크 교육환경은 MS사, 애플, 구글, 네이버나 카카오와 같은 대기업에 공교육기관이 맞설 수가 없다. 데이터의 양이나 접근의 편리함, 제한의 범위 등의 문제로 인해 공교육기관에서 막대한 예산을 들여 추진했던 이전의 학습플랫폼과 평가시스템도 이미 사교육업체와 대형학원들에 잠식된 게 현실이다. 왜 이렇게 되어 버릴까?

교육청에 근무하는 공무원과 교원들은 늘 근무지를 옮겨 다니는 떠돌이 생활을 해야 한다. 지금 수행하고 있는 업무가 평생 나의 업무가 되지 않는다. 학교는 더 마찬가지다. 근무지를 옮겨서 다른 업무를 한다고 해서 월급이 깎이거나 승진에 영향을 끼치지도 않는다. 정권이 바뀌거나 교육감이 바뀌면 이전 교육정책들은 폐기되는 사례가 흔하디 흔하다. 그래서 적당히 맞추는 시늉만 하다가 세월이 가기를 기다리는 관료들이 널려있다고 봐야 한다. 그렇게 시간이 지나고 좀 더 좋은 곳으로 더 편한 보

학교 외부자들을 위한 제언

직으로 옮길 수만 있다면 대성공인 것이다. 이러하니 평생 한 직장에서 한 우물을 파면서 생존에 직면해 있는 사교육업체와 전문 에듀테크업체 직원들을 공공기관의 인력들이 경쟁해서 이길 수 있겠는가? 그럼에도 불구하고 잘못된 방향에 누구든지 직언을 하는데 망설여지는 이유는 미래의 에듀테크는 여전히 예측 불가능하고 잘못 총대를 메다가 자칫 미래를 대비하지 못했다는 화살을 맞을 수도 있기 때문이다. 예산이 많이 나간다는 걱정과 투자 대비 교육적 효과가 크지 않다는 지적은 일리가 있다고 본다.

둘째는 교사업무가 가중되었다는 점이다.

전 학생을 대상으로 단말기를 지급하였고 그에 따라 모든 학생이 계정을 가지게 되었다. 교사는 학생 계정을 관리해야 했고, 자기 아이디와 패스워드를 기억하지 못하는 학생들에게 할애하는 시간이 폭발적으로 늘어났다. 일상적인 교실에서의 업무 이외에도 학년이 바뀌면 해야 하는 일도, 고장 수리를 접수하는 일도 교육청에서 많은 지원대책을 마련했음에도 불구하고 관련된 교사 업무가 전혀 없다고도 할 수 없었다. 전체적으로 프로그램을 깔아야 할 때는 시간이 너무 많이 걸려서 수업을 할 수 없다는 불평도 많았다. 이런 관리를 해 주어야 하는 교사들은 일반 대기업의 시스템과 비교해서 더 답답하고 이해할 수 없는 것이다.

AI 기술에 대한 이해와 활용 능력은 미래를 준비하는 학생들에게 꼭 필요한 역량이다. 그러나 우리 아이들이 만날 미래에 디지털 기술, 인공지능 따위만 기다리고 있는 것은 아니며 혁신과 기술만이 미래 아이들이 잘 살아낼 역량이 아니다.

학교는 사람의 마음을 교육하는 곳이지 전문테크닉을 가르치는 곳이 아니다. 기업이 요구하는 전문테크닉은 기술고등학교나 대학에서 습득하면 된다. 학교에서 지향해야 할 학력의 개념을 '점수'라고 믿는 사람들은 코로나 이후 기초학력의 저하가 매우 크다고 걱정을 하지만 현장에서 아이들을 만나는 교사들이 체감하기에는 인성 결핍 양상이 훨씬 더 컸다. 코로나로 멈춘 학교에서 가장 문제가 되는 하나를 꼽으라면 '점수'가 아니라 '관계'임에도 불구하고 교육 당국은 언제 다시 닥쳐올지 모르는 제2의 코로나를 대비하기 위해 미래교육이라는 명목으로 여전히 온라인 학습과 에듀테크 시스템 구축에 열을 올리는 상황이다. 그로 인해 현장의 교사들은 또다시 새로운 업무를 받아들게 된 것이다. 학생 하나하나를 등록하고 아이디와 비번을 관리하고 온라인상에서 또다른 학급을 관리하는 일이 생긴 것이다.

진정으로 미래를 대비하는 교육은 지금의 학교를 잘 살아내는 것이라고 나는 생각한다. 사실 지금을 잘 살아내는 것도 학교는 많이 벅차다. 교권의 추락과 임용절벽으로 교대의 입시경쟁률도 떨어져 교사의 자질마저 담보할 수 없는 것만 봐도 학교가 처한 현실이 얼마나 위기인지 알 수가 있다. 이런 현실에서 인구소멸로 위기에 처한 학교를 살려야 하고, 교원의 업무도 경감해야 하고, 교권도 확립해야 하고, 개인화되고 파편화되어 점점 이기적으로 변하고 있는 학생들과 학교의 구성원들을 서로 배려하고 소통하고 협력할 수 있는 조직으로도 바꾸어 내야 한다. 코로나로 결핍되었던 다양한 분야의 학력도 올려야 하고 인간 관계성도 빨리 회복시켜야 한다.

우리는 안정적인 미래와 불안정적인 미래를 동시에 상상하고 대비해야 한다. 챗GPT의 수업 활용, AI디지털 교과서 등 새로운 것을 숨가쁘게

학교 외부자들을 위한 제언

받아들이느라고 놓치는 것이 무엇인지 면밀하게 살펴야 한다. 속도와 경쟁에 집중하는 동안 다른 쪽에서 중요한 빈틈이 점점 커져 큰 일이 생기기 전에 대비해야 한다. 학교는 오프라인 교육의 최대한 장점을 살려서 AI가 절대로 성장시켜 줄 수 없는 분야와 역량에 집중해야 한다.

인간만이 진실로 추구할 수 있는 역량, 정의로움과 따뜻함, 사랑과 배려로 소통할 수 있는 존중의 역량을 길러주는 것, 어려움을 이겨내고 다시 일어설 수 있도록 하는 마음 탄력성, 그것이 진정으로 미래를 대비하는 공교육기관으로서 학교의 역할이다.

연수계의 허당, 원격연수

교사들은 연수를 통해 전문성은 물론 교양까지 두루 갖추어 학생들에게 질 높은 교육을 제공하고 있다. 교사들이 받는 연수에는 법정의무연수가 있고 업무 관련 연수, 그 외 필요에 의해 듣는 자율적인 연수가 있다.

운영 형태에 따라서는 집합연수와 원격연수가 있는데 코로나19를 거치면서 원격연수의 비중이 전폭적으로 증가했다. 이전에 집합 연수로 운영되었던 연수까지 웬만한 연수는 원격으로 진행된다. 이에 대한 교사들의 만족도는 매우 높다. 집합 연수의 최대 단점인 이동의 수고와 시간을 절약할 수 있고 다양한 연수 중에서 골라서 필요한 것을 들을 수 있기 때문이다.

교사들이 해마다 의무적으로 들어야 하는 법정의무연수는 17개나 된다. 이전에는 의무적으로 들어야 하는 연수를 담당교사가 안내를 했지만 이를 놓치는 경우도 생기고 각 사이트마다 찾아서 수강하는 것이 불편했는데 요즘은 연수원에서 꾸러미로 구성하여 운영하고 있어서 한번 신청하면 법정의무연수는 모두 수강할 수 있다. 그래서 어차피 들어야 하

학교 외부자들을 위한 제언

는 법정의무연수를 꾸러미로 묶어놓아 이수하기 편리하다는 반응이다. 이들 꾸러미에는 아동학대, 장애인식개선, 부패방지, 4대 폭력 예방연수, 학습부진 학습능력 향상, 다문화 이해 등이 포함되어 있다.

집합연수보다 원격연수가 활성화된 데는 몇 가지 명백한 이유가 있다. 시간과 장소에 구애받지 않고 언제 어디서나 마음만 먹으면 연수를 들을 수 있다. 수업을 마치고 연수 장소에 모이지 않아도 되고 퇴근 후에도 개인적으로 얼마든지 연수를 들을 수 있다. 또 개인적으로 필요한 콘텐츠를 마음껏 고를 수 있을 만큼 다양한 연수가 개설되어 있다. 집합 연수에 비해 매우 자유롭게 선택을 할 수 있다는 장점이 크다. 또한 원격 연수는 집합연수에 비해 비용이 매우 저렴하게 운영된다. 최근에는 교육청에서 원격연수기관에 의뢰를 하여 개인이 비용을 지불하지 않고 전국구 수준의 강사가 개설한 연수를 들을 수 있다.

그런데 이렇게 장점이 많은 원격연수가 허당인 경우가 많다.

교사가 꼭 들어야 하는 법정의무연수를 포함하여 스스로 선택한 직무연수도 꼼수를 부려 연수를 이수하는 경우가 허다하다. 왜냐하면 교사가 듣는 직무연수는 주로 성과급 산정기준에 포함되어 있는 경우가 많기 때문이다. 그러다 보니 일반적으로 일 년에 60시간 정도는 이수해야 하는 것으로 인식이 된다. 법정의무연수 이외에 몇 개의 연수를 더 해야 60시간을 채울 수 있다. 꼭 필요하거나 듣고 싶어서 듣는 경우는 집중해서 잘 듣겠지만 그렇지 않은 경우는 연수를 형식적으로 이수하는 대표적인 두 가지의 사례가 있다.

첫 번째는 연수를 켜 놓고 다른 일을 하는 경우이다. 연수 프로그램은 재생되고 있지만 교사는 내용을 듣지 않는다.

두 번째는 화면을 빨리 감거나 다음 화면으로 바로바로 전환하는 경우이다. 교육청에서 운영하는 연수는 모두 재생되지 않으면 다음 화면으로 전환할 수 없도록 되어 있지만 사설 기관의 원격연수는 화면을 전환하는 것이 자유롭다. 그러다보니 30시간짜리 연수도 30분 만에 금방 이수할 수 있는 것이다.

교사들의 시간은 물론 막대한 예산이 소진되는 이런 형태의 원격연수 운영 방법은 재고되어야 한다고 생각한다. 앞에서도 언급했지만 자기 계발을 위한 연수도 매우 필요하고 여러 가지 불편을 해소하는 원격연수의 형태로 운영하는 방법에도 동의하지만 지금의 원격연수 운영 형태는 개선이 시급하다.

첫째, 교사가 의무적으로 들어야 하는 연수 시간을 축소해야 한다. 원격연수 60시간, 120시간으로 교사의 성장 노력을 증명할 수 없다. 시간을 채워야 하는 연수는 사설 원격연수 기관의 배만 채워줄 뿐이다. 둘째, 매우 중요한 연수는 집합연수나 쌍방향 연수로 운영해야 한다. 정말로 필요하다고 생각하는 연수라면 제대로 해야 한다. 집합연수라고, 조금 불편하다고 모두 나쁜 것은 아니다. 교사의 자기개발과 성장에 제대로 된 연수만큼 영향을 미치는 것이 없다. 어차피 해야 하고 잘못된 것을 알고 있다면 제대로 개선하고 고쳐나가자.

교권회복을 위한 몇 가지 제안

교권추락의 원인

스승의 날이 있는 5월에야 볼 수 있었던 교권침해 관련 뉴스를 요즘은 시기와 관계없이 볼 수 있다. 수업하는 교사를 드러누워서 촬영을 한 학생에 대한 뉴스, 교사가 학생들 앞에서 울면서 사과문을 읽었다는 기사와 학부모가 수업하는 교사의 멱살을 잡고 교무실로 끌고 갔다는 뉴스다. 교권 침해 사례가 빈번하게 일어나고 고통 속에서 선생님들이 극단적 선택을 하는 사례가 속출하면서 교사들의 연대가 전국적으로 확대되었다. 국민들은 교권추락을 학습권의 침해를 넘어 공교육의 붕괴라는 사회문제로 인식하기 시작했다.

이미 오래전에 교권 보호를 위해 학교마다 교권보호위원회를 구성할 의무가 생겼고 교원지위법으로 교육활동을 하는 교원을 보호하는 법이 있지만 무용지물에 그치고 있다. 교원지위법에서는 '교권 보호', '교권 침해'가 아니라 '교육활동 보호', '교육활동 침해'라고 한다. 교원에 대한 침해행위로부터 수업을 하는 교사가 보호받지 못하여 학생의 교육활동이 보호받지 못하는 것을 방지하기 위해 교권 침해 대신 교육활동 침해라고 하는 것이다.

일부에서 교권을 학생, 학부모의 권익과 상충되는 개념으로 여기고 교권남용을 이유로 반대하기도 했다. 교원지위법이 있음에도 불구하고 교육활동 침해 사례는 줄어들지 않고 있다. 사교육 시장에 이존하는 교육환경으로 공교육이 주변화 되어 학교의 권위가 떨어졌기 때문이라고 원인을 진단하는 이들도 있다. 그러나 이것은 단편적인 이유일 뿐 충분한 이유로는 옹색하기 그지없는 변명이다. 교권침해가 증가하는 근본적인 원인은 그동안 교권이 침해될 때 교사가 맞설 수 있는 조치가 법적으로 보장되지 않았기 때문이다. 교권침해행위를 제지할 명확한 대응 방법과 법적 기준이 없어 자칫하다간 교사가 아동학대 신고를 당할 위험에 더 노출되어 있었다. 학생이나 학부모의 잘못을 지적하다가 아동학대나 명예훼손으로 역고소를 당하는 경우도 빈번하게 발생하고 있고 서이초 선생님의 사건 이후, 연달아 폭로된 일련의 사건들을 통해 교육계는 그동안 '곪을 대로 곪아서 터질 것이 터졌다'며 교권침해를 넘어 교육계 전체가 교사의 생존권마저 위협한다며 한목소리를 내고 있다. 도대체 무엇이 선생님들의 생존권마저 위협했고 악법을 고치자고 선생님들이 전국적으로 연대하게 만들었는가?

첫째, 아동학대처벌법의 학교 진입이다.

아동학대처벌법이 학교로 들어오면서 학교가 소송의 장으로 변하기 시작했다. 학교 소송 전문변호사가 생기고 변호사들이 학교 때문에 밥벌이를 한다는 말이 돌 정도로 학교는 교사와 학부모 간의 소송의 장으로 변했다. 코로나 시기를 거치면서 배려와 협력을 배우지 못한 아이들로 인해 교사는 교권침해를 당했다고 주장하면 학부모는 교사를 아동학

학교 외부자들을 위한 제언

대로 신고하는 일이 증가했다. 문제는 교권침해 행위에 대해서는 학교에서 교권보호위원회의 결정이 나올 때까지 가해자에게 어떤 제재도 가할 수 없는 반면, 아동학대 행위로 교사가 신고당하면 즉시 분리 조치가 이루어져 학생들을 가르치지 못하게 되었다. 또한 교육공무원법이 개정되면서 직위해제 대상에 '아동학대 행위로 인해 수사 기관의 수사를 받는 자'도 포함되면서 정당한 훈육 행위마저 위축받게 되었다. 교육공무원법 제44조의2에 따르면 직위해제는 징벌적 징계와는 그 성질을 달리하나 직위해제 처분을 받는 것만으로도 승급과 보수 등에 있어서 불이익 처분을 받기 때문에 사실상 생존권 위협과 진배없다.

둘째, 교권추락, 신고의 남발, 반복적 악성민원 등으로부터 교사를 지켜줄 마땅한 장치가 작동하지 않았다.

수업행위를 방해하거나 다수 학생들의 수업권을 침해하는 학생에게 주의나 경고 외에 달리 제재를 가할 수 있는 방법이 없다. 정당한 훈육 행위임에도 불구하고 교사가 정서적 아동학대로 신고를 당하면 분리조치 이전에 중재할 장치나 아동학대 여부를 판단해 줄 장치, 교육청 차원에서 법률상담 및 소송비 지원 등의 선제적 장치가 부재하다는 것이다. 단일화된 민원창구가 없어서 교육활동 상담이라는 미명하에 교사들은 학부모의 갑질성 민원과 횡포에 그대로 노출되어 있었다. 교실의 문제는 교실에서 알아서 해결해야 한다는 교직문화와 교사를 도와주고 지원해 줄 관리자의 무의미한 존재와 역할, 악성 민원을 걸러내고 교사를 지원해 줄 학부모회의 역할부재 등 교사를 지켜줄 마땅한 장치가 학교에는 없었다.

대표적인 교권침해 사례

제대로 된 돌봄과 사랑과 보육도 받지 못한 가슴 아픈 아이가 있다. 부모의 거듭된 이혼과 재혼으로 배다른 여동생과 함께 학교를 다니던 3학년 ○○이는 분노조절장애가 심해서 학급에서 교사가 통제하기 불가능한 아이로 소문이 나 있었다. 누구도 담임을 신청하지도 않았고 서로 맡지 않으려고 했다. 문제는 코로나19로 학교와 가정에서 제대로 된 교육과 보육을 경험하지 못한 아이들로 인해 해가 갈수록 심각한 문제행동을 보이는 아이들이 증가하고 있다는 것이다. 다음의 실제 사례들은 인근 학교의 선생님들에게서 내가 직접 들은 이야기로 학교현장에서 수업방해와 교권침해 발생시 교사가 피부로 체감하는 현실과 지원에 대한 감정을 솔직하게 보여준다.

사례1

수업시간에 다른 친구의 수업을 방해하는 행동을 서슴치 않는 아이가 있었어요. 툭하면 기분 나쁘다고 연필로 친구의 손등을 찍는다거나 화가 나면 책상을 엎어버리고 소리를 지르는 아이였습니다. 이 상황에서 담임인 내가 고작 할 수 있는 일이라고는 동학년의 남자선생님을 불러 도움을 요청하는 것 외에 별다른 방법이 없었습니다. 무엇보다 아동학대 신고를 최대한 조심해야 했어요. 아이를 향해 소리를 지르거나 힘으로 제지하려고 붙잡거나 할 수도 없었습니다. 잘못하면 아동학대에 걸려 고초를 당할 위험이 늘 도사리고 있기 때문입니다. 그때는 아무도 저를 지켜주지 않잖아요?

사례2

아이는 자신의 기분과 감정대로 행동을 했습니다. 툭하면 친구들을 건드리고 때려서 '제발 친구들을 때리지 말고 차라리 선생님을 때려라'고 말할 수밖에 없었습니다. 다른 아이들을 지키기 위한 방법이기도 했지만 그것보다는 애들을 때려서 학교폭력으로 가면 가해자와 피해자 의견도 들어야 되고 사안조사도 해야 되고 무엇보다 학부모들 민원까지 내가 홀로 감당해야 하는 복잡한 상황을 겪게 됩니다. 교권침해만 내가 참아내면 내 손에서 해결이 되니까 그렇게 버티려고 노력했습니다.

사례3

하루 이틀도 아니고 감당이 안 되었어요. 한계치까지 와서야 교무실에 내려가서 교감선생님께 도움을 요청했습니다. 이 아이를 제가 혼자서 감당하기는 너무 벅찹니다. 학교차원에서 지원을 해 줄 수 있는 방안이 없나 물었더니 '교장선생님께 말씀드려보겠다. 우리 학교에 힘든 아이가 한 두 명이 아니다. 그래도 부장회의 안건으로 올려보겠다'는 답변이 돌아왔습니다. 거듭된 도움 요청 끝에 교장, 교감, 상담교사, 부장교사, 옆 반 선생님까지 함께 모여 교장실에서 머리를 맞대고 의논을 했지만 돌아온 해결책은 결국 '담임의 몫이다'였습니다. '어쩌겠나, 1년간 담임이 감당해라. 그러면서 웃어라. 웃고 버텨라. 그래야 산다.' 그리고 일주일이 지나고 한 달이 지나도 나는 별다른 도움을 받지 못했습니다.

사례4

학교는 교실의 위기상황에서 지원여력이 없어서 교육지원청의 학교 통합지원센터에 도움을 요청했습니다. 컨설팅이랍시고 찾아와서 심리치료 지원방법과 위로만 잔뜩 해주고 갔습니다. 즉각적인 지원방법을 지원청도 뚜렷하게 제시하지 못했어요. 교실은 수업방해가 일어나지 않도록 교권침해방지를 위한 인력지원과 문제학생의 행동코칭이 필요한데도 불구하고 선생님의 정신과 진료비, 상담비, 힐링연수 등 교사 심리치료지원에만 교육청의 지원이 국한되어 있다는거죠. 사전 예방보다는 사후처리에만 예산과 지원이 몰려있다는 생각을 지울 수가 없었습니다.

앞의 사례에서 보여주듯이 악성민원과 수업방해에 대한 1차적인 조치를 교사의 책임으로 몰아가는 구조는 학교에서 일어나는 보편적인 현상이다. 교사 개인의 역량과 책임으로 돌리는 학교의 문화는 교권회복과 학습권보장을 위한 교사지원 시스템을 만드는 걸림돌이기도 하다.

교권침해와 수업방해는 사안이 일어나지 않도록 하는 예방과 사안 발생시 즉각적인 지원 방법이 더 중요한 과제임에도 불구하고 사후 심리치료 지원에만 예산이 편중되어 있는 것 또한 현실이다. 무엇보다 교권추락, 수업 방해, 반복적 악성민원 등으로부터 교사를 지켜줄 장치가 그동안 작동하지 않는다. 수업행위를 방해하거나 다수 학생들의 수업권을 침해하는 학생에게 주의나 경고 외에 달리 제재를 가할 방법이 없다. 오히려 정당한 훈육 행위임에도 불구하고 교사가 정서적 아동학대로 신고를 당하면 아동학대 여부를 판단해 줄 장치나 교육청 차원에서의 법률상담

학교 외부자들을 위한 제언

및 소송비 지원 등 선제적 장치도 없다.

　단일화 된 민원창구가 없어서 교육활동 상담이라는 미명하에 교사들은 학부모의 갑질 민원과 횡포에 그대로 노출되어 있었다. 교실의 문제는 교실에서 알아서 해결해야 한다는 교직문화와 교사를 도와주고 지원해 줄 관리자의 무의미한 존재와 역할, 악성 민원을 걸러내고 교사를 지원해 줄 학부모회의 역할부재로 누구도 교사를 지켜주지 못했다. 어떻게보면 서이초 사건은 곪을 대로 곪아서 교육의 상처가 언제 터질지 모르는 시한폭탄의 핀이었던 것 같다.

교권보호와 건강한 교육공동체를 위하여

　현재 교권을 확립하기 위하여 교육부에서 논의되고 있는 대부분의 정책이 교사와 학부모의 소통구조를 차단하는데 중점을 두고 있다. 그러나 악성 민원을 일으키는 소수의 학부모로부터 교사를 지키고자 학교와의 소통창구 자체를 막는 것은 빈대 몇 마리 잡으려다 초가삼간을 다 태우는 격이 될 것이다. 얼마 전 '내 새끼 지상주의'가 한국 사회에 만연해져 있다는 기사를 보았다. 이것을 잘 들여다보면 학부모는 자녀의 학교생활을 결코 등한시할 수 없다는 결론에 도달하게 된다. 소통구조를 막는 것은 자녀의 학교교육에 대한 관심을 끄라는 말과 같다. 결국 학부모는 하교 후 자녀와의 대화(대부분 본인이 유리한 쪽으로 해석)에 교육정보를 의존할 수밖에 없고 잘못된 정보에 의해 자녀가 교실에서 불이익을 받고 있다고 판단되면 자녀의 가방에 녹음기를 날마다 넣어서 등교를 시킬 것이다. 결국 학교는 걷잡을 수 없는 소송의 장으로 변할 것이다. 그렇다고 악성 민원 학부모가 흙탕물을 일으켜 교육을 망치는 것도 두고 볼 수 없다. 학교는 학부모와의 소통이 원활하게 이루어질 수 있는 장치를 마련함과 동시에 교권침해나 악성 민원으로부터 교사를 보호할 수 있는 제도적 장치도 함께 마련해야 한다. 그러기 위해서는 다음과 같은 몇 가지의 제도가 우선적으로 정착될 필요가 있다.

첫째, 교육활동을 보호하고 책임져줄 훌륭한 학교장의 양성이 절실히 필요하다. 교권침해에 대한 즉각적인 관리자의 지원이 가능하도록 하는 시스템과 장치도 중요하지만 그것도 학교장이 영혼을 가지고 접근을 하느냐, 형식적으로 흉내만 내느냐의 차이는 실로 엄청나다. 장치와 시스템이 없어도 학교장의 마인드에 따라서 교사가 교실에서 느끼는 지원 체감은 확연한 차이로 다가온다. 따라서 결국에는 시스템보다 사람이 먼저이고 그런 지원 마인드를 가진 학교장의 양성은 교권침해와 수업방해의 중요한 해결요인으로 작용할 수 있다.

둘째, 악성 민원으로부터 선생님을 보호할 수 있는 교무실 중심의 민원창구를 마련함과 동시에 통상 교감선생님들이 하고 있는 행정업무(채용, 계약, 호봉획정)를 교육지원청으로 이관하여 교감이 학부모 민원 처리에 더 집중할 수 있는 여건을 조성해 주어야 한다.

셋째, 교사의 지속적인 행정업무 경감이다. 선생님들이 오로지 수업과 생활지도에 충실할 수 있는 여건을 제공하여 교사의 교육활동에 대한 학부모의 믿음과 신뢰를 회복하는 것도 중요한 해결 방법이다. 이를 바탕으로 교사와 학부모와의 정기적인 소통창구를 확보하여 교육활동에 대한 신뢰를 상호 형성시켜 나가야 한다.

넷째, 수업 중 교권침해 학생이나 수업방해 학생에 대한 지도와 담임교사 지원을 위한 교실지원 인력의 증원이 즉시 증대되어야 한다. 무엇보다 다른 학생들의 학습권 침해가 심각하게 우려되는 경우 즉각적인 분

학교 외부자들을 위한 제언

리조치와 훈육이 동시에 이루어질 수 있는 인력의 증원이 선결과제이다.

교육공동체가 합심하여 함께 마음을 모으고 서로를 신뢰하고 존중할 때 학생들의 바른 성장과 민주 시민의식 함양을 도모할 수 있다. 교사와 학부모가 서로를 바라보고 이해할 수 있는 작은 소통의 창구 하나는 열려있어야 한다. 소통의 창구가 막히면 보이지 않는 담벼락 너머로 불신과 비난, 감시와 원망은 더 일어날 것이고 그 피해는 결국 우리 아이들이 보게 될 것이다. 그 소통창구를 어떻게 만드느냐에 대한 고민이 필요한 시점이다.

4부

학교 내부자들을 위한 제언

교장만 왜 3월 2일에
혼자 부임할까?

학교는 2월이 되면 학년말 정리와 인사이동으로 분주해진다. 과거에는 인사이동이 발표되면 전임지의 관리자 또는 동료들이 신임지 부임 인사에 동행하기도 했다. 최근에는 2월 말의 풍경이 대폭 바뀌었다. 부임 인사의 개념이 아니라 새학년준비 워크숍에 참석하라는 연락을 받는다. 새학년준비 워크숍에서 새로 근무할 학교에 대해 알고 일 년의 교육계획을 수립하는데 참여한다.

대한민국 학교가 거기서 거기라고 생각하겠지만 학교를 옮겨보면 그 낯설음이 상당히 크다. 미미하게 다른 학교의 구조, 낯선 사람들, 심지어는 복사기조차 내 말을 듣지 않는다. 그런 엉성한 시간을 새학년준비 워크숍이 일정 부분 해소해주는 역할을 하기도 한다.

새학년준비 워크숍은 이제 교육과정에서 필수 절차가 되었다. 그런데 그 워크숍 장면에 교장이 없는 경우가 허다하다. 3월 1일자로 교장이 바뀌는 학교가 그렇다. 기존의 교장은 학교를 떠날 사람이라 계속 있을 교직원들이 협의를 하라고 한다. 그렇다면 새 학기부터 근무할 교장이 워크숍에 참여해야하는데 새 교장은 새학년준비 워크숍에 참여하지 않는다.

교장이 바뀌면 학교의 경영목표나 기존의 교육과정이 흔들리지 않을까 남아있는 구성원들의 걱정은 배가 된다. 그래서 새 교장이 부임하기 전에 교감이나 교무부장, 연구부장이 기존의 교육계획서를 들고 전화를 하거나 새 교장을 찾아가 적당한 선에서 타협을 해서 오는 게 관례처럼 되어 있다.

교장은 왜 새학년준비 워크숍에 참여하지 않을까? 교장은 왜 미리 부임을 하지 않는 것일까?

필자가 모셨던 교장들과 선후배교장들을 면담해볼 결과 대개 다음과 같은 세 가지의 이유가 있었다.

첫째, 현재 교장이 교장실을 비워주지도 않았는데 부임을 하는 건 예의가 아니다.

둘째, 구체적인 교육활동은 교사들이 협의할 일이다.

셋째, 부임 6개월은 관여하지 않고 조용히 있는 것이 관례이니 하던 대로 하도록 둔다.

이런 이유로 교장은 미리 발령받은 새학교 워크숍에 참석하지 않고 3월 2일에 교직원의 축하를 받으며 부임하는 것을 당연한 것처럼 여긴다.

'교장과 교사는 엄연히 그 입장이 다를 것이다'라는 것을 전제로 하고 다시 생각해 보아도 다음과 같은 의문이 해소되지 않는다.

첫째, 교사에게는 왜 예의에 맞지 않게 전임자가 교실을 비워주지도 않았는데 새임지로 가서 워크숍을 하고 교육과정을 논하게 하는가?

둘째, 학교의 최고 경영자는 학교의 비전이 어떻게 구현되는지 몰라도 되는가?

셋째, 교사도 아이들에게 6개월은 소극적으로 교육해도 된다는 말인가?

3월 2일 교장 부임이 그동안의 관행이었다면 이제는 그 관행을 한 번쯤 의심해 보기를 권한다. 학교 홈페이지에 새학년준비 워크숍이 공지되면 교장은 누구보다 먼저 부임해서 새 식구를 맞이하고 워크숍에 함께 참여하는 것이 3월부터 교육과정의 정상적인 운영측면에서도 맞지 않을까?

학교 내부자들을 위한 제언

학교 홍보기사의 첫 줄

'재주는 곰이 부리고 돈은 왕서방이 번다'는 장면이 학교에도 있다. 물론 경제적 이득을 말하는 것은 아니다. 공을 들인 사람과 치사를 듣는 사람이 다르다는 것을 두고 하는 말이다.

지역교육청 홈페이지의 학교 소식란은 학교에서 홍보할 내용이 있을 때 기사문으로 작성하여 올리는 공간이다. 많은 학교가 교육활동 중 자랑할 만한 것을 정리하여 홍보를 하고 있으며 다양하고 참신한 활동들은 다른 학교가 벤치마킹하기도 좋다. 그런데 이곳에서 볼 수 있는 홍보 기사의 형태는 참신하지 못하고 대동소이하다. '○○초등학교(교장 ○○○)는 △월 △일(△) 꿈·끼 주간을 맞아 전교생을 대상으로 ~~~~교육을 실시하였다'와 같은 문장으로 시작된다. 신문기사의 특성상 육하원칙에 따라 쓰니 비슷한 것은 당연할 수도 있다. 하지만 이런 기사를 볼 때마다 드는 궁금증이 있다. 왜 교장의 이름을 밝히는가?

학교 홍보기사의 모든 시작은 그 학교의 교장이 누구인지 밝히고, 대부분 교장의 인터뷰로 마무리가 된다. 사실 교장은 이러한 교육활동에 관여한 바도 거의 없고 직접 학생을 지도한 교사보다 내용을 잘 알지 못해 인터뷰도 잘 할 수가 없다. 교육활동의 취지가 무엇인지, 특히 중점을 둔 점은 무엇인지, 학생들에게 어떤 교육적 효과를 기대했는지 등은 교육활동을 추진했거나 직접 참여한 교사가 훨씬 잘 알 것이다. 그런데도 불구하고 홍보의 시작은 ○○초등학교(교장○○○)으로 시작해서 교사가 작문한 교장의 인터뷰로 홍보 기사는 마무리가 되며 교사의 인터뷰나 이름을 찾아보기 어렵다. 그 이유는 간단하다. 그 일을 추진한 교사가 홍보 기사도 쓰기 때문이다. 중이 제 머리 못 깎듯 교장의 이름을 빌어 활동의 내용을 정리하는 것이다. 그리고 말미에 문의 사항이 있을 때 연락하라는 부분에 교사의 이름을 남긴다. 끝까지 책임을 지는 것이다.

교육감선거가 직선제로 바뀐 이후 도내 학교에서 일어나는 모든 홍보는 교육감과 지역 교육장, 학교장의 치적으로 둔갑한다. 특히 방송이나 신문에 소식이 나가면 그 홍보의 효과는 상상을 초월한다. 그렇다고 해서 내가 학교 홍보활동을 반대하는 것은 절대 아니다. 오히려 학교의 교육활동을 널리 홍보하는데 적극 동의한다. 문제는 이러한 어떤 교육실적과 교육효과의 홍보에 교사는 들러리가 될 뿐 절대 주인공으로 서지 못한다는 점이다. 다른 측면에서 보면 교장의 치적을 알리기 위해 교사가 동원되는 모양새다.

사실 일선학교에서 교사는 학교홍보를 기피하고 작문에 스트레스를 받는다. 큰일을 치르고 한 숨 돌리려는데 아직 홍보기사 작성이 남아있다. 홍보기사의 작성 요구는 학교마다 관리자의 요구에 따라 천차만별이기는 하다. 그러나 수가 많건 적건 기사의 시작과 흐름은 같다.

교육활동을 추진한 교사는 어디로 갔는가? 홍보 기사의 첫 줄을 다음과 같이 바꾸는 것이 어떨까? '○○초등학교는 △월 △일(△) 꿈·끼 주간을 맞아 전교생을 대상으로 ○○교육(지도교사 ○○○)을 실시하였다.'

홍보는 하고 싶을 때 하는 것이고, 알리고자 하면 진실 되어야 한다고 생각한다. 누군가가 억지로 등을 떠밀어서 알리라고 하니 억지가 되고 틀에 박힌 기사를 작성하게 되는 것이 아닌가?

사실 교장에게 꼭 맞는 역할은 교사들의 교육활동을 곁에서 눈여겨 보고 교사와 학생을 인터뷰하여 홍보기사를 대신 작성하는 일인 듯하다. 괄호 속에 교장의 이름 한 칸 들어가는 것보다 훨씬 보람되고 의미있지 않겠는가?

입학허가 선언

선생님들이 협의를 하여 입학식을 축제처럼 진행해 보려고 했다. 그런데 계획 단계에서부터 덜컥거렸다. 입학식은 '식'이기 때문에 최소한의 형식이 있어야 하고 그중 가장 중요한 것은 학교장이 '입학허가 선언'을 해야 한다는 것이다. 작년의 업무를 인수인계 받은 교무선생님도 수십 년 동안 입학식을 봐온 교장 선생님도 입학허가 선언을 해야 한다는 데 발목을 잡혀 새로운 형태의 입학식을 상상도 하지 못했다. 그런 이유로 입학생들을 환영하는 새로운 방식으로 진행하되 첫 식순은 학교장의 입학허가 선언이 되어야 했다.

내가 기억하는 한 학교는 해마다 입학식을 그렇게 해 왔다. 똑똑하게 보이는 신입생 한 명을 선정하여 무대 앞에 대표 학생으로 세우고 교장 선생님은 입학허가 선언을 한다.

학교 내부자들을 위한 제언

입학허가서

남자 : 45명

여자 : 44명

계 : 89명

위 어린이 모두를 의무교육에 관한

초·중등교육법 제2장 제12조에 의거 입학을 허가합니다.

20**년 3월 2일

○○초등학교장

입학식에서 입학허가서 낭독을 하는 것이 언제부터인지 자료를 찾을 수는 없었다. 하지만 반드시 해야 한다는 내용 역시 어디에도 없다.

입학식 때 학교장이 '입학 선언'을 하지 않으면 어떻게 될까? 신입생들은 입학이 되지 않는 것일까? 국가가 헌법에서 초등교육을 의무교육으로 규정하고 있고 초·중등교육법시행령 어디에도 학교장의 입학허가 선언이 있어야 입학이 가능하다는 문구를 찾을 수 없다. 다만 입학을 하지 않으면 취학을 독려하거나 살펴봐야 한다는 내용은 있다. 학교장의 입학허가 선언을 받지 못해 입학을 못하는 아이는 한 명도 없다는 것을 우리는 모두 안다. 우리나라는 행정복지센터로부터 취학통지서를 받아 입학을 하게 되기 때문이다.

입학허가 선언이 입학식에서 어떤 역할을 하는지 고민해 보아야 한다.

그리고 필요에 따라 할 수도, 하지 않을 수도 있어야 한다. 그게 뭐가 그렇게 중요한 일이라고 그것까지 없애라고 하느냐고 물을 수도 있을 것이다. 나는 입학식의 주인공을 고려하지 않는 입학식을 문제 삼는 것이다. 알아듣지도 못하는 말을 무대 앞에 나와서 들어야 하는 신입생 대표나 내표로 나가지 않고 무리에 속하여 앞에 나간 아이와 나는 무엇이 다른가를 생각하는 아이들의 마음을 생각해 본다면 입학식은, 특히 초등학교의 입학식은 더더욱 다시 생각해 보아야 한다.

그런데도 수십 년 동안 관행처럼 이어져 오는 학교장의 '입학허가 선언'이 없어지지 않으니 입학식부터 학교의 주인은 학생이 아니라 교장이라는 인식이 학생들과 학부모들에게 생기게 된다. 또한 이러한 의식적인 하나의 행위로 인해 전체 입학식 분위기가 무겁고 딱딱하게 된다. 입학허가 선언 뒤에 이어지는 초등학교 학교장의 인사말은 입학식을 더 틀 안에 가두는 느낌이다. 분명 신입생을 축하하는 인사말을 해야 하는데 1학년들은 알아듣지를 못하니 신입생 학부모들을 대상으로 학교장 인사말의 대부분을 할애한다. 어른에 의한 어른을 위한 입학식이 되어 버리는 것이다.

신입생을 환영하며
입학을 축하하며
아이들을 주인공으로 세우며
아이들이 알아들을 수 있는 말로 입학식을 진행해 보자.

입학허가 선언만 사라져도 분명 입학식의 문화는 많이 달라질 것이다.

학교 내부자들을 위한 제언

졸업앨범 그리고 추수지도

졸업앨범에서 교사들의 사진이 사라지고 있다.

학창시절의 소중한 추억을 담는 졸업앨범에 선생님들은 아예 촬영을 거부하거나 앨범에 자신의 사진이 실리는 걸 원치 않는다. 학생들의 사진은 있는데 교사의 사진이 없는 졸업앨범은 말 그대로 학생들끼리의 추억만 가득 담긴 앨범이 되고 말았다. 선생님들의 사진이 담긴 개인정보가 인터넷상에 떠돌면서 품평회를 하는 등의 교사를 모욕하는 사례가 잇따르고 있기 때문이다. 밟지 않아야 할 스승의 그림자는 사라진 지 오래고 오히려 선생님들의 얼굴을 짓밟는 시대가 되어가고 있다.

교육학을 조금이라도 공부한 이라면 누구나 다 알고 있는 용어 중에 '추수지도'라는 용어가 있다. 학생 생활지도의 기본원리 중 계속성의 원리에서 나온 것으로 재학생뿐만 아니라 휴학생, 졸업생, 퇴학생까지 주기적으로 상담하고 만나서 사회 적응이나 진로상담과 같은 생활지도가 계속적으로 이루어져야 함을 강조하는 단어이다.

10년, 20년 후 길거리에서 우연히 졸업한 제자를 스쳐 지나가도, 아니

졸업한 제자들이 마련한 식사자리에 나가서 반갑게 인사하고 추수지도를 하려 해도 선생님도 제자도 서로의 얼굴을 기억하지 못한다. 얼굴이 기억나지 않으니 이름도 가물가물하고 서로를 모르니 추수지도는 언감생심이다. 왜 이런 일이 벌어지게 되는 것일까? 개인정보보호라는 명목으로 교사의 사진을 앨범에서 찾을 수 없으니 제자는 스승의 얼굴을 기억하기 어렵다. 그래도 교사는 졸업앨범에서 아이들의 어린 시절 모습을 보면 기억할 수 있지 않을까? 앨범을 보면 기억하는데 많은 도움이 되겠지만 이제는 담임선생님은 제자들의 앨범을 갖지 못한다. 졸업을 시키는 담임교사에게 학교는 앨범을 제공할 수 없다. 교육부와 교육청은 교사가 졸업앨범을 가지고 싶다면 개인 돈으로 구입하라고 지침을 내렸다. 만일 학교 예산으로 담임교사가 졸업앨범을 추가 구매하여 개인이 소장하면 공금횡령의 죄를 물어 징계를 내리고 있다. 일반적으로 졸업앨범은 수익자 부담이다. 규모가 큰 학교의 경우 100퍼센트 수익자 부담이어서 구매 희망을 받아 앨범을 제작한다. 옛날에는 가정형편이 어려운 학생이 있으면 담임이 사비를 들여서라도 졸업앨범을 구매해서 졸업식날 손에 쥐어주는 경우가 비일비재했다. 요즘은 다행스럽게도 학교에서 학생 복지나 그 외의 항목으로 지원을 할 수 있는 길이 생겼다. 시골의 작은 학교는 학교 예산으로 학생들에게 앨범을 제공한다. 그 과정에서 학생 수보다 두세 권 더 제작할 수 있는데 학교 보관용이다. 추가 제작 권수에 6학년 담임교사에게 제공되는 것은 없다.

또 한 가지 더 중요한 사실은 졸업앨범 제작이 학교나 6학년 담임교사의 의무 사항이 아니라는 점이다. 6년 동안의 추억과 함께 다닌 친구들의 얼굴을 모아 졸업식 때 손에 쥐어주고 싶은 선생님들이 시간을 쪼개사진을 모으고 편집하고 학교운영위원회의 절차를 밟고 행정실에 계약

학교 내부자들을 위한 제언

을 부탁해가며 만들어지는 것이다. 규모가 작은 학교는 6년간의 기록을 뒤져 1학년부터 6학년까지의 모습을 앨범에 담아주기도 한다. 이런 진정성 있는 마음을 교육정책을 기획하고 만드는 이들은 읽어내지 못한다. 그렇다고 해도 교사도 학생들처럼 직접 사면 될 일 아닌가? 그 돈이 얼마나 한다고 왜 공짜로 받으려 하느냐고 반문하는 이도 있을 것이다. 맞다. 그렇게 하면 된다. 그러나 교사시절을 거쳐 온 교감의 입장에서 보면 안타깝다. 본인 사진도 졸업앨범에 싣기 싫은데 본인의 사진도 없는 졸업앨범을 선생님들이 개인 사비를 들여서까지 구매하려고 할까?

나는 교사에게 제공되는 졸업앨범은 졸업식 기념품이 아니라 교육자료로 해석한다. 감사를 하는 일반행정직 공무원들은 추수지도의 의미나 필요성을 모를 것이다. 당연히 생활지도를 해 본적이 없고 10년 후에 만나는 제자들의 얼굴을 기억해야 할 의무도 없고 얼굴을 몰라서 제자들에게 미안해했던 경험도 없으니 담임교사에게 졸업앨범이 얼마나 소중한 추수지도 자료가 되는지도 모를 것이다.

지금이라도 늦지 않았다. 졸업을 시키는 담임교사에게 학교예산을 들여서 졸업앨범을 쥐어 주어야 한다. 마음이 많이 상한 선생님들은 그마저도 이사할 때 짐만 될 뿐이라고 받지 않으려 하겠지만...

학교 외부자들

당연한 교감의 업무

『학교 내부자들』에서 당당하게 교원평가는 교사의 업무가 아니고 평가관리자인 교감의 업무라고 이야기했다. 교원평가가 도입될 때 평가관리자를 교감이 맡았는데 실무는 교무부장이나 평가담당자가 처리하는 기이한 현상이 발생했다. 아예 평가관리자 권한까지 교사에게 넘겨서 교사가 동료교사의 평가결과까지 다 볼 수 있는 결과를 초래했다. 사정이 이렇게 되자 나중에는 교원평가에 없는 직책까지 생겼다. '평가실무자'라는 직책을 만들어 교원평가를 교사의 업무로 둔갑시키는 일을 교육부에서 앞서서 만들어냈다. 전에 없던 교사의 업무가 또 하나 늘어난 것이다.

교원평가 외에 교감이 직접 담당해야 할 업무들을 교사가 대신하고 있는 것을 제보를 통해 알게 되었다. 그 중 두 가지만 언급하고자 한다.

첫째, 학교폭력예방 승진 가산점의 업무처리를 교사가 하는 곳이 있었다. 대부분의 학교에서 10년 동안이나 모아야 하는 학폭가산점 승진점수를 모든 교사들이 관심을 가지고 있지는 않지만 승진을 목표로 하는 교사들이 많이 모여있는 학교에서 이 업무를 교사가 맡았다고 가정해보

학교 내부자들을 위한 제언

자. 동료교사들을 만나 가산점 경쟁을 조율하는 것과 조율이 불가능할 때 심사를 통해 대상자를 선발하는 일은 교사를 자괴감에 빠트릴 가능성이 농후하다.

교사를 서로 경쟁하게 만들고 불신을 조장하는 일은 당연히 교감이 맡아서 조율하고 처리해야 한다. 많은 학교에서 교감이 담당하고 있지만 아직도 교무부장이나 학교폭력 담당자가 인사위원회에 가산점선정위원을 추천받아 선정위원회를 조직하고 회의를 주관하고 회의록을 만들고 가산점 기준표를 만드는 일까지 교사가 하는 곳이 있다.

최근 교사들에게 가장 힘든 일 중 하나는 학교폭력이다. 이것은 민원으로, 아동학대로, 법적분쟁으로까지 확대되기도 한다. 수업을 하는 일보다 학교폭력이 발생하면 이를 조율하고 해결하는 것에 온 에너지를 빼앗긴다. 때문에 학교폭력 업무를 교사가 담당하더라도 학폭가산점 대상자 선정업무는 교사가 해서는 안 되는 일이다. 99퍼센트의 학교에서 교감이 담당하고 있다 하더라도, 단 1퍼센트라도 교사가 담당하는 곳이 있다면 지금이라도 당장 중지시키고 교감이 맡아야 한다.

둘째, 교권보호와 관련한 업무이다.

교권보호 업무를 교사가 맡는 것은 교권침해로부터 교권을 보호받아야 될 위치에 있는 사람들이 스스로를 지키는 모양새다. 교권보호는 당연한 교감의 업무다. 왜냐하면 교권침해를 가장 잘 막을 수 있고 발생시에 잘 보호해 줄 수 있는 위치에 있기 때문이다. 교권보호 업무를 교사에게 떠넘기는 것은 교권침해에 적극적으로 개입하지 않고 발을 빼겠다는 의미로밖에 보이지 않는다. 무엇보다 교권보호 업무를 교감이 맡아야하는 가장 큰 이유는 교권보호 업무의 성격이 침해보다는 예방에 더 중점을 두고 있는 업무이기 때문이다. 교사보다는 교감의 무게감이 학부모연수에 더 크게 다가갈 수 있고 수업이 없는 교감들이 더 적극적으로 예방활동에 포커스를 두고 교권업무를 수행할 수 있기 때문이다.

셋째, 학부모회 업무이다.

학부모를 학생, 교사와 함께 교육의 3주체라고 한다. 학부모가 학생교육을 학교에만 맡기고 참여하지 않으면 교육은 제대로 이루어 질 수 없기에 교육청은 학교에 학부모회를 조직하고 교육의 주체로서 함께 참여하도록 안내하고 있다. 학부모회의 문턱을 높여서 성공한 학교교육이 없듯이 학부모회의 교육활동을 학교가 지원하는 것은 학교에서 중요한 교육활동의 한 영역이다.

문제는 이러한 학부모회 업무를 대부분 수업과 생활지도를 담당하는 교사가 맡고 있다는 것이다. 교무부장이나 전담교사가 하는 경우도 있지만 담임교사가 학부모회 업무를 맡아서 하는 경우가 많다. 이 경우도 경력이 낮거나 나이가 어리면 학부모들에게 끌려가거나 휘둘릴 수 있다는 이유로 고경력이나 나이가 많은 교사들이 학부모회 업무를 맡는다. 교사는 다양한 학생만큼 다양한 성향의 학부모들도 상대해야 하는 대표적인 감정노동의 직업이다. 자기 반 학부모도 제대로 관리하기 힘든 교사가 왜 전체 학부모회를 관리해야 하는지 의문이다. 학교의 교육활동에 적극적인 학부모회 임원들의 요구나 민원을 상대하다보면 자기 반 수업준비와 생활지도는 늘 뒷전으로 밀리기 일쑤다.

학부모회 업무를 교사가 하는 것은 매우 비효율적이기도 하다. 학부모회 업무를 맡은 교사는 결정권이 없기에 학부모들의 요구사항 하나하나

학교 내부자들을 위한 제언

를 일일이 교감과 교장에게 물어서 확인받고 처리하는 경우가 대부분이다. 교육청이나 지원청에서 학부모회 관련 공문이나 학부모 동원 연수, 녹색어머니회와 같은 학교 봉사활동, 학부모회 운영을 위한 예산 집행 등 일년내내 학부모회와 관련한 업무가 녹록치 않다. 그런데 결정권이 없으니 업무의 기획과 추진도 힘이 들고 학부모들의 요구사항도 맺고 끊지를 못하니 불만을 말하는 학부모들의 기분을 맞추어야 하고 그러다 보면 자괴감에 빠지는 경우도 부지기수다.

담임교사는 자기 반 학부모도 제대로 챙기기 힘들다. 학부모회는 교감이나 교장이 업무를 맡아서 처리하는 게 가장 빠르고 합리적인 운영이 될 수 있다. 왜냐하면 즉시적인 결정과 업무의 추진이 가능하고 학부모회 업무와 관련된 교육공동체와 구성원들의 지원과 협조도 가장 빨리 받을 수 있는 위치에 있기 때문이다. 교육과정 운영과 관련된 일이라면 교장이나 교감이 교육과정 운영을 담당하는 교사들과 의논을 하고 결과를 학부모회에 제시함으로써 쉽게 일을 결정하고 처리할 수 있다. 그리고 무엇보다 다양한 생각과 다양한 관점과 다양한 연배의 학부모들을 상대로 할 때는 교육적 철학과 소신, 교육 경력을 갖춘 교장이나 교감이 일원화하여 효과적으로 대응할 수 있기 때문이다.

허락과 베풂

　교사부터 교감까지 30년 남짓 교직에 있으면서 만났던 수많은 교감과 교장들이 보였던 모습 중 가장 아쉬움으로 남는 것이 두 가지 있다.

　첫째는 교직원 개인의 권리인 복무 부분이고 둘째는 학생 교육활동을 위한 예산 활용 부분이다. 두 가지의 공통점은 둘 다 자신의 것이 아닌데 마치 자기 것처럼 생각하며 허락을 해주는 행동을 하거나 베푸는 것처럼 착각한다는 점이다.

　교직원이 연가나 조퇴를 사용하는 것은 각자가 노동자로서 국가가 부여하고 인정한 권리를 사용하는 것이다. 그 권리의 사용을 교감과 교장이 결재를 한다고 해서 허락을 하는 것이라고 생각하면 안 된다. 결재는 권리의 사용을 인정하고 확인하는 것이지 허락하는 것이 아니다. 원래부터 나의 것이 아니기에 베푸는 것도 아니다.

　허락이나 베풂은 나의 권리와 나의 시간을 누군가가 가져가는 것을 인정하거나 내 것을 나누어 줄 때 성립이 되는 것이다. 다만 개인의 권리 사용이 공공의 이익에 막대한 침해가 예상될 때 결재권자가 이를 제한할 수 있다. 학교에서 일어날 수 있는 공익에 대한 막대한 침해는 학생의 수

학교 내부자들을 위한 제언

업권과 교육권이 붕괴되는 정도의 피해가 예상되어야 한다. 그 정도의 침해가 아니라면 복무에 대한 결재의 행위를 허락이라 판단해서는 안 되고 베풂이라고 해서도 안 된다. 나는 교사들이 학기 중 복무를 신청하면 대결수업이나 교육과정 운영, 협의회를 대신해 줄 부장교사나 동학년교사에게 먼저 이야기하고 동의를 구하라는 부탁을 한다. 권리를 잘 사용하되 수업과 교육과정 운영에 지장을 주어서는 안 되기 때문이다.

둘째는 교육과정 운영을 위한 예산과 교육활동을 위해 사용되는 학교 예산이다. 학교 예산 또한 국가에서 국민의 세금으로 충당되기에 학생이나 학부모에게 투자하거나 사용하는 것은 결재권자가 허락하거나 베푸는 것이라 착각하면 안 된다. 금전적인 지출에 따른 결재권자 개인의 이익이나 손해가 예상될 때 허락이 되고 베풂이 되는 것이다. 학교의 예산 또한 본디 교장의 개인 돈이 아니기에 예산의 사용에 대해 허락과 베풂이라는 단어를 적용하는 것은 적절하지 않다.

베푸는 것은 내 지갑을 여는 것이 베푸는 것이다. 학교의 예산은 대부분 학생의 교육활동과 직결되어 있고 직접적인 교육활동을 하는 교사들이 예산 사용의 당당한 주체가 되어야 한다. 학교예산의 사용에 따른 결재권을 교장에게 부여하는 것은 본래의 목적과 다르게 예산이 유용되거나 낭비되지 않는지 판단하기 위해서이지 마치 내 돈인 것처럼 내 마음대로 사용처를 정해주기 위한 것이 아니다. 몇 번이나 언급하지만 내 것이 아닌 이상 허락도 베풂도 될 수가 없다.

복무도 예산도 권리의 주체와 사용의 주체가 보다 당당하게 행사할 수 있어야 한다. 복무와 예산에 대한 결재는 공익의 침해를 방지하고 올바르게 사용하기 위해 잘 살펴보라는 뜻임을 결재라는 공적인 행위를 하는 모든 결재권자들이 명심해야 한다.

나처럼 민주적인 교장이 있나?

학교로 강의를 가면 의례적으로 교장실로 안내를 받고 그곳에서 교장 선생님과 인사를 나누고 차를 한 잔 한다. 학교의 변화 중 학교민주주의를 강조한 책 『학교 내부자들』이 제법 알려졌는지, 내 소문을 먼저 들으신 건지 차를 마시는 짧은 시간에도 교장실에는 보이지 않는 긴장감이 흐를 때가 제법 있었다.

"요즘 교장이 힘이 있나?"
"나처럼 민주적인 교장이 있나?"

교장선생님들로부터 빈번하게 들었던 말이다. 본인은 교장으로서 결정권이 없으니 선생님들이 하자고 하는 대로 한다고 하신다. 교장이 돈을 마음대로 쓸 수도 없으며 교육과정도 하고 싶은 대로 운영할 수 없으며 직원들의 잘못에 대한 지적도 함부로 할 수 없으니 '나처럼 민주적인 교장이 어디에 있느냐'였다. 그럴 때마다 내가 들었던 의문은 '결정권이 없는데 어떻게 저 자리에 앉아 있으며 책임감 있게 학교 운영을 할 수 있

학교 내부자들을 위한 제언

을까'였다.

상급자가 본인이 하고 싶은 대로 경영을 하지 않으면 민주적인 교장인가?

민주적인 교장은 학교예산을 개인의 사욕을 위해 유용하지 않고 직원이 들고 온 결재판을 집어 던지지 않고 내키지 않는 일을 잘 허락하는 교장인가? 이것은 필요조건은 충족하지만 충분조건은 충족하지 못한다. 민주적인 교장은 이런 행동을 하지 않지만 이런 행동을 하지 않는 교장이 민주적인 교장인 것은 아니다. 말꼬리를 잡고자 함이 아니다. 어떤 의도인지 충분히 이해를 한다. 선생님들의 목소리를 들으며 위에서 내려다보는 자리에 있지 않으려고 노력한다는 것을 알기 때문이다. 감사한 일이다.

민주적인 학교, 민주적인 관리자가 처음으로 담론의 주제가 될 때 만해도 지금으로서는 상상도 할 수 없는 권력을 휘두르는 교장의 사례를 어렵지 않게 볼 수 있었다. 그래서 학교 민주주의의 초창기에는 교무회의를 통해서 학교의 일을 협의하는 방식을 강조한 것이다. 그 과정에서 교장의 역할이 강조되지 못했다. 그래서 그 이상 발전하지 못했다고 생각한다. 이제 한 발자국만 더 앞으로 나아가 보길 권한다.

유래없이 '학교장 재량권'이 많아졌다. 교육과정에서부터 긴급한 학사의 변경, 휴업일, 학교폭력 학교장 종결 등 학교의 운영 전반에 학교장 재량권이 인정되고 있다. 중요한 것은 학교장 재량이라는 말을 학교장 개인의 재량으로 해석해서는 안 된다. 물론 그중에는 학교장의 냉정한 판단력과 통찰력에 맡겨야 하는 사안도 있다. 하지만 학교장 재량의 옳은 해석은 학교 구성원들과 협의하여 학교 실정에 맞는 가장 적합한 방안을 찾아 적용하라는 것이다. 그렇기 때문에 학교장 재량은 곧 민주적인 교장을 의미한다고 할 수 있다. 학생들에게 가장 좋은 교육환경을 만들어주기 위해 학생들을 살피고, 학교 구성원의 의견을 들으며 학부모와 소통함으로써 교육공동체를 만들어가는 훌륭한 교장선생님들이 많으며 계속 많아지고 있음을 체감할 수 있다.

민주적인 문화를 만들어가고 있으면서도 '교장이 힘이 있나? 마음대로 할 수 있는 일이 없다'라는 말로 그 노력을 덮어버리지 말아야 한다. 무엇을 하지 않는 것을 내세워 민주적인 교장이 되려하지 말고 무엇을 하고 있는가를 당당하게 밝혀서 민주적인 교장임을 말해야 한다.

민주적인 교장은 집단지성의 의견을 모아낼 줄 알아야 하고 합의되고 결정된 의견이 잘 반영될 수 있는 시스템을 구축할 수 있어야 하며 교사의 민주적인 경험들이 온전히 교육과정에 녹아서 교실의 장면 하나하나에도 반영될 수 있도록 문화를 만들 수 있는 교장이다.

학교 내부자들을 위한 제언

직책급 업무추진비는
떳떳해야 한다

  학교예산 중에는 교직원 협의회, 학부모 협의회, 학교운영위원회 협의회, 소속 학생에 대한 격려, 경조사비 및 기타 학교 운영에 필요한 경비를 최소한으로 집행할 수 있는 업무추진비라는 항목이 있다. 업무추진비는 본예산에 편성되어있으며 일반업무추진비와 직책급 업무추진비로 나누어져 있다. 일반업무추진비는 각 사업 및 관리실 등의 원활한 업무 추진을 위하여 특별히 소요되는 접대비, 협의회비, 행사경비를 최소한으로 계상한 계상한도액까지 정하여 품의 후 영수증 처리까지 꼼꼼하게 진행되며 이후 학교 홈페이지에 매월 내역을 공개하고 있다.

  또한 일반업무추진비의 집행 시 경조사비, 학생격려금 지급 등 불가피한 경우를 제외하고는 신용카드 사용을 원칙으로 한다. 또 어떠한 경우에도 업무추진비를 개인에게 월정액으로 지급할 수 없고, 사적인 경조사비·전별금 등도 업무추진비에서 지출할 수 없도록 하여 투명하게 집행하도록 되어 있다.

  학교의 일반업무추진비는 통상적으로 학교당 3백만 원을 기본으로 하여 한 학급당 11만 원과 교직원 1인 당 9만 원을 곱하여 전체 본예산 중 한도액을 정하는데 이를 교무실, 행정실, 교장실과 각 사업별로 배분하여 각 실의 운영과 각종 행사나 사업의 원활한 진행에 도움을 주도록 하고 있다. 일반적으로 회식을 할 때 지출되는 협의회비가 일반업무추진비에서 나온다.

일반업무추진비 외에 교직원이나 학부모 대부분이 잘 모르는 업무추진비가 있다. 학교장에게 월급 이외에 매월초에 개인통장으로 별도로 지급되는 직책급 업무추진비가 그것이다.

직책급 업무추진비는 학교장의 직무 수행활동에 소용되는 경비로 직원 격려, 내외부와의 소통, 기타 직무 관련 소규모 지출 등 직책에 따른 업무수행을 위해 월정액으로 지급된다. 평균적으로 월 25만 원이 지급되고 12학급 기준으로 1학급 초과 시 3천 원의 가산금이 지급되는데 학교의 규모(대개의 경우 학급수로 결정)에 따라 금액이 달라진다. 직책급 업무추진비는 별도의 영수증 처리 없이 학교장의 판단에 따라 사용하면 된다. 나는 교사 시절에 학교장에게 업무추진비 외에 별도의 직책급 업무추진비라는 항목이 있다는 것을 알지 못했고 교감이 되어서야 본예산을 자세히 살펴보면서 알게 되었다.

학교장에게 별도의 직책급 업무추진비라는 것이 있다는 것을 교감 중에서도 경력이 낮은 교감은 모르는 경우가 많다. 학교장이나 행정실장이 직책급 업무추진비에 대한 이야기를 해 주지 않으면 그 직위에 가보지 않고서는 전혀 알 수가 없는 항목이다. 막연하게 통념상으로 학교장에게 품위유지비 정도가 있다는 것만 알고 그것도 일반 업무추진비외 별도의

학교 내부자들을 위한 제언

구체적인 금액이 언제, 어떻게 지급되는지 알지 못한다.

　문제는 이러한 직책급 업무추진비의 의미를 학교장들은 품위유지를 위해 옷을 사 입거나 개인 친분의 인간관계형성을 위한 접대비로 사용하는 등 학교장에게 별도로 지급되는 월급처럼 사용하는 데에 있다. 직책급 업무추진비가 학교장의 품위유지를 위한 의미라 해도 품위유지비의 사전적 의미는 고위 공직자나 회사 간부가 일정한 품위를 유지할 수 있도록 국가나 회사에서 지급하는 돈으로 해석할 수 있다. 10원도 사전 품의나 결재 없이 지출하지 못하는 예산 지출 시스템 속에서 미처 대비하지 못해 갑자기 생기는 일이나 영수증 처리가 힘든 상황에서도 사비를 지출하는 일이 없도록 한다는 점에서 직책급 업무추진비는 꼭 필요한 부분이라고 생각한다. 지역 인사나 학부모를 만나 저녁 식사를 해도 흔쾌히 계산하거나, 갑자기 찬조를 하거나 격려금을 지급해야 할 일들이 많기 때문이다. 그런 환경에서 학교장으로서의 품위를 유지하기 위한 필요조건이다.

　품위란 사람이 갖추어야 할 위엄이나 기품이다. 여기에 의복을 격식에 맞게 갖추어 입는 것도 인간관계를 잘 맺는 것도 분명히 포함된다. 하지만 이런 품위를 유지하라고 국가가 비용을 지불하는 것은 아닐 것이다. 품격은 옷을 품위있게 잘 갖춰 입는 것에서 나오는 것이 아니라 인품에서도 뿜어져 나온다. 품위유지를 한답시고 월급인냥 스스로 멋진 옷을 사 입을 것이 아니라 교직원의 복지를 위해서 영수증 처리에 연연하지 말고 긴급시에 잘 활용할 때 비로소 학교장의 멋진 품격이 유지되는 것이다.

　교사 시절부터 내가 모셨던 많은 교장들은 이러한 직책급 업무추진비를 공개하는 교장도 없었고 지갑에 있는 돈을 꺼내어 찬조를 하면서도 월급 이외에 별도로 받은 직책급 업무추진비라고 말해주는 교장도 없었다. 마치 본인의 개인 사비에서 찬조하는 것처럼 생색을 내는 경우가 더 많았다. 다시 언급하지만 직책급 업무추진비는 학교장의 기품있는 품위를 위한 개인 월급이 아니다. 영수증 처리를 하지 않지만 사용처를 교직원에게 공개하거나 아니면 개인 사비의 지출이 아님을 떳떳하게 밝혀줄 때 학교장의 품위도 교직원의 복지도 성립이 되는 것이다.

학교 내부자들을 위한 제언

학생자치에 대한
전지적 참견 시점

학생자치회 선거를 12월 또는 2월에 하는 학교가 많이 생겼다. 학생자치는 반듯이 운영해야 하는 프로그램이지만 또는 형식적으로 운영하는 곳이 대부분이다. 이러한 취급을 받는 학생자치 선거는 어느 해 부터인가 3월이 아닌 12월이나 2월에 치르는 학교가 제법 있다. 이는 학생자치를 교육과정이 아닌 형식적인 업무로 취급하는 대표적인 사례라고 생각했다. 3월에 교육과정이나 학급운영을 보다 충실히 하기 위해 학생자치 선거로부터 벗어나자는 취지인데 이러한 시각에는 여전히 학생자치를 교육과정으로 보지 않고 업무로 생각하고 있기 때문이다.

내 의견을 들은 아내는 다르게 이야기했다. 3월에 하던 선거를 2월로 바꾼 경험을 이야기했다. 그때의 이유는 업무처리나 3월의 교육과정을 걱정했던 것이 아니었다. 미리 학생자치회를 꾸려서 입학식부터 작동하도록 하기 위함이었다. 3월에 선거를 하는 경우 바로 선거를 공고한다고 해도 선거운동기간을 포함하여 2주 후쯤 학생회가 결성된다. 학급회는 또 그 이후나 되어야 했다. 그러면 연간 학생자치회의 계획을 세우고 활동하는 시기가 늦어진다. 새 학기 새 기분으로 야무지게 학생회를 운영하기 위함이라고 했다.

그 말을 듣고 있던 중학생 아들이 말했다. 중3인 아들은 얼마 전인 12월에 학생회 선거를 했다고 했다. 3학년인 자신도 선거를 했다고 했다. 새 학년도의 학생자치회를 이끌어 나갈 임원선거에 새로 입학할 1학년은 제외되고 졸업할 3학년은 선거를 했다는 것이다. 아들은 형으로써 올바르게 이끌어 갈 만한 후배를 뽑을 수는 있지만, 1학년들은 자신들의 의사가 전혀 반영되지 않은 학생자치회를 그대로 받아들여야 한다고 했다. 그래서 3월에 선거를 하는 것이 맞다는 의견이었다.

학교민주주의의 꽃은 학생자치이고 학교자치의 귀결점 또한 학생자치라고 생각한다. 학생자치는 교육과정의 한 부분이고 민주시민의 자질 육성을 목표로 함은 교육법 제2조에도 분명히 명시되어 있다. 학생자치회 구성의 시기를 교육적 관점으로 고민하거나 의논하지 않고 전년도의 업무를 이관 받은 대로 하거나 전년도의 교육과정을 참고로 하여 단순하게 날짜만 잡았을 때 민주시민교육은 사라진다.

선거에 대한 다양한 시점은 자기가 처한 상황에 따라 다르게 해석될 수 있다. 나는 '학생자치는 분명 교육과정의 영역이나 많은 학교에서 교사가 지도해야 할 교육과정으로 보기보다는 처리해야 할 업무로 보는 경향이 많다'는 시각으로 본 반면 아내는 '학생자치가 새학기에 바로 작동하도록 하기 위함이다'라고 보았고, 아들은 '해당되는 1학년은 선거를 못하고 졸업할 3학년은 선거를 하는 것은 이상하다'라고 보았다. 초등의 경우 대부분 1~2학년은 선거에 참여하지 않으니 전학년도에 선거를 해도 무방하나 중학교나 고등학교는 이 시기에 대한 고민을 진지하게 해야

학교 내부자들을 위한 제언

할 듯 하다. 어떤 결정을 내리든 민주시민교육이라는 관점에 얼마나 면밀하고 밀접하게 의도를 두고 있는지 되돌아보아야겠다는 생각을 한 자리였다. 학생자치회 선거를 교사가 추진해야 하는 업무의 영역인지 교육과정에서 이루어지는 축제인지를 고민해 봤으면 한다.

학부모와의 관계:
선은 지키고 날은 무디게

2023년, 서이초 사건은 교육계는 물론 전국을 침울하게 했다. '학부모 갑질'로 한 교사가 생을 달리한 이 사건은 학부모 민원이 얼마나 교사에게 짐이 되었는지를 여실하게 보여준 사건이었다. 이 일을 계기로 전국의 학교에서 민원 '미투(me too)'가 쏟아져 나왔다.

오랜만에 만난 고향 친구가 요새는 학부모들이 뉴스에 나오는 것처럼 진짜로 그렇게 하느냐고 물었다. 그 질문에 뉴스에 나오는 사례가 특별하지 않고 흔한 일이라고 답했다.

사건 이후 학교와 교사는 민원을 피하는 방법을 생각하고 있다. 교사 커뮤니티에는 민원을 피하는 방법이 공유되고 있으며 교사의 개인 전화번호는 학부모에게 제공하지 않아도 되고 퇴근 후에는 학부모의 전화를 받지 않는다. 학부모에게도 교사에게 바로 연락을 취하지 말 것을 안내하고 있다. 아이의 문제에 대해 소소하게 의논하고 질문을 할 수 있던 기회까지 없어졌으며 긴급한 상황도 학교 전화를 통한 다음 담임에게 연결되는 불편을 겪게 되었다.

교사와 학부모와의 관계를 두고 '불가근불가원'이라고 하는 사람도 있고 자식을 나누어 키우는 관계라고 하는 사람도 있다. 하지만 최근 후자로 말하는 사람을 단 한 명도 본 적이 없다.

과연 학교에서 학부모는 멀리해야 하는 관계인가?

교육의 3주체는 학생, 학부모, 교사이다.

주체의 사전적 의미는 '어떤 일에 적극적으로 나서서 그 일을 주도해 나가는 세력'이다. 학교의 경우 '어떤 일'이 무엇인가가 중요하다. 학교의 '어떤 일'은 학생을 교육하는 일이다. 학생과 교사와 학부모는 학생의 교육에 적극적으로 나서고 주도해야 한다.

학부모는 학생의 교육에 어떤 역할을 해야 하는가? 학부모도 교육의 주체이니 학교 교육과정과 교사의 교육방식에 적극적으로 개입하라는 뜻이 아니다. 현재의 문제는 학부모가 선을 넘고 있으며 학교 측이 날을 세우고 있기 때문이다.

학부모의 적극적 개입이 선을 넘었다. 학교에서 담당할 교육이 있고 가정에서 담당해야 할 교육의 영역이 있다. 교사는 교직을 이수하고 학생 교육을 위한 각종 부분에서 전문성을 기른다. 단지 지식의 측면에서 아이들에게 많이 알도록 가르치는 일을 잘해야만 한다면 학원 강사와 다를 바 없을 것이다. 그렇다고 사랑하는 마음만으로 교사가 되는 것도 아니다. 아이 하나하나를 관찰하고 아이의 기분에서부터 건강, 심리상태까지 모두 파악하여 학생에 맞는 교육을 하는 전문가이다. 아무나 가르칠 수 있었다면 학교와 교사는 이미 없어졌을 것이다. 교사가 필요하다는 것은 사실 코로나를 거치면서 모두 알게 된 사실이다. 온라인으로 수업을 하고 가정에서 아이가 머무르는 동안 학교와 교사가 반드시 있어야 한다는 것은 증명되었다.

교사가 교사다움을 최대한 발휘할 수 있도록 학부모들이 선을 잘 지켜주었으면 한다. 학부모가 자녀 교육의 주체가 된다는 것은 자녀가 학교에서 잘 배우고 잘 생활할 수 있도록 신체적, 정신적으로 건강한 기반을 만들어 주는 역할을 해야 한다는 뜻이다. 가능한 많은 시간을 함께하며 영양가 있는 대화를 나누고 그런 과정에서 선생님이 알아야 할 것이 있으면 알리고 도움을 요청할 것이 있으면 상담을 제안하면 되는 것이다.

학교와 선생님들도 학부모를 향해 세운 날카로운 날을 조금 내려놓았으면 한다. 선생님에게 다가온 그 해의 학생들은 마치 내 자식같다는 생각을 하게 된다. 나는 아니라고 하는 선생님들도 옆반 선생님이 내 반 아이를 혼내면 기분이 썩 좋지 않은 경험을 해 본적이 있을 것이다. 선생님이 되고자 하여 교직에 있는 분들 중 단지 직업으로서의 교사에 만족하는 사람은 없을 것이다. 그렇게 살 거라고 당당하게 큰소리치는 선생님들도 속마음은 좋은 선생님이고 싶을 것이라고 나는 믿어 의심치 않는다. 가정과 소통하며 학생을 가르칠 때 교육적 효과는 더 커진다.

학부모와 교실에서 직접적으로 만나지 않는 교감이라 요새 학부모가 어떤지 몰라서 이런 소리를 하는 것이 아니다. 학부모 민원을 일선에서 마주하며 학부모회 운영 업무를 담당하는 학교의 한 구성원으로서 학부모와 담을 쌓을 일이 아님을 강조하는 것이다.

학교 내부자들을 위한 제언

누가 먼저 벽을 허물 것인가?

제주도에 가면 현무암을 쌓아 만든 담을 볼 수 있다. 특히 밭둑의 담장은 매우 엉성했다. 제주도 택시 기사님이 그 이유를 명쾌하게 설명해 주었다. 제주도는 바람이 많아서 그 구멍으로 바람이 지나가야 담장이 무너지지 않는다고 했다. 학교에 쌓아 올려진 보이지 않는 벽에도 구멍이 있어야 한다. 그래야 무너지지 않는다.

혁신학교 운동의 핵심은 교육공동체가 함께 아이들이 꿈을 찾을 수 있고 꿈을 향해 당당하게 나아갈 용기를 만들어 줄 수 있는 학교, 그 가는 길에 다른 사람과 더불어 협력할 줄 아는 사람으로 기르는 것이었다. 그런 교육을 하기 위해 학교 구성원은 당연히 더불어 협력할 줄 아는 사람들이어야 한다. 그러나 학교의 실상은 그렇지 못하다. 학생과 교사 사이, 교사와 학부모 사이, 업무 담당자 간의 벽은 갈수록 공고해지고 있다.

학생인권에 비해 교사의 교권은 바닥을 치고 있으며 교사와 학부모의 불신은 전국교대의 입시경쟁률 하락에서 보듯 이미 그 한계치를 넘어서고 있다. 학교업무분장을 둘러싼 공무원노조와 학비노조를 비롯한 교직원 단체간의 노노갈등 또한 정점을 향해 달려가고 있으며, 부장교사 임명을 둘러싼 젊은 교사와 경력교사들의 갈등 또한 최고조에 달해 있다.

고지혈중에 따른 혈전처럼 막혀있는 학교 구성원들의 관계의 벽을 허물지 않으면 결국에 그 피해는 온전히 학생들의 몫이 된다. 다음 세대의 우리 아이들에게 배려하고 소통하며 더불어 사는 세상을 물려주기 위해서라도 하루빨리 학교에서 소통을 막고 있는 벽을 허물어야 한다.

그렇다면 이렇게 막혀있는 크나큰 장벽을 도대체 누가 먼저 허물것인가를 묻지 않을 수 없다. 전혀 다른 벽을 보고 있는 교무실과 행정실의 입장에서 예를 들어 생각해보자. 소통을 막고 있는 교무실과 행정실의 벽을 두 당사자가 동시에 망치로 두드리면 빨리 허물어지겠지만 서로가 눈치만 보고 있으면 절대로 무너뜨릴 수가 없다. 동시에 두드려서 허물 수 없다면 교무실이 먼저 망치를 들든, 행정실이 먼저 망치를 들든 누군가는 반드시 한쪽 벽을 먼저 두들겨서 부수어야 언젠가는 서로 마주 보고 이야기하며 소통할 길이 열린다. 도대체 그 누군가는 또 누구일까? 나는 학생의 올바른 성장을 도모하기 위해 먼저 손을 내밀 수 있는 사람이라고 본다. 먼저 마음의 문을 열고 가까이 다가가고자 하는 사람, 그 사람이 교무실이면 어떻고 행정실이면 어떠한가?

기다리지 마시라. 망치를 들고 벽을 부수는 노력을 내가 먼저 시작할 때이다. 교사든 학부모든 행정직이든 공무직이든 우리의 목표는 학생의 올바른 성장을 도모하기 위함이고 학교교육의 목표와 철학을 함께 구현하고 실현하는 동반자라는 점이다.

동반자 사이에 가장 중요한 것은 신뢰와 존중이다. 학교의 구성원들이 서로의 선의를 믿고 서로를 존중해 줄 때 학생들이 올바른 성장의 단 열매를 고스란히 맛볼 수 있을 것이다.

학교 내부자들을 위한 제언

글을 쓰고 보니 또 추상적이다. 사람의 일을 어떻게 칼로 재단하듯 자를 수 있단 말인가? 다만 모두가 내 맘 같지는 않지만 내 맘 같은 사람이 하나둘씩 늘어날 것이라는 희망은 버리지 않으려고 한다. 그 희망이 현무암 담장의 벽에 있는 구멍이 되어 거센 바람에도 학교가 무너지지 않게 해 줄 것이라 믿는다.

학부모는 과연
주인인가, 손님인가?

학부모회의 변천

· 촌지와 선물 고민, 교실 청소, 행사시 선생님 도시락 싸는 것이 학부
  모의 역할인 때가 있었다.
· 학부모회 운영비를 교육청에서 학부모 대표의 통장으로 직접 입금했다.
· 학부모회 자체를 금지한 때도 있었다(학부모회가 없었다).
· 학부모회를 만들되 운영비는 학교로 주어 지출하게 하였다.
· 학부모가 학교로 들어와 교육과정을 함께 의논하고 운영에도 참여
  한다.
· 학부모의 불만이 학생 개개인에 대한 내용이며 개별적으로 접근
  한다.

학부모회 역할은 다양한 형태로 변화되어 왔다. 어느 시기에는 골칫거
리로 치부되었는가 하면 어느 시기에는 동반자로 적극적으로 받아들여
졌다. 학부모가 단체로 역할을 했던 시기가 있었는가하면 개별적으로 움
직이는 시기가 있었다.

학교 내부자들을 위한 제언

오늘의 학부모는 어떠한가?

학부모의 학교 참여가 보장되고 있다고 하지만 과연 학부모들은 학교의 교육과정에 적극적으로 참여할 기회와 이를 주도해 갈 수 있는 기회를 부여받고 있는가? 학부모들은 여전히 손님처럼 학교 방문이 어려운 것이 지금의 현실이다. 학부모들에게 학교의 문턱을 조금이라도 낮추고자 하는 이유는 명백하다. 학부모는 교육의 3주체로서 객체가 아닌 교육의 주인이자 주체이기 때문이다. 학부모의 손을 잡지 않고 학생의 성장을 도모한다는 것은 있을 수 없는 일이다. 학부모들이 편안한 마음으로 학교를 드나들며 함께 책을 읽고 회의하고 행사를 함께 준비할 수 있다면, 교무실에서 교직원들과 차를 나누어 마시고 서로 편안하게 이야기를 주고받을 수 있다면 학부모들은 손님이 아니라 주체라는 것을 깨닫고 있다는 증거다. 그러나 학교와 학부모 간의 벽은 상당히 굳건하다.

손님으로서의 학부모

학부모의 학교참여가 활성화되기 위해서는 교육공동체가 학부모들이 손님이 아니라 학교의 주인이라는 인식을 함께 가지는 것에서부터 출발한다. 손님은 절대로 학교의 교육과정에 참여하지 않는다. 우리가 헌 집을 헐고 새집에서 주인으로서 살고자 하는 새로운 집을 짓는다고 가정해보자. 내가 살집이니 내 집을 짓는데 나의 시간과 노동과 금전을 아끼지 않을 것이다. 그런데 내가 주인이 아니라 집을 짓는 것을 구경하러 온 옆집의 손님이라 생각해보자. 집을 짓는 구경을 넘어 이제 간섭까지 시작된다. 옆집의 경계를 침해하지는 않았는지 소음으로 인해 나에게 불편함을 초래하지 않았는지를 먼저 살핀다. 조금이라도 손해가 있다면 시청에 민원을 제기하는 것은 어쩌면 구경 온 옆집 손님으로서의 당연한 권리인 줄도 모른다. 학부모도 마찬가지다. 학교로부터 손님 취급을 받으며 참여를 보장받지 못한 학부모들은 어떤 교육과정의 지원요청에도 참여하지 않는다. 참여하지 않으니 참관만 하고 감시만 한다. 감시만 하니 학교를 비난하고 비판하고 평가하고 민원을 제기하는 것이다.

주인으로서의 학부모

자기 집인 데도 들어 오는 것이 불편한 사람들은 주인이라고 할 수 없다. 주인으로 인정하고 교육의 3주체 모두가 서로를 주인으로 생각해 줄 때 학부모도 학교를 방문하는 것이 부담스럽지 않게 되는 것이다. 주인으로서 학교를 방문하고 교육과정에 참여하는 학부모들은 학교를 비판하고, 비난하고, 민원을 제기하지 않는다. 왜냐하면 학교의 주인이기 때문이다. 주인은 어려운 문제나 해결해야 할 과제에 직면했을 때 그 문제를 해결하는 주체가 된다. 혼자서 해결이 어려울 때는 식구(교육의 3주체)들과 마음을 모아서 실천하는 행동으로 문제를 함께 해결해 나간다. 참여하는 학부모는 학교의 가장 든든한 지원군이 되고 응원군이 된다. 교육은 교사만으로 할 수가 없다. 학부모의 참여로 든든하게 동참할 때 그 효과는 극대화된다. 학부모회와 함께 손을 맞잡고 학생들을 올바르게 성장시키고 싶은가? 그렇다면 학부모가 학교에 참여할 수 있도록 문턱을 낮추어야 한다. 학부모들의 학교 참여 문턱을 높여서 성공한 교육의 사례는 단언컨대 단 한 건도 없다.

학부모회 조직과 학부모 동아리의 활성화

학부모가 교육의 주체이자 동반자로 서려면 학부모회를 민주적으로 잘 조직하고 임원진을 꾸리는 것이 무엇보다 중요하다. 임원들의 역할만 잘 정립할 수 있다면 학교의 다양한 교육활동에 학부모들이 참여하고 지원할 준비는 끝났다. 문제는 이런 학부모회를 민주적으로 구축하고 조직하기가 쉽지 않다는 것이다.

학부모회는 학부모들이 교육공동체의 일원으로서 학교교육 활동에 참여하여 학부모들의 의견을 수렴하고 학교교육 발전에 기여하는 것을 목적으로 하는 자치기구이다. 이런 자치기구를 조직하지 않고 학부모회의 교육활동 참여를 기대한다는 것은 어불성설이다. 따라서 학교의 학부모회 업무담당자는 학기초에 학부모회가 민주적으로 잘 조직될 수 있도록 마지막까지 최선을 다해 도움을 주어야 한다.

학부모회가 잘 조직되었는데도 불구하고 학부모 학교 참여가 잘 안 되고 있을 때 가장 먼저 학부모들의 활동을 이끌 수 있는 방법은 학부모동아리이다. 학교는 아이들만 배우는 곳이 아니라 교사와 학부모도 함께 배우며 성장하는 곳이다. 학교는 학부모들이 바쁜 일상에서도 자발적으로 취미와 관심에 따라 모임을 구성하고, 배워나갈 수 있도록 다양한 동아리를 만들어가도록 지원해야 한다. 학부모동아리가 탄탄하게 운영이 되면 학부모가 자발적으로 동아리를 만들고 계획서를 작성하고 재정까지 스스로 운영하게 된다. 학부모동아리의 시작은 모여서 하고 싶은 것이 무엇인지 예산은 학교로부터 얼마나 지원을 받을 수 있는지를 알고 시작해야 한다. 그리고 중요한 것은 모든 동아리 활동의 시작은 자유롭고 즐거운 참여를 목적으로 했지만 누군가의 노력과 희생이 동반된다는 것을 간과해서는 안 된다. 따라서 학부모동아리 운영만큼은 학부모회 임원이 아닌 일반 학부모들의 참여와 역할 부여가 매우 중요하다. 이는 학부모회 운영을 위한 인력확보 차원에서도 매우 긍정적인 효과를 줄 것이고 추후 학부모회 활성화를 위한 큰 원동력이 될 것이다.

행정실도 교육활동 지원에는 예외일 수 없다

　내가 부장을 하던 때였다. 교육과정설명회 전날 분주하게 움직이던 날이었다. 강당에서 함께 의자를 정리하던 행정실장님이 물었다.

　"교육과정설명회 몇 시부터 시작합니까?"

　"10시부터인테 왜 그러시죠?"

　"와 봐야지요."

　"아~ 실장님도 오시게요?"

　"그럼요. 행정실도 교육과정 내용을 알아야 지원을 하지요."

　그 실장님은 교육과정설명회 시작부터 마무리까지 끝까지 자리를 지켰다. 교육과정을 이해하려는 행정실장님을 처음 본 날이다.

　학년초 업무 총량을 고려하여 업무를 분장하고 나눌 때 수업과 학생 생활지도와 학생상담과 학부모 상담을 교사 업무의 총량에 넣어달라고 수없이 주장했지만 공문과 품의에 관련된 일만 업무로 치부하는 경향이 학교 교직원들에게 강하게 남아있다. 공문과 관련 없는 교육행위는 업무로 봐주지 않기에 행정직원과 교장선생님들은 교사의 업무가 적다고 생각한다.

나는 교감이 되고 나서 다섯 분의 교장선생님을 모시는 동안 한 분도 행정실에다 교무실을 지원하라고 하는 교장을 만나지 못했다. 오히려 행정실이 일이 많아 고생을 하니 교감이 행정실장을 좀 도와주라는 교장은 몇 분 만났다.

나는 가는 곳마다 교무실의 명칭을 교무지원실로 바꾸고 교사를 지원하는 시스템을 만들려고 노력했다. 교무실의 명칭이 바뀌는 걸 보고 행정실도 바꾸라고 제안도 하지 않았는데 절대 행정지원실로 바꿀 수 없다고 미리 선수를 치는 행정실장도 만났다. 행정실은 학교교육을 지원하는 곳이 아니라 그냥 행정업무를 수행하는 곳이라는 인식이 강하게 자리 잡고 있었다. 학교의 행정은 교육을 위한 행정이고 결국엔 학생의 올바른 성장을 위해 존재하는 것인데 어느 때부터인가 학교에 교육은 없고 행정만 남았다.

파편화되고 개인화된 조직문화가 학교의 교육과정 운영에도 강하게 투사되고 있다. 전국을 돌면서 강의에서 만났던 많은 교감선생님들이 행정실에 대한 다음과 같은 서운함을 전했다.

'예전에는 학교에 입학식이나 졸업식, 교육과정설명회, 학예회, 운동회와 같은 행사들이 학교 전체가 손님을 맞이하는 행사여서 작은 책걸상 하나 나르고 배치하는 것까지 모든 교직원이 마음을 모아 서로 돕고 했는데 어느 순간부터 행정실은 남의 일처럼 치부하고 꼼짝도 하지 않더라. 교장선생님도 교감선생님도 팔을 걷어붙이고 책걸상을 나르는데 행정실은 교육과 관련된 활동들은 자기들과는 상관없다고 나와보지도 않았다.'

학교 외부자들

학교는 교육청, 지원청과는 분명히 다른 성격을 가진 기관이다. 행정실 직원들이 교육청과 지원청에 근무하던 형태를 학교에 그대로 가져오면 안 된다. 교육청은 자기 본연의 업무만 충실히 수행하면 되지만 학교는 전쟁으로 치면 전선의 최일선이다. 사단이나 연대본부에서는 작전을 세우고 군수물품을 제때 보급하는 등 전선을 지원만 하면 되지만 중대본부에서는 소대나 분대를 지원만 하고 있어서는 안 된다. 급하면 중대장도 기관병도 조리병도 총을 들고 맞서 싸워야 한다. 학교가 그런 곳이다. 학교는 교육기관의 최전선에서 학생을 직접 교육하고 학부모를 바로 상대하는 전선이다. 이런 곳에서 각자의 행정업무 처리만 생각하고 교육활동이 급할 때 지원하지 않는다면 학교의 교육은 교직원간의 심리적인 갈등과 괴리로 무너지고 만다. 부인할 수 없는 사실은 학교의 특별한 교육과정 운영과 행사에 교원과 행정직의 구분이 있을 수 없다. 모두가 교원이 되어야 하고 모두가 행정직이 되어 서로 팔을 걷어붙이고 나서야 한다.

그러면 행정실이 바쁠 때는 누가 도와주어야 하는지 반문하는 분들이 있었다. 행정실의 업무들은 교원이 직접 도와줄 수 있는 업무가 많이 없다. 직접적인 업무를 수행해 줄 수는 없지만 품의를 내고 검수를 하고 공문 작성을 돕는 등 업무 처리 시스템에서 행정실의 업무를 간소화시킬 수 있는 방법들을 학년초 워크숍에서 합의를 통해 찾아야 한다. 그렇지만 이러한 합의도 행사와 교육과정 운영에 모든 교직원이 발 벗고 나선다는 문화가 전제되어야만 가능한 시스템이다. 교원과 행정직 구분없이 서로가 한 가족처럼 돕고 지원하는 문화가 정착되었을 때 서로의 빈 곳과 아픈 곳을 채워줄 수 있는 학교가 된다.

학교 내부자들을 위한 제언

교사가 초과근무를
해야 하는 경우는?

　종종 공무원 초과근무수당 부당수령에 대한 뉴스를 보게 된다. 이런 일이 많기는 많은 모양인지 거의 매년 단골뉴스로 등장한다. 학교에 근무하는 내 입장에서는 참 모를 일이다. 많은 교사들이 초과근무를 하면서도 초과근무를 신청하지 않고 일을 하는 경우가 많기 때문이다. 학교는 스스로 초과근무를 매우 청렴하게 관리한다. 그런데 그것이 너무 지나치다. 초과근무를 하고도 한다고 말을 못하기 때문이다.

　학교에서 초과근무를 신청하는 일은 내 경험상 어려웠다. 초과근무는 교장까지 결재를 올려야 하기 때문이다. 예전에는 초과근무를 하고 나면 다음날 초과근무로 한 실적을 증명서처럼 만들어내야 하기도 했다. 당당하게 초과근무를 할 수 있었을 때는 연구학교 보고서를 써야 하는 연구부장을 할 때였다. 교장, 교감선생님께서 도리어 먼저 초과신청하고 일하라고 하는 경우다. 교장, 교감선생님에게 일이란 계획서를 쓰거나 보고서를 쓰거나 공문을 처리하는 일이기 때문인 것 같다. 요즘은 초과근무 결과를 제출하지는 않지만, 사전에 초과근무를 하겠다고 구두 허락을 받은 후에야 초과근무를 신청하는 학교가 많다. 시간이 흘러도 교사에게 초과근무는 쉽지 않다. 워라벨을 중요하게 생각하는 시대에 일부러 남아서 근무를 하려고 하는 사람을 찾기도 어려운데 일을 하는 교사들의 초과근무는 챙겨주어야 하지 않겠는가.

초과근무를 신청하면 관리자들이 좋아하지 않는다고 한다. 그래서 초과근부는 교육과정설명회를 저녁에 하는 등 학교 행사가 있을 때, 학교에서 공식적으로 올리라고 하는 날만 올리는 경우가 많다. 그 외에는 일이 많은 부장들이나 올릴 수 있는 것이다.

그러면 일상적으로 수업 준비를 하는 교사들은 초과근무를 신청할 수 없는 것일까? 교사가 수업준비를 한다고 초과근무를 한다고 하면 '누구나 다 하는 일'로 초과근무를 한다고 생각하는 듯 하다. 시간을 더 내어서 수업을 연구하고 수업준비를 하면 고마워해야하는 것 아닌가? 또한 어떤 일을 처리하는데 걸리는 시간이 사람마다 모두 다르니 누구에게는 근무시간 안에 모두 할 수 있는 일도 누구에게는 시간이 필요한 경우도 있을 것이다.

나는 신규교사가 학기 초에 나이스 시스템에 교육과정 시수를 정리하느라 퇴근을 못하고 늦게까지 교실에 남아있는 경우를 자주 보았다. 늦게 퇴근하는 날 불이 켜져 있는 교실이 있어 가 보면 신규교사 두세 명이 수업준비를 한다고 저녁을 시켜먹고 남아서 일을 하고 있는 때도 많았다. 물론 초과근무를 신청하지도 않았다. 학교에 남아서 일을 하려면 초과근무 신청을 하라고 알려주는 선배나 관리자가 없다는 말이거나 초과근무를 당연하게 신청하기 어려운 학교문화라는 뜻이다. 그럴때마다 초과근무를 신청하고 그럴때마다 일을 하라고 알려준다. 그렇다고 당장 다음날부터 신청을 하는 것도 아니다.

교사에게 수업을 준비하는 데는 매우 많은 시간이 필요하다. 수업을

학교 내부자들을 위한 제언

마치고 아이들을 보내고 교실 정리 후 숨을 돌리려고 하면 한 시간 정도의 시간이 남는다. 그 시간은 공문서를 처리하거나 취합해야 할 것을 만들어야 하는 시간이다. 다음 날 해야 하는 수업이 작게는 4시간에서 많게는 6시간이다. 교과서와 교사용 지도서를 잠시라도 봐야 수업의 흐름과 준비물을 챙겨놓을 수 있다. 경력이 짧은 교사에게는 더더욱 물리적으로 많은 시간이 필요하고 또 이 시간은 교사의 발전을 위해서도 매우 중요한 시간이다.

교사의 본업은 수업준비다. 행정업무 처리가 아니라 일상에서 수업을 준비하느라고 늦게까지 시간이 필요한 교사에게 감사한 마음으로 초과근무를 신청하라고 해야 한다. 이것은 꼭 수당만의 문제가 아니라 학교에서 근무를 하는 시간에는 복무를 정확하게 기록하게 함으로써 만일의 사고로부터 교사를 안전하게 지킬 수 있는 사유도 되기 때문이다.

교육과 행정업무를
구분하는 방법

'교사의 행정업무 경감'

'선생님을 업무가 아니라 아이들 곁으로'

필자가 수없이 말했고 독자들도 수없이 들었을 것이다.

해마다 2월에 새학년을 준비하는 기간에 전 교직원이 모여 업무에 대해 협의를 하는 것이 중요하다고 했다. 사실 그렇게 하고도 막상 학년이 시작되고 공문이 새로 오면 어디로 배부가 되어야 할지 모르는 업무가 숱하게 생긴다. 그런 경우 대부분의 애매한 공문은 내가 직접 가지고 와서 처리를 한다. 하지만 무조건 그렇게 할 수는 없다. 교육부나 교육청에서 교원의 업무를 줄이겠다는 정책에 대한 기대는 쏟아지는 공문 앞에서 접을 수밖에 없다.

업무경감을 체감할 수 없는 새로운 일들이 끊임없이 생성되고 있다는 것을 우리는 너무나 잘 알고 있다. 앞으로도 계속 그럴 것이지만 그럴 때마다 교감이 또는 마음이 약한 사람이 그 일을 모두 처리할 수는 없다. 나는 이미 이전 책인 『학교 내부자들』로 인해 교감, 교장의 책임과 업무를 엄청나게 강화시킨 주범으로 많은 관리자들에게 공공의 적이 되어 있다. 그 와중에도 교사가 행정업무를 하지 않도록 하기 위해 일을 많이 하는 교감들이 많이 늘어나고 있지만 교감이 하기 이전에 궁극적으로는 업무의 분류가 명확하게 잘 되어야 한다고도 생각한다.

학교마다 업무협의회를 2월에 실시했다면 좋겠지만 그렇지 않은 학교가 더 많을 것이다. 업무 부서를 정해놓고 비슷한 단어만 있으면, 조금만 연관이 있으면 그 부서로 공문이 분류된다. 그렇게 받은 공문을 보고 이것이 왜 나에게로 왔는지, 그런 공문이 얼마나 많은지도 대부분은 잊고 산다.

생활부, 생활안전부, 안전생활부
이런 부서가 있는 학교에서 실제 일어나는 일이다.
배움터지킴이: 배움터지킴이 채용을 위한 공고, 면접, 관리, 임금 처리를 교사가 하고 있다. '배움터지킴이는 학생의 안전을 위해 필요한 인력이니 생활부 또는 생활안전부가 하는 것이 맞다'는 논리라고 한다.
학교주변 유해환경 관리: '학교주변 유해시설을 잘 점검하여 쾌적하고 안전한 교육환경을 조성하는 것이 목적인 사업이니 생활부가 해야한다'고 한다.

불법카메라 점검: '학생들이 불법 촬영에 대한 불안감을 느끼게 될 뿐 아니라 불안감이 확대되지 않도록 예방하는 것이 중요하기 때문에 생활부가 담당을 해야 한다'고 한다.

학교 외부자들

모든 일에 교육을 갖다 붙이면 교육이 아닌 것이 없다.

모든 일에 안전을 갖다 붙이면 안전 업무가 아닌 것이 없다.

모든 일에 학생을 갖다 붙이면 교사의 일이 아닌 것이 없다.

학교에서 일어나는 모든 일은 궁극적으로 학생을 교육하기 위한 것이다. 그래서 학교에서는 교육인 것과 교육이 아닌 행정업무를 분리하는 기준을 잘 세워야 한다. 배움터지킴이는 사람을 채용하고 관리하는 부분이다. 교사가 채용업무를 하는 것이 교육과 관련이 있는가? 배움터지킴이의 근무상황부와 인건비를 교사가 관리하는 것이 교육활동인가?

학교주변 유해환경관리는 엄격하게 이야기하면 경찰서의 일이다. 불법카메라 점검도 점검기사가 불시에 오기 때문에 수업하는 교사가 할 수 있는 일이 아니다. 학생교육이라는 이름하에 학생안전이라는 미명하에 교사의 자존감을 떨어뜨리고 자괴감을 일으켜 교사의 교육력을 떨어뜨리는 업무들을 찾아야 한다. 이런 업무들만이라도 교사에게서 빨리 덜어내어야 한다. 그럼 누가 처리해야 하나? 교장이 하든, 교감이 하든, 행정실장이 하든, 지원청이 가져가든, 최소한 교사는 아니다.

학교 내부자들을 위한 제언

교육과정을 망치는
교육과정은 버려야 한다

『교육과정에 돌직구를 던져라』를 전북의 정성식 선생님이 출간한 지 10년째 들어섰다. 교육과정에 대한 거침없는 비판과 새롭게 나가야 할 방법을 제시함으로써 학교는 많은 생각을 했고 또 많이 변하기도 했다. 그러나 여전히 '교육과정'이 무엇인지 묻는 사람들도 많다.

"교육과정이 꼭 있어야 되나요? 학년교육과정이 있어야 하나요?"
"조금씩 바꿀 수도 있지만 그냥 국가교육과정에 따라 해도 문제될 건 없잖아요?"

교육과정의 존재 당위성은 초·중등교육법 제23조에서 규정하고 있다. 교사들은 교육과정 편성을 왜 싫어할까? 교사에게는 또 다른 교육과정이 하나 더 있기 때문이다.

이름하여 NEIS!

새학년준비 워크숍 주간은 새롭게 전입하는 교사들과 함께 학교 교육과정을 나누고 학년 교육과정을 편성하는 중요한 시기이다. 1년을 아이들과 어떻게 살아낼지를 국가수준 교육과정의 범위 안에서 지역의 실정에 맞게, 학교의 실정에 맞게 계획을 수립하는 것이다. 3월이 되닌 교사는 새학년준비 주간에 세운 것과 전혀 다른 교육과정을 작성해야 한다. NEIS에 연간진도표를 작성하고 기초시간표를 넣은 후 학기별, 학년별 시간 수를 맞춰야 한다. 새로 만난 학생들과 적응기간을 가져야 하는 시기에 눈이 빠져라 가로 세로 숫자를 맞추는 일을 해야 하니 교육과정을 잘 꾸려나가는 것이 어렵다. 때문에 많은 경우 어느 사이트에서 제공하는 진도표 파일을 받아 업로드하고 급하게 마무리 짓는다. 금방 닥치는 정보공시 기간에 진도표를 올리려면 마음이 급하기 때문이다.

『교육과정에 돌직구를 던져라』에서 이 점을 지적했고 사설업체 배만 불린다는 의견을 내었지만 선생님들은 이것을 귀담아 들을 여유가 없다. NEIS라는 시스템이 생긴 후 교사들이 해야 하는 일은 더 세밀해졌고 교사들은 더 꼼꼼해져야 했다. 따라서 시간도 훨씬 더 많이 할애해야 한다. 교육과정을 세우고 그것을 운영하는 것은 교사로서 마땅히 해야 하는 일이지만, NEIS의 여러 메뉴를 가로 세로 맞추어 채워 넣어야 하는 것은 교육과정을 세우는 일이 아니라 그냥 '일'이다.

교과 진도표 외에 범교과교육 지도계획만 해도 이것을 꼭 서류로 명시해야만 하는 일인지 궁금해진다. '안전·건강교육, 인성교육, 진로교육, 민주시민교육, 인권교육, 다문화교육, 통일교육, 독도교육, 경제·금융교육, 환경·지속가능발전까지 항목이열 개나 된다. 이 열 가지 범교과 학습 주제는 교과와 창의적 체험활동 등 교육활동 전반에 걸쳐 통합적으로 다루도록 하고, 지역사회 및 가정과 연계하여 지도하라고 하고 있다. 국

학교 내부자들을 위한 제언

가수준 초등학교 교육과정에 위의 내용이 들어있지 않다면 필요한 경우 계획을 세울 수 있겠으나 교육과정에는 이미 범교과 내용이 충분하게 반영되어 있다. 교과에 반영되어 있지 않다 하더라도 교사가 하는 수업과 생활지도의 과정에서 이 내용들이 들어가지 않을 수도 없다. 이것을 교육과정에 반영하라고 하니 교사들은 진도표에 추가로 기입하여야 하는 일을 해야 한다.

안전교육계획은 또 어떠한가? 2023학년도 경상남도초등학교교육과정 편성운영지침에 따르면 학교에서는 교육부 7대 안전교육 표준안에 따라 안전교육을 체계적으로 실시하도록 하고, 학년별 학생 안전교육의 시간 및 횟수는 교육부 고시에 의해 매년 51차시 이상 운영하여야 한다고 명시되어 있다.

현장에서는 이를 지키기 위해 학교교육과정에 계획을 수립한다. 그러면 학급에서는 이것을 바탕으로 진도표에 내용을 추가 기입한다.

몇 년 전 진도표에 기입이 되어있지 않다고 감사에서 지적을 받았다는 학교도 있었고 학생 안전사고가 발생했을 때 진도표에 교육계획이 수립되어 있는지 확인하는 것으로 도리어 교사의 발목을 잡는 경우도 보았다. 이런 사례처럼 서류에만 있으면 교육을 한 것이 되니 교육보다는 서류를 맞추는데 중점을 두게 되는 것은 어쩌면 당연한 일 아닌가?

제23조(교육과정 등) ① 학교는 교육과정을 운영하여야 한다.

② 교육부장관은 제1항에 따른 교육과정의 기준과 내용에 관한 기본적인 사항을 정하며, 교육감은 교육부장관이 정한 교육과정의 범위에서 지역의 실정에 맞는 기준과 내용을 정할 수 있다.

교육과정은 초·중등교육법 제23조 제2항에 의거하여 고시한 것으로, 초·중등학교의 교육 목적과 교육 목표를 달성하기 위한 국가 수준의 교육과정이며, 초·중등학교에서 편성·운영하여야 할 학교 교육과정의 공통적이고 일반적인 기준을 제시한 것으로 교육과정의 성격을 설명하고 있다.

가. 국가 수준의 공통성과 지역, 학교, 개인 수준의 다양성을 동시에 추구하는 교육과정이다.

나. 학습자의 자율성과 창의성을 신장하기 위한 학생 중심의 교육과정이다.

다. 학교와 교육청, 지역사회, 교원·학생·학부모가 함께 실현해 가는 교육과정이다.

라. 학교 교육 체제를 교육과정 중심으로 구현하기 위한 교육과정이다.

마. 학교 교육의 질적 수준을 관리하고 개선하기 위한 교육과정이다.

초·중등교육법

초·중등교육법 제23조가 말하는 대로 다양하게, 학생중심으로, 함께, 교육과정 중심으로 교육체제를 구현하고, 교육의 질적 수준을 관리할 수 있도록, 교육과정의 탈을 쓰고 흉내만내는 교육과정이 아닌 것들을 이제는 버리고 과감하고 깨끗하게 정리해야 할 시점이다.

학교 내부자들을 위한 제언

• 범교과학습 주제는 교과와 창의적 체험활동 등 교육 활동 전반에 걸쳐 통합적으로 다루도록 하고, 지역사회 및 가정과 연계하여 지도한다.

1 | • 범교과학습 주제는 교과와 창의적 체험활동 등 교육 활동 전반에 걸쳐 통합적으로 다루도록 하고, 지역사회 및 가정과 연계하여 지도한다.

법령에 따라 교육과정에 반영해야 할 시수

범교과 학습주제		활동주제	기준 시수	본교 시수	1	2	3	4	5	6	비고
안전·건강교육	안전교육	생활안전 (학기당 2회 이상)	12								• 식품안전 및 영양식생활 교육 : 영양교사 기준 월 2회 이상, 안전교육(생활교육)과 통합 운영 가능
		교통안전 (학기당 3회 이상)	11								
		폭력예방 및 신변보호 (학기당 2회 이상)	8								• 성폭력예방교육 : 연 1회 이상
		약물 및 사이버중독예방 (학기당 2회 이상)	10	51	51	○	○	○	○	○	○	• 흡연 및 약물 오남용 예방 교육 : 연 5시간 이상, 마약류에 대한 예방교육 포함 • 인터넷·스마트폰 과의존 예방교육 : 학기별 1시간 이상(사이버 중독예방 교육 시수로 정보공시 보고)
		재난안전 (학기당 2회 이상)	6								• 소방훈련과 교육 : 연 2회 이상
		직업안전 (학기당 2회 이상)	2								
		응급처치 (학기당 2회 이상)	2								
		성교육	15	15	○	○	○	○	○	○	• 성폭력(1시간), 가정폭력(1시간), 양성평등(2시간) 교육 포함 • 안전교육, 보건교육 등과 통합운영하거나 교과교육과 연계 운영할 경우 시수 인정
		보건교육 (최소 1개 학년)	17	17	○		○		○		• 보건(신체 10, 체육 3시간) • 전담(체육 4시간)
		학교폭력예방교육	11	11	○	○	○	○	○	○	• 사이버폭력 예방교육 2시간 이상 포함 • 학교폭력예방 어울림 프로그램 운영 • 안전교육, 인성교육 등과 통합 운영할 경우 시수 인정

연번	교과(영역)	학습주제	기준시수	운영시수					비고
2	인권교육	장애인식 개선교육(장애이해교육)	2	2	○	○	○	○	• 장애이해교육(장애인식교육 포함) 연 2회 이상 실시
		생명존중 및 자살예방교육	6	6	○	○	○	○	• 안전교육, 인성교육 등과 통합 운영할 경우 시수 인정
3	다문화교육	다문화 이해교육	2 (자율)	2	○	○	○	○	• 세계인의 날(5.20) • 다문화교육주간
4	인성교육	인성교육	자율 (의무)	6	○	○	○	○	
5	진로교육	진로교육	자율 (의무)	16	○	○	○	○	• 창의적 체험활동 진로활동 연계 운영
6	통일교육	평화·통일교육	자율 (의무)	10	○	○	○	○	• 통일교육 주간(5월), 호국보훈의 달(6월) 활용
7	독도교육	독도교육	1 (권장)	1	○	○	○	○	• 독도교육 주간(4월 4주), 독도의 날(10.25) 연계
8	민주시민교육	민주시민교육	자율 (의무)	12	○	○	○	○	• 청체 디모임(8), 교과 연계 월 1회 이상 확보 권장
9	경제금융교육	경제금융교육	자율 (의무)	자율	○	○	○	○	
10	환경지속가능발전교육	환경·지속가능발전교육	자율 (의무)	4	○	○	○	○	• 환경의 날(6.5) 계기 교육 모든 학교 실시
11	정보통신윤리교육	정보통신윤리교육	별정의무	7	○	○	○	○	• 인터넷 스마트폰 과의존 예방교육 : 학기별 1회 이상 실시

학교의 미래:
밀주초 이야기

밀주초의 시작

    내가 5부의 첫 페이지를 『밀주초 이야기』로 시작하는 것은 아마 내가 밀주초 교감으로 부임하지 않았다면 지금의 이 책이 나오지 않았을지 모른다는 이유 때문이다. 밀주초는 2000년대 구도심의 가난하고 어려운 환경의 학교가 어떻게 무너지는지를 잘 보여주었던 학교였고, 그런 학교가 어떻게 살아나고 바뀌어 가는지를 보여주면서 내게 혁신학교의 상을 보여주었던 학교이다.

    밀주초는 쇠퇴한 도시와 어두운 배경을 필요로 했던 영화 '밀양'의 주무대가 될 만큼 전형적인 구도심 지역에 위치한 학교이다. KTX가 정차하는 역이지만 주변 인프라와 환경이 가장 낙후되고 열악한 순으로 밀양역은 손가락 안에 들 것이다. 이러한 밀양역 주변의 구도심을 학구로 끼고 있는 학교가 밀주초이다. 한때 천 명이 넘는 학생들이 다녔던 학교지만, 2021년 3월에는 전체 학생 수 120명을 간당간당하게 채우고 있는 형편이었다. 무엇보다 최근 몇 년 사이에 학생 수가 한 해에 50명씩 줄어들고 있었는데, 그 원인을 단지 밀양이 인구소멸지역이라는 이유만 갖다 대기에는 학생 수 감소의 폭이 너무 가팔랐다.

나는 2020년 9월 1일 자로 밀주초에 부임했다. 가장 먼저 맞닥뜨린 상황은 학부모 민원이었다. 코로나의 첫 기세가 하늘을 찌르던 해였고 이러한 이유가 더해졌기 때문인지 밀주초의 학부모 민원은 상상을 초월했다. 국민신문고는 예사였고, 도교육청부터 지원청까지 툭하면 학교의 방역상황과 선생님의 교육 방법을 가지고 민원을 넣고 있던 상황이었다. 그 당시만 해도 코로나로 학부모와 얼굴을 마주할 수 없는 시기였으니 누가 무엇 때문에 불만을 가지는지 이유조차 잘 파악할 수 없었다. 부임해서 제일 먼저 한 일이 담임선생님의 교권 보호 사무처리와 휴직에 따른 기간제교사 채용이었다. 학교와 담임교사에 대한 학부모의 불신은 극에 달했고 선생님들에게도 밀주초는 하루빨리 벗어나야 하는 학교였다.

코로나에 따른 행정업무뿐만 아니라 온라인수업과 방역으로 학교의 영혼이 갈린다는 표현이 난무했던 시기에 엎친 데 덮친 격으로 밀주초가 폐교의 수순을 밟는다는 소문이 지역 맘카페에 떠돌기도 했다. 당시만 해도 입학식도 졸업식도 없이 교육과정이 돌아가는 학교가 부지기수였고 입학식과 졸업식을 약식으로나마 개최를 하더라도 학부모의 학교 출입은 전면 금지가 되던 시기였다. 그렇지만 이대로 가다가는 진짜로 학교도 교사도 학부모도 학생도 공멸할 수 있다는 생각에 꿈틀하기라도 해봐야겠다는 마음으로 교장 선생님께 긴급하게 부탁을 드렸다.

"지금 이 상태로는 저는 밀주초에 근무를 못합니다. 저도 휴직을 내고 도망가고 싶은 심정입니다. 아무래도 학부모들을 먼저 만나서 이야기라도 나눠봐야 하겠습니다. 코로나로 인한 위험은 있지만 교장선생님께서 허락만 해 주신다면 최대한 방역 수칙을 지켜서 잘 추진해보겠습니다."

모든 책임은 교장 선생님이 진다는 답변을 듣고 급하게 학부모들에게 일일이 전화를 돌렸다. 그것이 2020년 11월의 일이었다.

"처음 연락을 드립니다. 밀주초 교감입니다. 밀주초를 아끼는 학부모님들과 함께 잠시 이야기를 나누어 봤으면 합니다. 그동안 학교에 대한 아쉬운 점이 많으실텐데 얼굴을 한 번 뵙고 말씀을 듣고 싶습니다. 교장선생님은 3월에 오셨고 저도 9월에 왔는데 아직 학부모님 얼굴을 본 적이 없습니다. 간곡하게 부탁을 드립니다."

그렇게 해서 그 해 11월의 늦은 가을밤, 무려 스물다섯 분의 학부모들이 밀주초에 모였다. 밀주초에서 직선거리로 50미터 앞에 보육원이 있다. 부모에게 버림받은 아이, 부모의 이혼으로 맡겨진 아이, 아동학대로 이곳저곳을 떠돌다 밀양까지 오게 된 아이. 당시에 보육원에서 밀주초에 다니던 학생이 20명이 넘었다. 그리고 밀주초는 사실 여섯 학급이 전부가 아니라 특수학급 두 학급을 포함한 여덟 학급이었다. 오백 명이 넘는 큰 학교도 특수학급을 한 학급만 두는 경우가 많은데 여섯 학급 작은 규모에 특수학급이 두 학급이나 되는 건 드문 현상이었다. 특수학급 대상 아이들은 지정 학구가 없다. 좋은 특수선생님을 찾아 입학을 하거나 전학을 가는데 당시 밀주초에 근무했던 두 명의 특수학급 선생님이 거의 '설리번 선생님' 급의 훌륭한 선생님들이셨다. 덕분에 열세 명의 도움반 아이들이 밀주초에 다니고 있었다. 보육원 학생들과 특수학급 학생, 조손가정, 한부모 가정, 다문화가정 등을 더하면 취약계층이 전교생 120명

중 절반을 훌쩍 넘긴 70명에 육박하고 있었다. 그랬기에 학부모 25명이 코로나를 뚫고 저녁 늦은 시간에 학교에 모였다는것은 올만한 학부모는 거의 다 참석한 기적에 가까운 일이었다.

그 날 교장 선생님에게 전달된 밀주초 학부모들의 불만은 극에 달해 있었다. 학부모들이 했던 말 중에서 대충 몇 가지만 간추려본다.

"밀주초 선생님들 모습에서 교육자의 모습을 찾을 수 없었다."
"선생님들이 학생들 교육에 관심을 가지지 않는다."
"코로나로 인해 아이들이 방치되어 있는 것 같다."
"선생님들이 학교를 너무 자주 옮긴다."
"학부모가 학교에 오는 것을 학교가 싫어한다."
"불만을 어디 이야기 할 곳이 없다."

학부모들의 불만과 민원 상황이 너무 많아 일일이 다 대답을 해 드릴 수는 없었지만 왜 밀주초가 밀양 관내 선생님들에게 인기가 없는지 설명은 필요하겠다는 생각에 세 가지 이유를 학부모들에게 설명했다.

첫째, 밀주초는 6학급임에도 불구하고 학급당 학생 수가 많다. 시골 농촌학교들은 같은 6학급이라도 학급당 학생 수가 10명 안쪽인 경우가 대부분이다. 교사에게는 같은 6학급인데 한 반에 가르쳐야 하는 학생 수가 20명이 넘는다는 것은 담임교사에게는 부담으로 작용한다.

둘째, 학급에 취약계층 아이들이 유독 많다. 밀주초에는 담임선생님손이 많이 가고 챙겨야 하는 아이들도 많다. 쉽게 말해 밀양 관내 선생님들 사이에 가장 학구가 좋지 않은 학교로 이미 오래전부터 낙인이 찍혀 있다.

셋째, 같은 시내 다른 학교들에 비해 학급당 학생 수는 비슷하지만 교사가 감당해야 할 업무가 많다. 여섯 학급이라 다른 시내 학교에 비해 업무를 나눌 교사수는 부족하고 어정쩡한 학생 수에 시내 학교라는 이유로 감당해야 하는 교사 1인당 행정업무의 총량이 많아도 너무 많다.

그리고 학부모들에게 밀주초가 밀양의 학부모와 선생님들에게 아이를 보내고 싶고 근무하고 싶은 학교를 만드는 것이 소원이라고 말하고 학부모들의 이야기를 듣고 싶다고 했다. 닭이 먼저인지 달걀이 먼저인지 알 수는 없지만 불만이나 민원 말고 지금부터 밀주초의 아이들이 어떻게 성장했으면 좋겠는지를 이야기 나누고 싶다고 했다. 그리고 밀주초는 여러분에게 어떤 학교로 존재했으면 좋겠는지, 그리고 밀주초 아이들을 위해서 학부모들은 무엇을 할 수 있는지를 이야기해 달라 했다. 그 날 저녁, 학부모들은 밀주초 아이들에게 많은 바람을 남겼다. 주옥같은 이야기를 나누었고 본인들이 밀주초의 아이들을 위해서 할 수 있는 다짐을 이야기했다.

중앙 현관문을 나서는 학부모님 한 분이 눈물을 글썽인 채로 내 손을 잡고 부탁을 했다.

"교감 선생님예, 밀양사람들이 우리 보고 그럽니더. 질 떨어지는 밀주초에 아이들 뭐하러 보내느냐고…. 근데예 우리는 밀주초 말고는 아이를 맡길 데가 없습니다. 돈도 없고 빽도 없고 아무것도 없습니다. 좀 살만한 사람들은 신도시로 다 떠났지만 우리는 밀주초 뿐이라예. 우리 부모님도 저도 밀주초를 나왔고 제 자녀도 밀주초를 보내고 있습니더. 교감 선생 님예 부탁이 하나 있습니더. 내 아이가 밀주초에 다닌다고 밀양사람들에 게 말만 할 수 있게 해 주이소. 자랑까지는 바라지도 않습니다. 은혜는 잊 지 않겠습니다."

밀주초의 이야기는 그렇게 시작되었다.

학교 외부자들

교사와 행정업무의 분리

  교사는 하는 일이 많다. 이는 교사에 대한 역할 기대가 다양하기 때문이다. 요구의 영역도 다양할 뿐 아니라 요구하는 사람의 유형도 많다. 그래서 가르치는 일을 넘어 교실에서는 돌봄을 하는 부모가 되기도 하고 의사도 되고 상담사도 된다. 행정공무원이 되기도 하고 경찰도 되고 판사도 된다. 감시자도 되고 파티플레너나 레크리에이션 진행자가 되기도 한다.

  교사는, 특히 초등교사는 만능이 되어야 한다며 못도 잘 박아야 하고 형광등도 갈아야 하며 아이를 업고 뛸 체력도 갖추어야 한다는 말은 옛날부터 있어 왔다. 말 그대로 초등교사는 다재다능하고 가랑비에 옷 젖듯이 그렇게 단련되어 간다. 그런 시간을 지나며 교사는 앞에서 언급한 수많은 역할을 해내고 있는 것이다.

  교사에게 수많은 역할을 기대하는 것은 교사에게 어떤 영향을 미칠까? 많은 역할을 수행하는 경험이 교사를 전문성을 갖춘 사람으로 성장시키는가? 나는 아니라고 본다. 교사의 주역할은 수업과 평가, 생활지도이다. 물론 생활지도는 범위가 광범위하여 명확하게 선을 긋기는 어렵지만 어찌되었건 교사의 역할과 전문성은 그 세 가지로 정의되어야 한다. 이는 초·중등교육법 제20조가 규정하는 교사의 임무를 통해서도 명확하게 드러난다.

'교사는 법령에서 정하는 바에 따라 학생을 교육한다.'

초등교사는 전 교과를 가르치기에 교과의 내용만 가지고도 '학생을 교육' 하는 영역이 엄청나게 넓다. 그 속에는 앞에서 이야기한 모든 것이 포함될 수도 있을 것이다. 그러기에 보육사, 경찰, 판사, 속기사, 파티플 레너의 온갖 잡다한 역할까지도 하면서 학생을 지도한다. 이런 수많은 역할을 교사에게서 깔끔하게 덜어낼 수 없다. 오히려 이런 일은 학생 지도를 하는 중요한 방법이고 과정이 되기도 하기 때문이다. 그런 이유로 교사에게 행정업무를 부과해서는 안 된다. 초·중등교육법에 '행정직원 등 직원은 법령에서 정하는 바에 따라 학교의 행정사무와 그 밖의 사무를 담당한다'고 되어있으나 실제 학교의 일은 행정실에서 모두 할 수가 없다. 그래서 많은 시도교육청들이 교무행정팀의 구성을 추진해 왔고 교무실무사를 학교마다 증원 배치하여 교사가 행정업무를 처리하지 않도록 하고 있다. 그러나 여전히 높은 비율로 교사가 행정업무를 담당하고 있다.

교사는 교사에게 기대되는 수많은 이름값을 하기도 숨이 차다. 그리고 또 내일의 질 높은 수업을 위해 준비해야 하는 시간이 반드시 주어져야 한다. 수업을 마친 시간에, 전담 수업을 보내는 시간에 교사가 업무포털과 에듀파인을 열어 공문을 처리해야 하는 체계 속에서 교사의 전문성 성장은 기대하기 어렵다. 아니 불가능하다. 교무행정팀이 원활하게 운영

학교 외부자들

되기 위해서는 교무행정팀에 소속된 교사의 수업시수를 줄여주어야 한다. 그것은 전담 수업을 담임교사가 1~2시간 정도 하는 것으로도 가능하고 교무행정팀의 교사 수업시수를 경감할 지원인력을 배치하는 것으로도 가능하다. 교사의 주당 수업시수가 적지 않음을 잘 알고 있다. 그럼에도 불구하고 교사는 교사로서의 일을 할 수 있는 체계가 필요하다고 생각한다. 교사와 행정업무의 분리는 이제 여러 기관과 학교의 마음먹기에 달렸다. 밀주초를 바로 세우는 모든 시작은 담임선생님이 온전히 아이들 곁에서 호흡하고 숨 쉴 수 있도록 교사의 행정업무 분리부터 출발했다.

먼저 전화하기

　교감으로 재직한 지난 8년동안 인사철이 되면 한 번도 빠트리지 않고 행한 일이 있다. 우리 학교로 발령이 난 선생님이나 교육공무직에게 먼저 전화를 해서 우리 학교로 와 주셔서 고맙다는 인사와 새학년 준비 일정을 자세히 안내드리는 일이다.

　보통 새로 발령이 난 선생님들이 주위로부터 제일 먼저 듣는 조언이 빨리 새학교 교감에게 전화부터 하라는 이야기다. 나도 교사시절에 주위의 선배교사들로부터 그런 이야기를 참 많이 들었다. 새학교 교감이 미리 전화가 오는지 안 오는지 다 체크하고 있으니 부임인사 가기 전에 인사부터 드리는 게 도리라고 했다. 그때부터 선생님들은 고민에 휩싸인다. 나도 다음과 같은 고민에서 자유로울 수 없었다.

　'언제 전화하지?'

　'어디로 전화하지?'

　'무슨 말부터 시작해야 되지?'

　교감인 내가 부임하시는 분들께 먼저 전화를 드리는 이유는 새로 오신

선생님들의 고민을 빨리 해소시켜 드리고 선생님들과의 첫 대화를 감사와 환대로 시작하기 위해서다. 학교전화가 아니라 꼭 내 휴대폰으로 전화를 건다.

"○○초 교감입니다. ○○초로 와 주셔서 정말 고맙습니다. ○○초 아이들은 참 순수하고 착합니다. 좋은 학교를 선택해서 와 주셔서 다시 한 번 감사를 드립니다."
전화받은 선생님들은 똑같은 답변을 한다.
"제가 먼저 전화를 드려야 했는데 죄송합니다."

다시 답변을 드린다.

"아닙니다. 모시는 쪽에서 먼저 전화를 드려야지요. ○○초의 이후 일정은 이러이러합니다. 교육과정협의회때 편안하게 출장내고 오시라고 공문은 제가 지금학교로 보내 놓았습니다. 그리고 지금 번호가 제 개인 전화번호입니다. 부임하시기 전까지 궁금하신 사항은 언제든 여기로 전화주시면 자세히 안내드리겠습니다. 새해 복많이 받으시고 즐거운 명절 되세요. 다시 한 번 ○○초로 와주셔서 감사드립니다."

먼저 전화하기….
환대와 축하로 새롭게 오시는 교직원을 우리의 가족으로 받아들이는 첫걸음이다.

학교의 미래: 밀주초 이야기

12월, 함께하는 학생맞이

아침마다 교문에서 아이들을 만나는 '아침맞이'
"학교에 오는 여러분을 환대합니다."
해마다 아이들의 집으로 찾아가는 '학생맞이'
"우리 학교 가족이 됨을 환영합니다."

　내가 좋아하지 않는 표현이지만 수 년 전에 '교육 수요자'라는 말이
있었다. 교육을 경제 논리에 넣어 해석함으로써 정부는 학생과 학부모를
교육 수요자로 인식하고 이에 맞는 교육활동을 요구했다. 이때부터 학부
모와 학생은 학교의 고객님이 되었다. 그때부터 학교의 입지가 많이 바
뀌었다고 느낀다. 고객님을 위해 교육 서비스를 제공하는 곳이 학교가
된 것이다. 최근의 갑질 민원도 이것의 연속선상에 있다. 학교에 질문이
나 건의를 하려고 전화를 했는데 응대하는 사람이 친절하게 답하지 않아
기분이 상했다고 민원을 넣는다는 이야기를 들으면 여전히 바뀌어야 할
것이 많다고 생각한다.
　밀주초는 예전에 지역의 중심학교 중의 하나였던 학교인데 학생 수가

학교 외부자들

급격하게 줄어들면서 한 학년에 한 학급만 남았다. 자연적 인구 감소만 영향을 미쳤다면 우리도 어쩔 수 없었을 테지만 학구에 있는 학생들이 모두 우리 학교로 입학을 하지 않고 주소를 옮겨서 시내 다른 학교로 가 버린다는 것을 행정복지센터에서 보내오는 취학통지 대상자 공문을 보고 알게 되있다.

원인은 여러 가지이다.

학교에 대한 불신, 열악한 학구에 포함되고 싶지 않는 마음, 큰 학교로 보내는 지역민들의 현상 이런 것들이다. 그런 이유들은 주로 심리적인 것들이었다. 어느 것 하나 우리 학교에 아이를 보내지 않는 이유가 객관 적 데이터로 분명하게 드러나지 않는 것이었다. 상식적으로 어린 자녀들 을 멀리 차를 태워서 보내고 싶은 부모가 어디 있겠는가? 우리는 그런 학 부모들의 생각을 바꾸어 보기로 했다.

12월이 되면 학부모회 임원들과 나는 학군 내에 있는 취학통지서를 받 았을 아이가 있는 집을 일일이 방문한다. 학부모와 함께하는 이유는 학 교를 보내는 학부모가 직접 말하는 것이니 걱정하지 말라는 신뢰를 주기 위함이다. 지난해에는 그 걸음에 교장선생님도 함께 했다. 우리 학교의 교육과정이 요약된 홍보지를 들고 모두가 집에 있을 밤늦은 시간에 찾아 가서 밀주초에 아이를 보내주시면 잘 키우겠다고 약속을 드린다.

어쩌면 물건을 팔러 온 외판원 같아 보일까 걱정도 된 것이 사실이다. 하지만 진심은 통하는 모양이다. 학교 홍보 활동이 끝난 후 가입학을 해 보니 전년도에 비해 학구내 학생의 이탈 수가 눈에 띄게 줄어드는 것을 확인할 수 있다. 그래서 밀주초는 12월이 되면 3년째 '함께하는 학생맞 이'를 한다. 이것은 학생을 수요자나 고객으로 생각해서가 아니라 학교 의 주인으로 세우는 마음을 보여주기 위함이다.

조금씩 학교에 대한 입소문이 나면서 학급수도 늘어나고 멀리서 찾아오는 학생들도 많지만 나는 우리 학교 구성원들이 '함께하는 학생맞이'에 큰 가치를 둔다. 학교가 먼저 다가가 신뢰를 주고 약속을 하는 첫 발자국이기 때문이다.

학교 외부자들

교육지원실로의 통합

　북유럽 교육현장을 탐방한 해외연수에서 가장 놀라웠던 것은 학교장이 교육과정을 직접 소개하고 모든 손님을 혼자 맞이하는 것을 넘어 학교의 모든 재정과 선생님들의 월급까지 직접 관리를 하는 것이었다. 모든 행정업무와 예산이 학교장을 중심으로 돌아가고 있었고 교무실과 행정실이 분리되어 있지 않았다. 한국에서는 교장은 교무실과 행정실에서 올라오는 행정업무와 예산에 대한 결재만 하고 있다. 이러한 결재도 지금은 대부분 전자결재로 이루어지기에 굳이 교장실이 교무실과 행정실 가까이에 있을 이유도 없다. 만약 한국에서도 교장이 결재만 하는 사람이 아니라 교감과 행정실장이 하고 있는 교무행정과 일반행정 업무를 직접 진두지휘하고 총괄하고 있다면 이러한 공간의 분리는 원활한 업무수행에 큰 걸림돌로 작용할 것이다. 학교장이 북유럽처럼 직접 행정업무를 총괄하면서 진두지휘를 하지 않더라도 별도 공간으로의 교장실 분리는 업무의 효율화에도 도움이 되지 못한다.

　전국에 혁신학교가 들불처럼 일어나면서 교사의 수업과 생활지도의

학교의 미래: 밀주초 이야기

중심의 교육본질을 찾자는 노력이 구체화 되었다. 대부분의 시도에서 교사의 행정업무경감을 교육감의 핵심공약으로 내세웠다. 나는 교사의 행정업무 경감은 교장실과 교무실, 행정실을 통합한 교육지원실의 구축에서 출발해야 한다고 생각한다. 현실적으로 학교에서는 업무를 추진하는 담당자가 결재판을 들고 의논을 하러 교감에게 갔다가 예산 문제에 부딪치면 행정실로 갔다가를 반복하는 사례가 매우 빈번하다. 심지어 교장 선생님도 무엇인가를 확인할라치면 행정실에 들렀다가 교무실에 들러기를 한다. 아니면 앉아서 전화나 메신저로 교감과 행정실장을 호출하는 것이 보편적인 모습이다.

교무실과 행정실을 통합한 학교가 있다. 아니 있었다. 한 공간에 교장 선생님의 책상과 교무행정팀, 행정실 직원이 함께 근무를 하는 형태였다. 매우 효율적인 공간이라는 생각에서 시도된 이 프로젝트가 실패했다는 소식을 들었다. 가장 큰 반대는 행정실이었다고 한다. 심리적 불편함이었을까? 정확한 반대 사유는 모르겠으나 행정직노조에서 반대를 했다는 풍문도 있었다. 왜 각자의 공간에 있어야 하는지, 또 그렇게 주장할 수 있는 근거는 어디에 있는지 나는 모르겠다.

혁신학교의 교육과정 혁신, 학교문화의 혁신과 함께 공간혁신도 활발하게 진행되고 있다. 교육과정을 잘 담아낼 수 있도록 다양한 시도가 되고 있고 주로 중앙현관과 도서관, 교실을 중심으로 공간혁신 사업이 이루어진다. 이 가운데 교육지원실을 통합하는 사례는 매우 드물다.

밀주초는 원활한 업무수행을 위한 교육지원실을 구축했다. 업무와 공간의 효율성 측면에서 넓은 공간은 도움이 되지 않는다. 밀주초에 부임했을 때 1층 중앙현관을 중심으로 단지 어른 여덟 명(교장실 1인, 교무실 4인, 행정실 3인)이 교실 4칸 반을 사용하고 있었다.

교무실에 선생님들 책상이 없으면 큰일이 날것처럼 이야기하던 시절이 있었다. 교직원 조회가 일상화되던 시기에는 교무실이 클 필요가 있었으나 회의가 많이 축소된 현 상황에서 행정업무 위주의 교무실이 지금처럼 클 필요가 없다. 교무실과 행정실, 교장실이 상주하는 인원에 비해 넓게 구성되어 있는 것은 공간 주권의 차원에서도 업무처리의 효율적인 차원에서도 맞지 않다. 또한 학교마다 교장실, 교무실, 행정실이 가장 드나들기 좋은 중앙현관 좌우로 배치되어 있는 것도 어른들의 근무편의를 위한 일반적인 배치이기 때문이다. 학교의 주인은 학생이라지만 이는 말뿐이고 학교 공간의 주인은 엄연히 어른이라고 드러내고 있는 단적인 예라고 할 수 있다. 대부분의 학교에서 아무렇지 않게 버젓이 일어나고 있는 어른 중심의 공간배치는 효율적인 업무처리에 도움이 되지 않는다. 2023년 그린스마트스쿨 리모델링 대상학교인 밀주초는 설계단계에서 보편적인 교실을 한 칸으로 봤을 때 교무실 0.5칸, 행정실 0.5칸, 교장실 0.2칸, 공용공간 0.3칸으로 하여 전체 1.5칸으로 세 개의 사무실을 하나의 교육지원실로 통합하여 행정업무공간을 대폭 축소했다. 슬라이딩 도어로 평소에는 공간을 확장하여 사용하다가 필요에 따라서 분리하여 업무의 편리를 도모하고 있다. 무엇보다 교장실이 한 공간 안에 위치하고 있어 의사결정이나 협의, 결재가 빨라져 업무의 신속처리가 가능해서 업무의 효율성도 극대화되고 있다. 또한 선생님을 아이들 곁으로 보내기 위해 행정업무를 교사에게 전가하는 것이 아니라 지원실에서 처리하는 것을 기본으로 하고 있다. 북유럽처럼 교육지원실에서 모든 행정업무를 도맡아 처리한다는 철학의 출발이 공간의 재구조화에서 시작된다는 것을 증명해 보이고 있다.

학교를 망치는 학부모들에게
어떻게 대응하는가?

    교사로 22년, 교감으로 8년. 30년 동안 수많은 학부모들이 나를 지나가면서 교권을 짓밟는 천태만상의 모습들을 보여주었다. 부모의 학력, 경제적 능력 여부와 상관없이 교사의 교권을 무시하는 경우가 허다했다. 학력이 낮은 학부모는 교사를 무시하면서 자존감을 높이려 했고 학력이 높은 학부모는 학력을 무기 삼아 교사를 가르치려고 덤벼들었다. 선생님의 잘잘못을 들추어내어 혼을 냈더니 선생님이 내 앞에서 쩔쩔맸다고 온 사방에 자랑하고 다니는 학부모도 있었다. 학교를 자주 드나들고 교무실에 자주 전화하는 부모들은 한 번 맛을 들이면 그 맛에 헤어나지를 못했다. 자녀가 보는 앞에서는 그 정도가 더 심해지는데 이쯤 되면 자녀 교육은 포기했다고 봐야 한다. 선생님의 교권을 짓밟는 행위를 통해 자신과 가족에게 결핍된 무언가를 채우려는 양상을 보이기까지 한다.

    아래는 경남교육연구정보원에서 뉴스 빅데이터 분석시스템(빅카인즈)을 활용한 조사로 서이초 사건이 발생한 2023년 7월 18일부터 8월 22일까지 언론에 보도된 '교권침해' 관련 기사 제목 중 일부이다.

"칼 맞고 싶냐", "임신시킬까?", "골프채로 머리를" 억장 무너지는 교사들

(2003. 8. 3)

"술취해 멱살 잡고 침 뱉어" 학부모 교권침해 학생보다 두 배 많아

(2023. 8. 3)

아파트서 수업 훔쳐보며 "애 표정 안 좋아" 전화 학부모 갑질

(2023. 7. 30)

"XX 선생 자격 없는 X" 막말에 실내화 투척 교권침해 어디까지?

(2023. 7. 27)

"담임이니 임신은 내년에 하세요"

(2023. 7. 27)

"만삭인데 배 차고 침 뱉어" 교사 부모님까지 무릎 꿇린 학부모

(2023. 7. 25)

"무릎 꿇고 빌어라", "애 낳아봤나" 해도 너무한 '막말' 학부모

(2023. 7. 25)

갑질하더니 쫄았나 교권침해 '미투'에 학부모 민원 뚝 끊겨 "허탈"

(2023. 7. 25)

"제 아들 졸업할 때까진 결혼하지 마세요" 학부모의 민원

(2023. 7. 24)

위의 기사 제목들만 봐도 학교 현장에는 상상하기 힘든 학부모들의 막말과 요구, 참견, 비난, 비판, 평가, 감시, 원망이 넘쳐나고 있다. 반면 학교는 정당한 방어기제를 작동시키지 못하고 학부모들의 무법에 노출되어 있다. 무엇보다 아동학대처벌법이 학교로 들어오면서 학교가 소송의 장으로 변하기 시작했다. 학교 소송 전문변호사가 생기고 변호사들이 학교

학교의 미래: 밀주초 이야기

때문에 밥벌이를 한다는 말이 돌 정도로 학교는 교사와 학부모 간의 소송이 난무했다.

학부모들이 학교에 이처럼 당당하게 민원을 제기할 수 있는 것은 교육기본법 때문이다. 학교가 학부모의 의견을 존중하여야 하는 사항은 교육기본법에 명시되어 있는데 교육기본법 제13조 2항에 '부모 등 보호자는 보호하는 자녀 또는 아동의 교육에 관하여 학교에 의견을 제시할 수 있으며, 학교는 그 의견을 존중하여야 한다'라고 되어 있어 학교에서 학부모의 민원을 배척하거나 무시하기 어렵다. 학부모들은 학교 교육과정 운영이나 시설, 교육 방법 등에 대해서 매우 주관적인 의견임에도 불구하고 무차별적으로 민원을 제기한다. 담임을 통하기도 하고, 교무실로 전화하기도 하고, 교장실로 집단으로 쳐들어오기도 하고, 지원청 게시판이나 국민신문고에 민원을 제기한다. 학교는 이러한 민원에 교육기본법에 따라서 의견을 존중해야 하고 공직자로서 성실히 답변에 응해야 한다.

만약 민원을 제기하는 이가 학교운영위원회 학부모위원이거나 학부모회 임원이면 학교는 정상적으로 교육과정을 운영할 수 없을 정도의 위기에 처하게 된다.

초·중등교육법 시행령 제60조 1항에 따르면 '국·공립학교의 장은 운영위원회의 심의결과를 최대한 존중하여야 하며, 그 심의결과와 다르게 시행하고자 하는 경우에는 이를 운영위원회와 관할청에 서면으로 보고하여야 한다'로 규정하고 있다. 학교운영위원회가 심의기구임에도 불구하고 결정과 시행권한이 있는 학교장이 관할청에 서면으로 보고해야 하는 무리수를 두면서까지 학교운영위원회 결과와 다르게 시행하는 경우는 거의 없다. 따라서 진상 민원인이 혹시나 학교운영위원회 학부모위원인 경우는 심의과정에 큰 난관에 봉착하게 된다.

학부모 민원에 대한 밀주초의 대응

밀주초는 선생님의 수업이나 학생생활 지도과정에서 생긴 학부모의 민원, 학교폭력 유사 상황에서 발생한 학부모 간의 갈등이 발생하여 조정이 필요하면 교감에게 먼저 알려 교장선생님과 함께 적극적으로 개입하여 이해 당사자들과 소통하면서 해결하고 있다. 밀주초의 민원 해결방식의 가장 큰 특징은 1차부터 교장선생님이 먼저 적극적으로 개입하여 조정작업을 진행하는 데 있다. 전화통화로 당사자들과의 조정이 어려운 경우 교장실에서 학부모를 직접 만나 민원을 들어보고 갈등 조정을 하고 있으며, 1차에서 해결이 어려울 때에는 상담교사와 부장교사, 담임교사, 교감이 포함된 위기관리위원회를 개최하여 다시 한번 더 조정작업을 진행한다. 밀주초는 법적 분쟁으로 가기 전에 학교내에서 가능한 모든 소통 장치를 가동하여 최대한 분쟁이 조정될 수 있도록 노력하고 있다.

학교운영이나 교육과정 운영, 학교시설과 같은 민원 사항은 일차적으로 각 학반의 대표에게 전달되어 전교학부모회 임원방에 직접 건의할 수 있는 소통창구를 마련하고 있는데 이러한 민원 또한 학부모회에서 무조건 받아주는 것이 아니라, 전교학부모회 임원의 50퍼센트가 동의하는 민원들에 대해서만 교장실로 건의할 수 있는 시스템을 구축하고 있다. 이러한 시스템을 구축한 까닭은 학부모들 스스로가 숙의를 통해 소수의 악성 민원을 사전에 차단할 수 있도록 하여 다수의 선량한 학부모들이 민원으로 인해 불이익을 받지 않도록 하기 위함이다. 아울러 학부모와 학교 간의 불협화음이 생겨 소통창구가 막히는 것을 방지하기 위함이기도 하다.

교감의 다짐,
그리고 민원에 대한 태도

2016년 교감으로 승진하면서 출근할 때마다 초심을 잃지 않으려고 가끔씩 되새기는 말이 있다. '나는 왜 교감이 되려고 했는가?' 그 초심을 잃지 않으려고 교감으로 근무하면서 꼭 몸과 행동으로 실천하자고 다짐했던 것 다섯 가지가 있다.

첫째, 선생님들이 수업준비와 생활지도에 충실할 수 있게 업무과제카드를 주지 않겠다는 것이었다. 그렇게 만들려면 교감부터 실천하는 모습을 보여야 했기에 학교의 규모마다 업무분장이 달라지긴 했지만 학폭, 생활, 보건, 돌봄, 학부모회, 공간혁신사업, 취학 유예 관련 학적, 혁신지구사업, 학생자치, 그린스마트, 이음교실, 방과후학교 등 안 해 본 업무가 없다. 또한 각종 채용과 계약관련업무 역시 한 번도 빠짐없이 도맡아 했다. 심지어 연구부장이 해야 하는 각종 계획서와 보고서, 각종 공모사업 관련 계획서와 정산결과까지 수도 없이 대신 작성했다.

둘째, 선생님들의 자연생태교육에 도움이 될 수 있도록 학교마다 텃밭을 조성하는 일이었다. 학교마다 방치되어 있는 자투리땅을 찾아 삽과 괭이로 텃밭을 만들어 원하는 학반에 분양해 주었다. 담임선생님은 식물을 심고 키우고 재배하는 일만 아이들과 할 수 있도록 한 해도 빠짐없이 텃밭의 모든 준비를 다 해 주었다.

셋째, 아침마다 교문에서 아이들을 맞이하면서 전교생의 이름을 외우는 것이었다. 출장이 있거나 하면 빠지기도 했지만 지금까지 꾸준히 실천해 오면서 아이들의 이름과 가정사까지 기록하면서 외웠다. 아침맞이는 교감이 행정을 하는 사람이 아니라 학생을 교육하는 사람임을 자각하게 해주는 자극이 되었다. 아침맞이를 통해 아이들의 이름을 다 외웠고 아이들에게 보다 친밀하게 다가갈 수 있었다.

넷째, 중간놀이시간 30분 동안 담임선생님들에게 다음 시간의 수업준비와 차 한 잔의 여유와 휴식을 드리기 위하여 학생들의 안전을 지키는 것이다. 강당과 운동장, 학교 텃밭, 교문 주위 등 학교를 돌며 하루도 빠짐없이 학교 곳곳을 돌며 아이들의 놀이를 관찰하고 안전을 살폈다.

다섯째, 점심시간에 교무실무사들이 좀 쉴 수 있게 교무실을 굳건하게 지키는 것이다. 급식을 하고나면 교무실무사들은 산책을 하거나 친한 직원들과 담소를 나누며 하루 중 유일한 휴식시간을 갖는다. 나는 그 시간에 교무실에 홀로 앉아 학교로 걸려오는 모든 전화를 도맡아 처리했다.

필자가 이 글에서 주목하고자 하는 것은 바로 다섯 번째이다. 첫째부터 넷째까지는 이전 학교와의 특별한 차이를 찾기 어려웠는데 다섯 번째는 밀주초에 근무하면서 놀라운 경험들을 했다. 바로 점심시간 내내 교무실로 단 한 통의 민원 전화도 걸려오지 않는다는 것이다. 이전 학교에서는 '오늘은 아이가 몇 시에 마치냐?', '학원 가지 말고 집으로 바로 가라고 해라' 등의 사소한 개인민원부터 '운동장에 풀 좀 뽑아라', '텃밭에 모기가 너무 많다', '교문 앞이 너무 혼잡하다' 등의 학교시설 민원까지 온갖 전화들이 다 걸려 와서 점심시간에 교무실에 혼자 앉아 있는 것이 괴로웠다. 그런데 밀주초의 점심시간 전화기는 고요함 그 자체다. 평소에 선생님들이 자세한 안내와 소통을 잘 하고 있는 덕분이기도 하겠지만 밀주초에서는 선생님들 또한 학생지도와 관련해서 보호자에 대한 원망이나 불만을 나에게 하거나 탓을 학부모에게 돌리는 일도 거의 없다. 혁신학교가 되기 전 초창기에 진상 민원인들이 몇 명 있었지만 지금은 대부분 전학을 가버리고 없다. 진상 민원인들은 왜 전학을 가 버렸을까?

그들의 요구에 학교가 묵묵부답으로 꿋꿋하게 버텼기 때문이다. 선생님들의 정당한 교육활동이 원인이라면, '내 아이가 아니라 우리 아이들'이라는 밀주초의 가치를 '내 새끼 지상주의'로 흔들려고 한다면 교육청에 쳐들어가도, 국민신문고를 두드려도, 기자를 대동하고 와도 학교는 꿋꿋하게 버텼다. 학생지도와 관련해 불만을 잔뜩 가진 학부모가 담임선생님과 면담 후에도 뜻이 이루어지지 않으면 꼭 교감인 나에게 찾아왔다. 나와의 대화에서도 학부모는 결국 듣고 싶은 해답을 찾을 수 없다. 정당한 지도라고 판단되면 나는 끝까지 담임선생님의 편을 들었기 때문이다. 그러면 보호자는 비장의 무기를 꺼내어든다.

"담임선생님은 교감선생님때문이라고 욕을 하던데 왜 교감선생님은 자꾸 선생님 편만 듭니까?"

이 말을 들으면 순간 서운하기도 하고 섭섭하기도 하지만 이내 정신을 가다듬는다.

"담임선생님이 저에게 오해가 있겠지요? 그렇게 선생님의 마음을 곡해하거나 저와 갈라치기 하시면 안 됩니다. 선생님을 믿고 조금만 더 기다려보이소."

그래도 불만이면 학교가 해 줄 수 있는 게 아무것도 없으니 교육지원청을 찾아가 보라고 도리어 권하기도 했다. 그렇게 해서 교육지원청으로 보낸 것도 몇 건 있었다. 이래저래 두드려도 마음에 들지 않으니 결국에는 어느 날 전학을 가버린 학부모들이 몇 명 있었다.

'학부모 민원이 정당한 민원인가?', '우리 아이들이 아니라 내 아이만 생각하는 민원인가?'를 고려하여 대응하면 끝을 예측할 수 없는 지난한 싸움이 된다. 그래서 나는 대응기준을 학부모가 아니라 교사에게 두고 대응한다.

첫째, 선생님의 행위가 정당한 교육지도라고 볼 수 있는가?

둘째, 성관련사안처럼 법에서 정한 공직자로서의 품위를 손상시켰는가?

셋째, 성적조작, 공금횡령과 같이 공익을 해쳤는가?

넷째, 교사의 이익을 위해 학생을 도구로 이용하지 않았는가?

앞의 네 가지에만 해당되지 않는다면 학부모의 민원에 고개를 숙일 필요가 없다. 당당하게 맞서서 교사의 교권과 학교의 교육권을 지켜내어야 한다.

학교의 미래: 밀주초 이야기

학부모 자치의 주체

　내가 학교현장에서 경험한 바로는 2000년대 초까지만 하더라도 학부모 자치라는 말은 있지도 않았고 시도된 적도 없다. 이제 우리는 교육공동체를 말할 때 학생, 교직원, 학부모를 든다. 그리고 이들이 교육의 주체라고 강조한다. 이에 걸맞게 '학생자치회'를 운영하고 '학교 자치'가 강조되고 있다. 그런데 학부모 자치는 없다. 학부모는 교육의 주체가 아니라 학교에 민원을 제기하는 사람들에 불과했다. 학부모가 주체가 되고 학부모 자치가 이루어진다면 학부모는 교육에서 아주 중요한 주체가 될 것이라 생각했다.

　2021년부터 밀주초는 학부모 자치를 실현해보고자 했다.

· 학부모 총회 계획을 학부모가 세운다.
· 학부모 총회 안내장을 학부모가 만들고 인쇄한다.
· 학부모 총회 진행 방법을 학부모가 의논한다.
· 학부모회 임원을 구성한다.
· 한 해 활동을 협의한다.

· 협의한 활동을 바탕으로 학교 교육활동 참여 여부를 학교와 의논한다.

· 세부 계획(예산 계획 포함)을 학교에 전달한다.

· 계획에 따라 활동을 한다.

처음부터 저절로 이렇게 된 것은 아니다. 몇 년간 학부모회의 활동을 지원하였고 이제는 충분한 힘이 생겼다고 생각되어 제안을 했더니 기꺼이 그리한다고 하셨다. 그렇게 밀주초등학교 학부모회는 자치가 가능해졌다.

경남 학부모회 길라잡이의 내용에 의하면 1996년부터 본격 운영되기 시작한 학교운영위원회에 학부모 위원이 참여함으로써 학부모는 우리나라 역사상 처음으로 교육의 주체로 인정받게 되었다. 이후 1998년 학교운영위원회가 법정기구가 되면서 학부모가 교육의 주체라는 사실을 법률적으로 명시하게 되었다고 한다. 법률적으로 명시되기 이전에도 학부모회는 있었고 학부모 총회가 열려왔다. 그러나 이것은 학교의 요청에 의한 것이었고 학교의 부탁을 학부모가 '아이를 맡긴 죄'로 떠안았기에 유지될 수 있었던 것이다. 각종 모니터링단이나 교통안전 활동 등에 '참여'가 아니라 '동원' 되었다고 하는 것이 더 정확한 표현이다.

밀주초의 학부모회가 각종 모니터링이나 교통안전 활동 등을 하지 않는 것이 아니다. '활동을 하느냐, 하지 않느냐'와 누가 주체가 되어서 하느냐는 매우 큰 차이가 있다.

현재 우리 학교의 학부모회는 학교와 협력을 하지만 또 하나의 독립적인 기능을 하고 있다. 학부모 총회를 직접 운영하는 만큼 학부모회의 직

학교의 미래: 밀주초 이야기

인이 있다. 학부모회 이름으로 학부모에게 나가는 안내장이나 공고에는 학교의 직인이 아니라 학부모회의 공식적인 직인이 찍힌다. 법률적으로 공식적인 단체는 아니지만 학부모회의 이름에 그만큼 무게를 실어주기 위함이다.

학부모 민원이 사회문제가 되자 이를 빌미로 삼아 학교가 학교 문을 걸어 잠그고 교사와 학부모의 접촉을 끊는 것을 대안으로 채택하려고 하는 학교에게 학부모 자치를 진심으로 권하고 싶다.

모든 학교에 학부모 자치가 실현된다면 우리는 또 하나의 든든한 교육 가족을 얻게 된다.

학교 외부자들

학부모 자치의 출발: 민주적인 총회

많은 시도교육청에서 학부모를 교육주체로 인정하고 학부모회 조례를 제정하고 학부모회 자치를 활성화시키기 위해 노력하고 있다. 교육기본법 제5조(교육의 자주성 등)에도 '국가와 지방자치단체는 학교운영의 자율성을 존중하여야 하며, 교직원, 학생, 학부모 및 지역주민 등이 법령으로 정하는 바에 따라 학교운영에 참여할 수 있도록 보장하여야 한다' 라고 명시하고 있으니 이러한 노력은 당연한 것이라 할 수 있다.

자치회의 핵심은 민주적인 선출과정을 통해 학부모회 임원의 선출이 되어야 하고, 예산 또한 자율적으로 운영할 수 있도록 보장되어야 한다. 그럼에도 불구하고 많은 학교에서 막후작업을 통해 비민주적인 절차로 임원이 선출되고 있고, 예산 또한 학부모회에 공개하지 않고 있는 실정이다. 변화를 기대하는 주문이 있지만 자의, 타의로 운영되는 학부모회를 민주적으로는 운영하기가 쉽지 않음을 나도 인정한다.

여기에는 몇 가지 이유가 있다.

첫째, 학부모회는 교육과정 운영 영역이 아니다. 교육과정 운영하기도

학교의 미래: 밀주초 이야기

숨돌릴 틈이 없다. 그러니 학부모회 운영까지 신경 쓰기는 더 힘들다. 교육과정과 학부모회 운영의 접점이 없으므로 형식적으로라도 학부모회를 구성하고 나면 활동까지는 신경 쓸 겨를이 없다.

둘째, 학부모회 업무담당자가 주로 교사다. 대부분의 학교에서 학부모회 운영 업무는 중요 업무가 아니다. 동시에 누구나 쉽게 할 수 있는 업무도 아니다. 교사에게는 수업시간이 정해져 있고 학부모도 대부분 직장이 있다. 그러니 학부모회 대표와 업무담당자가 의논을 할 수 있는 시간을 만들기는 매우 어렵다.

셋째, 학부모회는 학교가 요구할 때 움직인다. 이것은 옛날 문화가 아직 남아 있기 때문일 것이다. 학교에 협조할 수 있는 시간적, 경제적 능력이 있는 학부모가 임원이 되고, 학교는 학부모를 동원할 필요가 있을 때 연락해서 협조를 받는다. 이것에 익숙해진 학부모들에게 학부모회는 학교의 필요에 적극적으로 협조를 하는 것이 잘 하는 것이라고 생각하기 때문이다.

따라서 학부모회를 잘 운영하려면 첫째, 교육과정과의 접점을 찾는다. 둘째, 업무담당자는 학급을 담당하는 교사가 아니어야 한다. 셋째, 학교의 요구보다 학부모회가 자생적으로 움직일 수 있는 시스템을 갖추어야 한다.

학부모회 자치의 올바른 첫 출발은 학부모회 총회를 얼마나 민주적인 절차를 준수하고 진행하느냐에서 출발한다. 학부모회 총회를 목적에 맞게 잘 진행하기 위해서는 학부모회 총회는 별도의 날을 잡아 실시해야 하나 보통은 교육과정설명회와 묶어서 실시를 한다. 교육과정 설명도 해

야 하고 연수도 해야 하는 등 많은 시간이 투자가 되다 보니 학부모총회
는 시간에 쫓겨 대부분 형식에 그치는 경우가 다반사다.

밀주초 학부모회의 총회 운영 방식

밀주초는 학부모회 자치활동을 보장하고 학부모회 총회를 목적에 맞
게 잘 실시하기 위하여 다음 학년도 총회를 전년도 12월에 하고 교육
과정설명회는 차기년도 3월말에 별도로 실시한다.

밀주초의 총회는 3주 전에 학부모와 교직원이 함께 총회준비위원회를
구성하는 것으로 출발한다. 총회준비위원회에서는 총회 개최 계획을
학교홈페이지와 SNS를 통해 안내한다. 임원선출공고, 입후보자 등록
및 안내, 당일 투표용지 제작과 투표과정 준비, 학부모회 규정안의 개
정도 준비위에서 한다. 기존 학부모회 임원단에서 결산과 추진사업 활
동결과를 준비하고 총회전에 감사의 승인을 미리 득한다. 총회 당일에
는 학부모회 회장과 학교장인사로 시작하여 사업활동 및 예산집행결
과 보고, 감사보고, 임원입후보자 소견 발표, 투표 및 개표, 당선자 소
감 발표로 총회를 마무리 한다.

차기년도 학부모회 사업계획은 새 학년이 시작되기 전 두 달 동안 새
로운 임원진들이 워크숍을 통해 함께 준비하여 그 다음해 3월말에 1학
년 신입생 학부모들이 참석한 가운데 교육과정설명회를 통해 사업계
획과 예산계획을 발표한다. 이 때 1학년 신입생 학부모들께 학부모회
사업에 참가해서 협조와 도움을 주시기를 당부하는 것이다. 밀주초 학
부모회 자치의 큰 장점은 출발부터 총회는 총회답게 교육과정설명회
는 교육과정설명회답게 진행하는 데 있다.

학교의 미래: 밀주초 이야기

내 아이가 아니라 밀주초 아이

밀주초에는 특수학급(도움반)으로 두 개의 반이 있다. 두 학급에 학생열세 명, 특수교사 두 명, 특수교육실무원 두 명이 이 열세 명의 도움반학생을 도맡아야 하는 어려움이 있다. 학생 열세 명에 어른 네 명이 부족하냐고 반문할지 모르지만, 이들 중에는 거의 1대1로 하루 종일 아이 곁에 붙어있어야 하는 중증의 아이들이 많다.

어느 날인가 전교생이 가는 체험학습에 도움반 아이들이 많이 참여하지 않아서 긴급하게 도움반 학부모들과 교장실에서 면담을 가진 일이 있었다. 이유를 물었더니 전교생이 참여하는 행사에는 통합학급 담임선생님이나 특수학급선생님이 도움반 아이들만 챙길 수가 없어 혹시나 안전이 걱정되어 가정체험학습으로 돌린다는 답변을 들었다. 특수학급 지원인력을 더 채용해 줄 수 있는지 건의가 있었으나 지원청의 예산지원 없이는 학교 예산으로는 턱없이 부족했다. 그렇다고 체험학습 때마다 안전을 이유로 가정체험학습으로 돌리는 것은 아이들의 학습권을 뺏는 것이라는 생각에 마음이 너무 아팠다. 방법을 찾아야 했다.

고민 끝에 밀주초 학부모회에 도움을 요청했더니 학부모회 임원들이교장실로 달려왔다. 함께 머리를 맞대고 의논한 결과 도움반 학부모들이 체험학습 때 돌아가면서 동행을 해 주겠다고 한다. 그랬더니 학부모회 임원들이 본인들도 체험학습 때 동행을 해 주겠다고 뜻을 더했다. 그러면서 이런 말을 했다.

"학부모회 임원들은 도움반 아이들 때문이 아니라 밀주초 아이들이라서 도움을 주고 싶은 겁니다."

처음에 무슨 말인지 그 의미를 빨리 이해하지 못했다.

밀주초에는 도움반 아이와 일반 아이가 있는 것이 아니라 밀주초 아이들이 있다는 답이 돌아왔다. 그래서 도움반 학부모나 일반 학부모나 다 같이 마음을 모아서 밀주초 아이들을 챙기러 따라가는 것이라고 했다. 아! 얼마나 감동적인가? 교육자보다 더 교육자다운, 부모의 마음을 진심으로 이해하는 답변이었다. 이렇게 해서 체험학습 때마다 인력을 지원할 자원봉사자가 저절로 확보되었다.

학부모회실에서 도움반 학부모들과 학부모회 임원들이 다시 머리를 맞대고 합의를 정리했다.

첫째, 체험학습에 학부모가 지원해서 동행하는 것은 담임선생님들의 동의가 있어야 한다. 체험학습 시 학생 안전지도의 어려움에 대한 예상과 판단은 학부모가 하는 것이 아니라 담임선생님이 하는 것이다.

둘째, 자기 자녀가 있는 반에는 다른 반 학부모가 동행하는 것을 원칙으로 한다.

셋째, 일반 학생 학부모들을 대상으로 체험학습 자원봉사자를 먼저 모집하고 희망자가 없을 시에 도움반 학부모들의 지원을 다시 받도록 한다.

내 아이가 아니라 우리 아이를 함께 키우는 곳이 되어야 한다는 밀주초 학부모회의 철학이 또 하나 세워지는 순간이었다.

'한 아이를 키우기 위해서는 온 마을이 나서야 한다'는 말은 마을교육공동체를 이야기할 때 빠지는 법이 없다. 밀주초는 그 말을 앞세우지 않았으나 그 말을 실천하는 학교가 되었다. 내 아이의 친구들이 행복해야 내 아이도 행복하다는 것을 아는 현명한 학부모들이다.

학교를 살리는 학부모

학교를 살리는 학부모의 특징은 대표적으로 다음과 같은 두 가지의 특징을 보여준다.

첫째는 내 아이가 아니라 우리 아이들이라는 마음으로 접근한다. 학교에 협조적인 학부모의 대부분은 직업을 가지지 않은 전업주부이다. 시작은 내 아이를 위해서 학교에 참여했으나 결국에 내 아이가 아니라 우리 아이들이라는 인식으로 확대된다. 마을학교나 학부모동아리로 참여하면서 서로 돕고 품앗이를 통해 내 아이가 좋아하는 모습을 보면서 우리 아이들이라는 공동체 의식이 싹트게 된다. 학교에 참여하지 못하고 돕지 못하는 학부모는 늘 미안함을 표하고 열심히 참여하는 학부모는 그런 미안함에 감사하고 또 힘을 얻는다. 그래서 끊임없이 직장맘들에게 이야기해준다. 내 아이가 아니라 우리 아이들이니 미안해하지 않아도 된다고 이야기한다.

둘째는 학교와 교사를 믿고 신뢰를 보내며 학교의 입장을 끝까지 지지해준다. 지지는 하되 교육활동에 간섭하지 않고 교육과정 운영에 어떤 도움을 줄 수 있을지 고민한다. 무엇보다 교원의 전문성을 인정하고 있기 때문에 워크숍이나 협의회때 학교경영이나 교육활동에 대한 의견을 개진하기는 하나 학부모의 의견을 일방적으로 관철시키려 하지 않는다. 때문에 학교의 요구나 부탁에 협조적이며 시간을 쪼개면서까지 교육활동을 지원한다.

학부모회 임원들의 대부분은 전업주부들이다. 아니면 시간의 자유로움이 있는 학부모들은 적극적으로 학교를 지원하고 참여하면서도 때론 참여하지 않는 학부모들로부터 시기도 받고 질타와 비난도 받는다. 그러나 학교를 살리는 학부모회 임원들의 특징은 비난에 맞서지 않고 학부모회가 흔들리지 않고 꿋꿋하게 나아갈 수 있도록 시스템을 만드는데 노력한다. 그런 학부모회의 특징은 학부모회가 갈등으로 무너져도 임원진 탓이고 잘 운영이 되어도 임원진 탓임을 잘 알고 있다. 그래서 더 배려와 소통이 몸에 배어 있다.

신입생들이 학교생활에 잘 적응할 수 있도록 돕고 신입생 학부모들이 학부모회 활동에 잘 스며들 수 있도록 지원한다. 학부모회 임원진 구성이 민주적으로 조직될 수 있도록 총회를 준비하며 다양한 소통채널을 확보하여 회원들의 의견을 청취하는데 주력한다. 이런 학부모들이 학교를 살리는 진정한 '학교 내부자들'이다.

자발성의 모델:
토요일 마을학교

토요스포츠데이라는 것을 하던 시기가 있었다.

처음으로 토요일에 학교를 가지 않게 되었을 때 학교 수업이 없는 토요일에 스포츠 활동을 장려하기 위함이었다. 토요방과후학교 프로그램을 운영하기도 했다. 학교 수업이 없는 토요일을 이용해 유익한 활동을 개설하자는 취지였다. 하지만 토요스포츠데이도 토요방과후학교도 지속적으로 활성화 되지 못했다. 주로 활동적이고 재미있는 과목을 개설한다고 했지만 아이들은 매일 점점 재미를 잃어가며 나오는 날도 줄어들었다. 학교에 아이들이 나오면 안전 문제로 교사가 돌아가며 관리를 위해 출근을 해야 했는데 관리 교사는 매일 전화를 해서 출석을 독려하기까지 했다. 강사가 프로그램을 운영하는 동안 교사가 학생관리를 해 주는 꼴이니 교사입장에서도 하고 싶지 않은 일이었다.

학부모의 입장에서는 토요일마다 아이를 깨워서 보내는 것도 안쓰럽고 오전에 프로그램에 참여를 해도 점심 식사가 해결이 안 되니 아이와 싸워가며 보낼 명분이 없었다. 학생, 학부모, 교사 모두가 이 프로그램의 필요를 느끼지 못하니 이런 사업은 오래가지 못했다.

밀주초는 매주 토요일마다 마을학교가 열린다.

지난해에는 마지막 수업으로 김장을 했다. 이틀 전부터 간을 한 배추를 씻어 물을 빼 두었고 양념도 미리 해 두었다. 신청을 한 학생들은 앞치마와 장갑을 끼고 양념을 배추에 무치면 되는 단순한 활동이었다. 오히려 어른들의 마무리 일이 훨씬 많지만 아이들은 자기들이 김장을 다 한 줄 알고 뿌듯해 하며 각자 한통씩 들고 갔다.

밀주초 마을학교는 학부모회가 주최가 되어 운영한다. '마을학교'인 만큼 연간 교육계획도 있고 예산도 있다. 마을학교를 운영함에 있어 역할도 잘 나누어져 있다. 학부모회실에서 자주 모여 사전 회의도 하고 수업의 그림을 미리 그려 보기도 한다. 그렇게 시행착오도 줄이고 무엇을 더 준비해야 하는지 알고 대비한다.

토요일에 운영되는 프로그램이 모두 실패했는데 밀주초의 토요일은 왜 잘 운영이 될까?

마을학교 운영을 학부모가 하니 아이들과 부모님이 함께 토요일에 등교를 한다. 부모님들은 토요일에 아이들이 늦잠을 자고 일어나서 휴대폰만 들고 있기를 바라지 않는다. 학부모에게 프로그램 선정을 맡기니 자녀들이 정말 했으면 하는 프로그램으로 내용을 구성한다. 내 아이가 할 수업이라 더 진심인 모습이다. 프로그램이 좋으니 이미 집에서 각자의 자녀에게 광고를 끝냈고 아이들은 기대를 가득 안고 학교에 온다. 뿐만 아니라 아이들은 엄마와 같이 종일 있을 수 있어서 좋다. 엄마가 선생님이 되는 날은 더 기분이 좋은 모양이다.

토요일 프로그램이 운영되는 날 교사는 거의 출근하지 않는다. 학부모회가 자체적으로 운영을 하니 교사가 출근할 필요도 없고 지역에 같이 살고 있는 교장과 내가 이번 주 마을학교에서는 또 무슨 신나는 것을 하

학교 외부자들

고 있나 궁금해서 가끔씩 들여다보는 게 전부이다. 준비물이나 기타 학교의 도움이 필요하면 학부모회에서 주중에 학교에 요구한다.

평양감사도 저 싫으면 그만이다. 무슨 일이든 억지로 할 수는 없다. 모든 일은 자발성이 전제되어야 한다는 것을 우리 학교 토요일 미을학교를 보면서 다시 한 번 깨닫는다.

학교의 미래: 밀주초 이야기

모두가 교장인 학교를 꿈꾸다

　학교업무재구화에 대한 강의 요청을 받고 ○○교육청에 교감선생님들을 대상으로 강의를 진행한 적이 있었다. 행정실에 비해 교무실은 팀웍도 부족하고 업무처리 방식이 각개전투로 움직이는 아쉬움을 전하며 행정실팀에 필적할만한 교무실팀으로 만들어 달라 부탁했다. 그랬더니 그러면 교감이 행정실장과 동급으로 취급받는 것 아니냐는 불만 섞인 질문이 날카롭게 날아왔다. 조금 더 자세히 설명하면 교감은 행정실장보다 지위가 높은데 교무실 팀장을 교무가 아닌 교감이 하면 행정실장과 동급 대접을 받게 된다는 것이다.

　초·중등교육법 20조에서 교장의 유고시에 직무를 대리할 사람을 교감으로 규정하고 있다. 이렇게 표현하기 싫지만 교장의 유고시에 직무를 대리할 사람을 교감으로 지정한 것만으로도 이미 교감은 행정실장보다 직급상으로도 높다고 할 수 있다. 교무실의 팀웍을 교감에게 맡아달라고 했더니 교감의 급이 행정실장과 같아진다는 논리를 들고나오니 나로서는 상당히 아쉬운 일이었다. 이렇게 논점은 또 흐려졌다.

　사실 나는 그 '급'에 관심이 없어서 그 의견에 당황했다. 선생님들이 행정업무에서 벗어나 오롯이 아이들 곁을 잘 지킬 수 있다면 그래서 우리 아이들이 건강하고 행복하게 학교에서 공부할 수 있다면 나는 행정실장이 아니라 행정실 주무관도 급을 생각하지 않고 교장처럼 모실 수 있다. 교무행정실무사도, 배움터 지킴이도, 돌봄 전담사도, 급식소 조리종사원도 나는 교장선생님보다 더 우대하고 존중하며 모시고 살 수 있다.

학교에서는 급수, 지위, 자리, 권위라는 것들이 전부 덧없는 것들이다. 적어도 학교에서만큼은 직위를 가지고 사람의 높낮이를 지우는 일은 없어야 한다. 특히 하는 일의 종류를 두고 사람을 나누는 것은 더욱 없어야 한다. 왜냐하면 미래에 각자의 직업을 가질 우리 아이들에게 정의와 평등과 공평을 가르쳐야 하는 곳이 학교이기 때문이다. 직업에 급이 있고 귀천이 있는 사회가 가장 미개한 사회이다.

밀주초에 근무하면서 배운 것 중 가장 의미있는 것은 우리 교장선생님이 교직원들을 대하는 모습이다. 저 멀리 운동장 건너편 배움터지킴이를 보고도 고생하신다며 항상 90도로 인사를 하신다. 교장선생님의 인사하는 모습에서 나는 진정한 '감사'를 읽을 수 있다. 우리 학교 아이들을 위해 각자의 자리에서 열심히 일해 주시는 분들에 대한 존경과 고마움, 그리고 잘 부탁한다는 간절함도 함께 들어있음이 느껴진다. 그 인사를 받으시는 분들도 분명 그 뜻을 알아차릴 것이다. 한 사람 한 사람이 모두 교장의 마음으로 학교를 둘러보고 챙기면서 다듬고 가지런하게 바루며 역할에 충실할 것임이 분명하다.

그런 교장은 학교에 많으면 많을수록 좋지 않겠는가? 모두가 교장인 학교는 성공할 수밖에 없는 것이다. 교장선생님이 90도 인사로 대접하는 그 분들은 나에게는 또 다른 교장선생님이 된다. 나는 우리 교장선생님 덕분에 밀주초에서 여러 명의 교장선생님을 모시고 산다.

학교운동장 패러다임의 대전환

내 기억 속의 운동장

나의 뇌리에 깊이 박혀있는 학창 시절 운동장의 기능은 크게 네 가지다.

첫째, 전교생이 모이는 조회를 위한 운동장

둘째, 체육수업을 위한 운동장

셋째, 청백전 운동회를 위한 운동장

넷째, 남학생들의 축구를 위한 운동장

지금은 운동장 조회가 사라졌으니 조회를 위한 운동장의 기능은 없다고 봐야 하고 대부분의 체육수업도, 초등학교는 추위와 더위, 미세먼지로 인해 체육관에서 진행하는 경우가 많으니 체육 수업장의 기능도 많이 약화하였다고 봐야 한다. 그렇다면 세 번째, 운동회를 위한 기능과 네 번째의 축구장으로서 기능에 대한 생각만 바꾼다면 학교 운동장에 대해 새롭게 생각하고 패러다임의 전환을 시작할 수 있지 않을까?

일 년에 한 번 있는 운동회를 위해 존재하는 운동장

밀주초 운동장을 생태운동장으로 조성하는 공사를 진행하면서 대부분의 인부들이 나에게 던진 질문은 '운동장을 이렇게 바꾸면 운동회는 어떻게 하는가?' 였다. 대부분 오십 중반을 넘은 내 또래 어른들의 가장 큰 거정이 바로 운농회였다. 그 당시 운동회는 마을의 잔치요 축제였다. 그 잔치를 위해 많은 시간을 땡볕 아래서 연습하느라 보내야 했다.

운동회의 의미나 내용보다 운동회 행사로서의 비중이 매우 컸던 탓에 당시에 학창 시절을 보낸 사람들은 운동회를 하지 않는다는 것을 상상도 하지 못했다. 운동회의 형태가 달라진 지도 꽤 오래되었다. 그랬건 말건 여전히 사람들은 운동장이 없으면 운동회를 어떻게 하느냐고 말하지만 일 년에 한 번밖에 없는 운동회를 위해 넓은 마당을 그대로 두어야 할까?

나에게 어린 시절 즐거운 추억의 놀이장소를 찾으라면 또래 아이들과 술래잡기하고 아지트를 만들어 놀던 마을 뒷동산과 나무들이었다. 그래서 학교운동장을 동네의 뒷동산처럼 만들어 일 년에 한 번 있는 운동회를 위한 즐거움이 아닌 365일 즐거운 추억을 쌓게 할 수는 없을까라는 고민을 밀주초 운동장에서 풀어보려고 했다.

축구만을 위한 운동장

필자는 축구광이다. 지금도 잉글랜드의 프리미어리그나 스페인 라리그 경기를 거의 빼놓지 않고 즐길 정도다. 특히나 토트넘의 손흥민이 나오는 축구경기는 새벽잠을 설치면서까지 꼭 봐야만 하는 경기다. 이정도 축구광이니 학창시절을 지나오면서 친구들과 모여 축구를 할 수 있는 운동장은 무엇과도 바꿀 수 없는 보물이었다. 그러나 넓디넓은 학교 운동장에서 남의 눈치를 보지 않고 마음껏 공을 차며 뛰어놀 수 있는 경우는 학창시절 딱 3년에 불과하다. 초6, 중3, 고3처럼 학교의 최고 학년이 아니면 점심 먹고 짬짬이 허락된 운동장에서 마음 놓고 축구를 할 수 있는 경우는 없다. 형들의 눈치를 보면서 축구를 하다가도 고학년 형들이 오면 쫓겨나거나 미리 피해야 하는 게 상책이었다. 남학생이 이 정도였으니 여학생이 넓은 운동장에서 공을 차며 모여 논다는 건 어불성설이고 고학년 여학생이라도 운동장 한쪽 구석에 따로 모여 노는 게 전부였다. 특히 저학년 여학생이 학교운동장의 정중앙에서 놀 수 있는 건 달나라의 이야기다. 에너지를 발산시키기에 좋은 축구를 위한 운동장이 때로는 대표적인 성차별과 힘에 의한 놀이 권력이 지배하는 학교의 공간으로 존재해 왔다. 밀주초 생태운동장은 운동장의 공간주권과 공간혜택을 1학년 여학생에게도 똑같이 N분의 1에 해당하는 혜택을 주고자 함이었다.

밀주초 생태운동장의 변화와 철학

행복학교로의 첫 사업은 밝고 쾌적한 생태환경을 갖춘 미래형 운동장을 구축하여 학교의 이미지를 바꿈으로써 학교 살리기 프로젝트에 박차를 가하는 것이었다. 마을이 학교가 아니라 학교가 마을이 될 수 있다는 마음으로 지역의 환경운동가들과 힘을 모아 생태 지향적인 운동장을 조성하여 미래학교의 모습을 구현하고자 하였다.

평평하고 넓기만 한 운동장에 높낮이를 만들었고, 낮은 잔디 동산을 여러 개 만들고 이를 연결하였으며 동산의 능선을 따라 산책길을 냈다. 동산 아래에는 터널을 넣어 통로나 아지트로 쓸 수 있도록 하고 전문가의 도움을 받아 계절별로 잘 자랄 수 있는 꽃나무를 심어 사계절 꽃을 볼 수 있도록 했다. 운동장 둘레에는 기존에 있던 팽나무들을 활용하여 숲을 만들고 숲길을 냈다. 작은 실개천을 만들어 아이들이 발을 담그고 물

학교 외부자들

장구를 칠 수 있도록 했으며, 물을 떠와서 놀이를 할 수 있는 모래와 진흙공간도 따로 만들었다. 축구를 좋아하는 아이들을 위해 작은 풋살장을 만들어 공을 차며 에너지를 발산할 수 있는 공간도 운동장 한 켠에 만들어 두었다.

권위적이고 일반적인 통제구조의 학교 운동장, 체육 교과 위주의 운동장의 틀에서 벗어나 학습, 놀이, 산책, 휴식 등 다양한 생태체험이 가능한 공간으로 탈바꿈하고 있다.

그동안 학교 운동장은 학생만을 위한 공간으로 내외부가 구분되어 있었다. 이 폐쇄적인 운동장을 생태 숲으로 만들고 지역주민과 학부모에게 개방하여 함께 더불어 살아가는 공간으로 열어 주민의 삶과 괴리감이 없도록 하고자 했다. 밀주초의 생태운동장은 신체건강을 넘어 정신건강을 함께 도모할 수 있는 힐링과 쉼, 다양한 체험 놀이공간으로서의 가능성도 보여주고자 했다. 이를 통해 주중뿐만 아니라 주말에도 지역의 주민과 학생들이 마음껏 뛰어놀 수 있는 쾌적하고 안전한 녹지공간 제공으로 밀주초 생태운동장이 지역의 명소로 자리 잡아가고 있다.

여전히 논쟁이 있는 학교

우리학교는 늘 논쟁 중이다. 학교 비전을 세우는 일부터 사사건건 논쟁이다. 교사와 교사 간 논쟁도 많고 학교와 학부모회의 논쟁도 많다. 대화나 토론이라는 순한 단어를 두고 내가 논쟁이라고 말하는 것은 우리의 치열함을 드러내고 싶기 때문이다.

우리학교는 행복학교다. 행복학교는 경남형 혁신학교의 이름이다. 혁신학교 운영 초창기 때에는 행복학교 교사들에게 "행복학교 사람들은 행복하나?"는 질문을 많이 했다. 이런 노골적이고 일차원적인 질문이 지금은 많지 않지만 그렇다고 그런 시선까지 없어진 것은 아닌 듯 하다.

논쟁이 많은 우리를 보고 행복학교라면서 '만날 싸우면 되나?' 라고 한다. 그런 말을 들을 정도로 많이 싸운다.

우리학교는 논쟁이 많다. 논쟁이 많은 것은 논쟁할 거리가 많고 논쟁할 시간이 많이 주어지기 때문이다. 교육과정 운영의 마디마디마다 주제를 만들고 그 주제에 대해 이야기하는 기회가 주어진다. 전체 다모임이 있고, 교사들의 전문적학습공동체라는 정기적인 모임도 있다. 사소하다고 생각되는 것들도 아이들의 일상과 연관이 있으면 선생님들의 의견을 묻는다. 몇몇 사람의 의견으로 관리자 결재에 다다르는 진행이 아니라 처음부터 치열하게 계획하고 검토한다. 여러 사람의 의견을 모으다 보면 행복학교이 철학으로 다시 돌아가서 이야기를 할 때도 있고 학교교육 과정의 비전을 다시 언급해야하는 경우도 허다하다. 각각의 교육관도 다르니 자신의 의견을 피력하여 이해시키고 관철하고자 부단한 노력을 한다. '좋은 게 좋은 거다' 라는 식으로 '담당자가 하자' 는대로 그저 끌려가지 않으니 우리의 논쟁은 끝이 없다. 이런 문화를 경험해 보지 못한 선생님들은 그냥 정해주지 사사건건 물어서 회의가 많다고 불만인 경우도 있다. 그래도 그런 협의의 시간을 포기할 수 없다. 교사들의 의견을 충분히 모으고 관리자도 구성원으로서 의견을 피력한다. 우리학교 선생님들은 관리자의 의견에도 주춤거리지 않는다. 그래서 관리자도 똑같이 의견을 낼 수 있다.

학부모회와의 논쟁도 마찬가지다. 학부모 자치를 지지하고 학부모회 활동을 학교 교육과정에 의미있게 녹아나도록 운영하지만 운영 방법이나 방향에서 학교와 자주 논쟁한다. 학부모회가 자체적으로 운영할 수 있는 활동과 학교장의 이름으로 운영되는 활동에는 학교의 검토를 받아야 하는 내용에서 한바탕 논쟁이 있었다. 그래도 다시 설명하고 이해하고 또 이해시키면서 우리학교는 발전해가고 있다.

그 과정에서 마음이 상하기도 한다. 일을 집으로 가지고 가지 말자는 주의지만 퇴근 후에도 머릿속은 그날의 이야기로 가득 차 있다. 내 생각이 관철되지 못하는 경우도 그렇고 관철되더라도 그리 개운한 것만은 아니다. 각자의 생각이 있으니 내 생각을 깨끗이 포기하기란 쉽지 않다. 우

학교의 미래: 밀주초 이야기

리 학교의 선생님들과 학부모님들처럼 주체적인 사람들은 더욱 그럴 수밖에 없다.

그러나 상대의 약점을 잡아 공격하거나 그 사람 자체를 무시하지 않으며 쟁점에 대해 치열한 논의를 할 뿐이다. 차원이 높은 토론을 하는 것이다. 논쟁은 자기를 과시하기 위한 싸움이 아니라 고차원적인 자기표현이다. 다른 생각을 수용하거나 검증하기에 이보다 좋은 장치는 없다.

그래서 우리학교가 거칠어 보인다면 그렇게 이해하면 되겠다. 논쟁을 통해 우리는 그만큼 더 성장한다.

교육을 다시 세우기 위하여
선생님들께 드리는 마지막 간곡한 부탁

2024년의 교사는 무엇을 하는 사람일까요?

수업만 잘하면 되는 학원강사인지 온갖 마음의 상처를 입고 자란 아이들이 가득한 교실의 상담사인지, 집에서도 먹여 보내지 않는 감기약을 챙겨 먹여야 하는 보모인지, 언론에 치이고 학부모에게 치이고 심지어 학생들에게까지 치이는 동네북인 것 같기도 합니다.

교직은 갈수록 피폐해지고 파편화되고 있으며 각자 교실의 문은 굳게 닫혀 있습니다. 아이들에게 나눔과 협력을 가르치지만, 선생님들 스스로의 영역을 공고히 하며 쉽게 마음의 문을 열어주지 않습니다. 앞에서 언급한 수많은 의무와 이에 따르는 막중한 책임을 생각하면 이 또한 이해가 되는 부분입니다.

2024년 3월, 학교로 출근하는 그 길이 그저 가르치러 가는 직장인으로서의 출근길이 될지, 학생들의 인생에 안내자가 되어 줄 것인지, 특정 영역의 전문가가 될 것인지 선택하고 조율해야 하는 딱 그 시점에 서 있습니다. 그럼에도 불구하고 선생님들께 이 시점에서 놓치지 말고 가야 할 세 가지만 간곡하게 부탁드리며 글을 마치고자 합니다.

▪ 교실부터 민주적인 문화를 만드는 데 노력해 주세요

교직 문화의 특성을 보면 보수적이면서도 고도의 자율성이 보장됩니다. 또한 개인적이면서 집단적이고 일반적이면서 특수한 특성이 있습니다. 이렇듯 교직 문화의 특성을 어떤 특정한 단어나 문장으로 정의 내리기는 어렵습니다. 그러나 학교 문화중에서 가장 중요하게 요구되는 것을 하나 고르라면 나는 주저없이 '민주성'을 말합니다.

우리는 아주 많은 선배 '꼰대 교사'를 경험했습니다. 개인적으로 꼰대인지 아닌지의 기준을 '민주성'에 둡니다. 놀라운 것은 선배 교사의 꼰대스러움이 거슬리면서도 교실에 들어가면 교사들 또한 아이들에게 있어서는 꼰대가 된다는 사실입니다. 어쩌면 교사들이 경험한 학생 시절의 선생님들이 민주적이지 못했던 까닭에, 민주적인 교실이 무엇인지 경험하지 못했다는 이유가 가장 클 것입니다. 학교는 가장 민주적인 공간이어야 하는데 말입니다. 학교는 민주 시민을 육성하는 가장 기본이 되는 교육 단위이며 민주시민교육은 교실에서부터 이루어져야 합니다.

최근 10년, 학교의 가장 큰 변혁은 혁신학교 운동이었습니다. 혁신학교 운동의 가장 큰 과제는 민주적인 학교문화를 갖추는 것이었습니다. 그러나 여전히 어렵고 아직도 가야 할 길은 멀게만 느껴집니다. 학교를 학교답게 만드는 일, 학교다운 문화를 만들어 가는 일을 교실에서부터 실천해 나가야 합니다. 학생들의 선택권을 존중하고 학생들이 민주적인 문화를 실컷 경험할 수 있도록 노력해야 합니다.

▪ 가르치기보다 이해해 주세요

교사는 수업을 잘해야 한다고 하지만, 사실은 학교생활의 핵심은 관계라고 생각합니다. 교사는 다양한 특성의 아이들과 날마다 만나야 하고 짐작도 할 수 없이 다양한 학부모 또한 만나야 합니다. 이것은 선택이 아니고 필수이며 따라서 교사에게 가장 중요한 것은 이들과의 관계입니다. 아이들을 가르치기에 앞서 하나하나 이해하고 교사도 아이들로부터 이해받아야 합니다. 학급은 같은 연령이라는 것 이외에는 공통점이 없는 인간들의 집합입니다. 그만큼 어렵고, 모두와 좋은 관계를 유지한다는 것은 더 어렵습니다.

그러나 아이들에게 해 주어야 할 한 가지 공통적인 사안이 있습니다. 똑같은 관심과 사랑입니다. 아이들 개개인을 인격적으로 대할 수 있어야 합니다. 내가 지금 어떻게 해야 할지 모르겠다는 문제에 봉착하게 되면 생각의 중심에 '아이'를 두면 됩니다.

학창 시절을 돌이켜 볼 때 기억에 남는 좋은 선생님은 수업을 잘하는 선생님이 아니었을 것입니다. 아이들의 기억에 어떤 선생님으로 남았으면 좋을지를 다시 한번 생각해 봅시다.

요즘 몇몇 선생님들을 보면서 가장 걱정이 되는 것은 교실 전체의 아이를 마땅히 이해해야 하는데도 불구하고, 이해하지 못한다는 점입니다.

"세 번이나 설명을 했는데 못 알아들어요. 애들이 왜 이렇게 못 알아듣는지 저로서는 도대체 이해가 안 돼요."

결론부터 이야기하면 당연히 이해가 안 되는 것이 맞습니다.

어쩌면 아이들은 이해를 안 하는 게 아니라 도저히 못 하는 것일 수도 있습니다. 선생님들은 필요 이상으로 똑똑합니다. 대부분의 선생님들은 학창 시절에 학교에서 손에 꼽히는 인재였고 모범생의 표본으로 살아왔을 것입니다. 사각형의 넓이를 구하지 못해서, 나눗셈을 못해서 방과후에 강제로 남아서 공부해 본 적이 있는지요? 대부분의 선생님들은 세 번이나 설명을 듣고 이해하지 못한 경험이 단 한 번도 없을 것입니다.

'이해 못 함'을 '이해 못 해'서는 안 됩니다. 이해 못 하는 아이들을 이해해 주어야 합니다. 가르치는 것이 아니라 이해하는 것의 연속입니다. 이해가 쌓이면 결국에는 잘 가르치게 될 것입니다.

■ 동료교사와 소통하고 학부모와 좋은 관계를 유지해 주세요

교사의 최대 복은 좋은 선배 교사와 좋은 동료 교사를 만나는 것입니다. 무슨 일이 있으면 크든 작든 주위의 동료들과 의논하고 이야기를 나누어야 합니다. 경력이 비슷한 동료는 내 생각에 동조해 주면서 위로를 해 줄 것이고 경력이 많은 동료는 묘안을 제시하며 문제를 해결해 줄 수도 있을 것입니다. 옆 반 선생님과 담을 쌓고 사는 선생님들을 보면 가장 안타까운 점이 동료들과 전혀 의논하지 않는다는 것입니다. 교실에 무슨 일이 생겼다고 하면 무능해 보일 것 같아 자존심 상할 것 같고, 또 내 선에서 어떻게든 해결이 될 것 같기도 합니다. 하지만 문제를 혼자서 가지고 있는 동안 사건은 걷잡을 수 없이 커지고 맙니다. 교실 문을 꼭 닫고 인디스쿨이나 교사카페의 정보에 너무 의존하지 말았으면 합니다. 우리의 옆에는 더 현실적이고 다양한 경험치를 축적한 좋은 동료와 관리자가 많이 있습니다. 멀리 가기 힘들다면 바로 옆 반 교실의 문부터 바로 두드리세요.

동료 교사만큼 중요한 관계는 학부모와의 관계라고 생각합니다.

'학부모와 꼭 잘 지내야 하느냐, 아이들과 잘 지내면 되지 않느냐, 학부모는 너무 어렵다.'

경력이 낮은 교사들에게 학부모는 어려운 존재라면서 말도 통하지 않는 학부모와도 꼭 좋은 관계를 유지해야 하느냐 하는 고민과 질문을 많이 받습니다. 어느 행사에서 신규 교사가 1년을 보내고 가장 힘들었던 것이 '학부모 상담'이라고 발표하는 것을 들은 적도 있습니다. 교육의 주체 중 중요한 한 부분을 담당하는 학부모와의 관계는 매우 중요합니다. 학부모와의 관계를 잘 유지하는 것은 학생을 잘 지도하기 위함이기도 합니다. 담임교사는 한 아이를 부모와 서로 나누어 가르치고 함께 기르는 또 하나의 부모가 됩니다. 학교에 등교한 아이는 학부모의 아이이기도 하고, 교사의 아이이기도 합니다. 그러니 집으로 간 후에도 내 아이가 잘 자랄 수 있도록 학부모와 좋은 관계를 유지하는 것 또한 중요합니다.

• 학교문화 발전을 제언하는 책 •

교사를 위한 회복적 생활
송주미 지음

저자는 '교사는 자신의 교육 철학을 세우고 이를 실천하는 존재로서 역할을 다할 때 회복한다'며 교사 상처의 근원을 살피고, 내면 치유로 회복하기, 공동체에서 함께 회복하기, 철학으로 회복하기의 방법들을 구체적인 사례를 통해 알려준다.

미래학교, 공간과 문화를 짓다
송순재, 김은미, 박성철, 송경훈 지음

학교라는 물리적 공간은 선생님이 일방적인 배움을 주는 공간처럼 느껴진 것이 우리의 전통적인 학교 공간이었다면, 학교가 지역사회의 중심이 되도록 학교 시설을 지역과 공유하며, 지역사회와 연계하여 상호교류가 가능한 열린공간이 되는 게 바로 미래학교이고, 미래교육이다.

진짜 이기적인 교사
이지명, 이병희, 이진희, 최종철, 홍석노, 이대성 지음

교육의 참된 목적은 각자가 평생 자기의 교육을 계속 할 수 있게 하는 것이니만큼 협력과 상생의 관점에서 삶의 방향을 재정비하고, 다시 출발선에 서길 바라는 마음에서 이 책이 시작되었다. 각자도생하지 않고 함께 살아가는 행복한 학교를 위한 노력들을 담았다.

민주학교란 무엇인가
이대성, 이병희, 이지명, 이진희, 최종철, 홍석노 지음

민주시민 교육과정에서 민주적 학교문화까지 민주학교의 길을 먼저 걸어간 저자들이 민주적인 구조와 과정을 실천하는 학교문화 속에서 민주시민교육을 핵심 교육과정으로 민주시민을 양성하는 '민주학교'가 무엇인지를 보여준다.

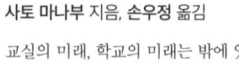

배움혁신
사토 마나부 지음, 손우정 옮김

교실의 미래, 학교의 미래는 밖에 있는 것이 아니라 현재 교실과 학교 내부에서 만들어가는 것이다. 아이들의 배움의 존엄과 인권, 교사의 존엄과 전문성을 핵심으로 하는 배움의 혁신을 꾀하는 동시에 혁신과 학교 개혁의 비전을 수립하고 철학을 세워야 한다.

제4차 산업혁명과 교육의 미래
사토 마나부 지음, 손우정 옮김

학교교육과 학교개혁의 전문가 사토 마나부 교수가 내놓은 교육의 미래. 제4차 산업혁명과 펜데믹으로 혼란한 시대, 사회와 교육이 한창 급격한 변화를 맞이하고 있는 이 상황에서 교육은 어떻게 대응해 나가야 하며, 이면 배움을 필요로 하고 있는게에 대한 분석과 전망을 담았다.